A. DE DION

CARTULAIRE

DE

L'ABBAYE DE PORROIS

AU DIOCÈSE DE PARIS

PLUS CONNUE SOUS SON NOM MYSTIQUE

PORT-ROYAL

PREMIER VOLUME

1204-1280

PARIS
ALPHONSE PICARD ET FILS, ÉDITEURS
82, RUE BONAPARTE, 82

1903

CARTULAIRE

DE

L'ABBAYE DE PORROIS

A. DE DION

CARTULAIRE

DE

L'ABBAYE DE PORROIS

AU DIOCÈSE DE PARIS

PLUS CONNUE SOUS SON NOM MYSTIQUE

PORT-ROYAL

PREMIER VOLUME

1204-1280

PARIS
ALPHONSE PICARD ET FILS, ÉDITEURS
82, RUE BONAPARTE, 82

1903

PRÉFACE

Je n'avais pas d'abord espéré joindre au Cartulaire projeté de Porrois, ou Port-Royal, une étude archéologique sur l'abbaye et son église, tout en regrettant vivement cette lacune. Mais ce travail avait été fait antérieurement, d'une manière très satisfaisante, par M. Morize, qui, dans son *Étude sur le canton de Chevreuse*, parue à Tours, chez M. Deslis, à propos de la commune de Magny-les-Hameaux, a donné, en quelques pages, une description complète de ce monument, accompagnée de deux planches très claires et très finement dessinées.

Il a bien voulu, en souvenir d'études communes, m'autoriser à reproduire, dans le présent ouvrage, le texte de son article sur Magny-les-Hameaux et Port-Royal, avec les deux planches.

Ceux qui connaissent ses nombreux articles sur l'histoire et l'archéologie de nos environs et, en particulier, son beau volume : *Étude archéologique sur l'abbaye des Vaux-de-Cernay*, avec cinquante planches dessinées par lui, estimeront l'importance de cette concession et la valeur particulière qu'en tirera mon ouvrage, dont il sera comme l'introduction, dont je ne saurais trop lui être reconnaissant.

Montfort, 29 novembre 1903.

A. DE DION.

MAGNY-LES-HAMEAUX

Les hameaux de cette commune sont dispersés dans une longue plaine, limitée au nord par la Mérantaise, qui passe au bas de Châteaufort et se jette à Gif dans l'Yvette, au sud par le vallon du Rodon. Le petit village de Magny est à 4^{km},500 au nord de Chevreuse, à 25 kilomètres de Rambouillet, à 10 kilomètres de Versailles. — 421 habitants. — ✉ de Chevreuse. — Pompiers. — Pays de grande culture. — Fêtes patronales de saint Germain, le dimanche après l'Ascension et le premier dimanche d'octobre.

La seigneurie de Magny-Lessart (*Magneium Magniacum*) entra dans le domaine de la famille de Marly, au XIIIe siècle, par les mariages de Mahault et Mabille, filles d'Adam de Châteaufort, avec les deux frères Bouchard Ier et Mathieu II de Marly, fils des fondateurs de Port-Royal. Par suite d'autres alliances, la terre de Magny, devenue châtellenie, fut l'héritage des seigneurs de Lévis, en 1356. Elle fut réunie au duché de Chevreuse en 1675, puis vendue à P. de Beaurepaire en 1689, et enfin donnée par Louis XIV aux dames de Saint-Louis établies à Saint-Cyr, qui prirent le titre de Dames de la baronnie de Magny-Lessart. Au nord de l'église, on voit encore, sur une motte assez élevée, les ruines de la moitié d'un donjon cylindrique du XIe siècle, de 15 mètres de diamètre, comme celui des Maurepas.

La cure de Magny était, dès le XIIIe siècle, à la nomination de l'évêque de Paris. L'église, sous le patronage de saint Germain, se compose d'une nef ogivale peu régulière et d'un collatéral, au midi, de style flamboyant. La porte d'entrée, à l'ouest, peut être du xiie siècle. Les stalles du chœur sont décorées de moulures et de figurines intéressantes du xve siècle. Cette église a recueilli la cuve baptismale, un bénitier et trente-trois dalles tumulaires provenant de l'abbaye de Port-Royal. Ces dalles, classées parmi les Monuments historiques, sont, depuis 1862, relevées et fixées le long des murs, mais en partie masquées par les boiseries. Elles ont été, pour la plupart, gravées et toutes décrites dans le grand ouvrage de M. de Guilhermy, *Inscriptions de l'ancien diocèse de Paris*, tome III, et reproduites dans le volume intitulé : *Port-Royal et Magny*, par M. l'abbé Finot (1888). Les tombes ou inscriptions les plus remarquables sont celles de Bouchard IV de Marly (1297); de Marguerite de Lévis, sa mère (1327); de Jeanne de Chevreuse, abbesse de Villiers (1308); de Heude de Montfaucon et d'Aélide de Galardon (1299 et 1300); de plusieurs abbesses : Béatrix de Dreux (1328), Jeanne de la Fin (1558); Marie des Anges Suireau (1658); Magdeleine de Ligny (1675); Angélique de Saint-Jean-Arnauld (1684), Agnès de Sainte-Thècle Racine, tante du poète (1700); de plusieurs solitaires de Port-Royal : G. du Gué de Bagnols, Baudry d'Asson, Arnauld d'Andilly, Arn. de Luzancy, de Pont-Château; et enfin celles de plusieurs curés de Magny : Fr. Retard, Fr. Lair, J. Besson.

Un petit moment, qui a toujours appartenu à l'église de Magny, se distingue par l'élégance du dessin et la netteté des caractères. Il conserve le souvenir des fondations faites par Claude Rebours et Jeanne de Cangon (1556). Les figures en relief occupant la partie cintrée de la pierre sont d'une exécution soignée; elles représentent une Notre-Dame-de-Pitié, les donateurs et leurs saints patrons.

Un des écarts de Magny, **Port-Royal**, occupe une grande place dans l'histoire religieuse et littéraire du siècle de

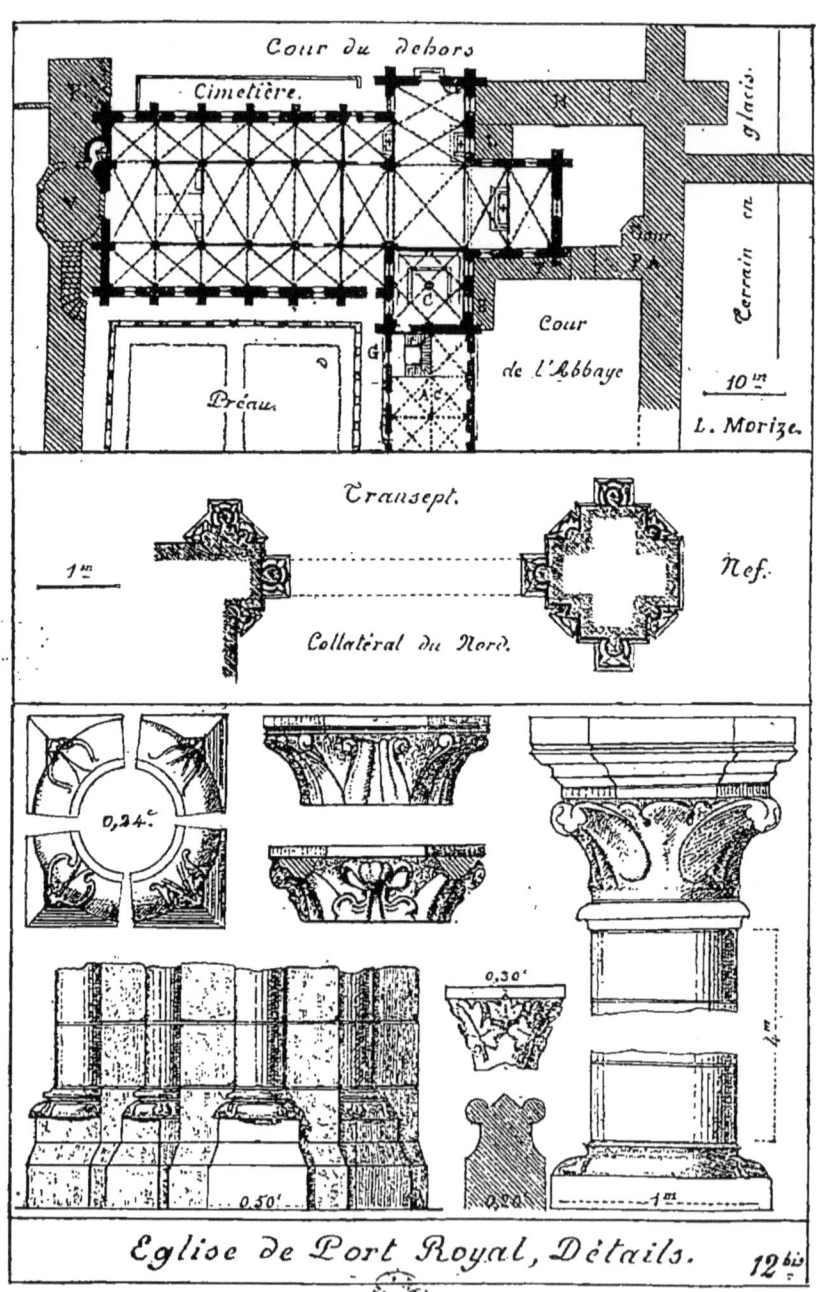

Eglise de Port Royal, Détails.

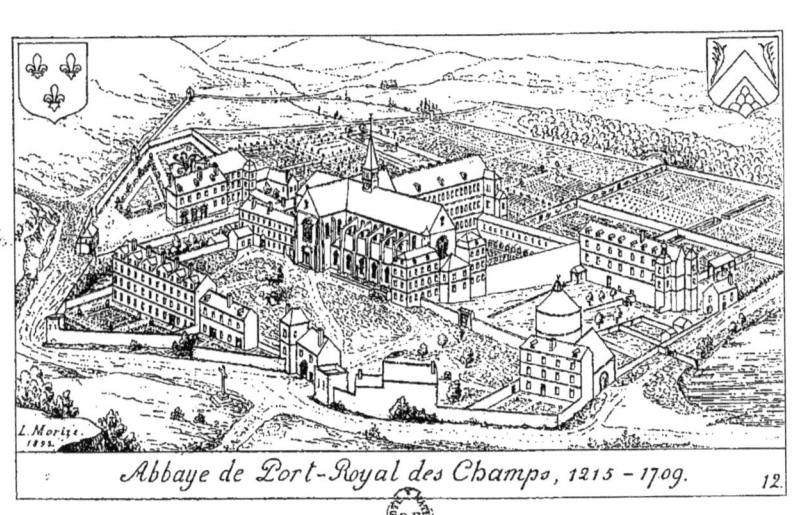

Abbaye de Port-Royal des Champs, 1215 – 1709.

Louis XIV. C'est dans le vallon du Rodon, sur la lisière des bois de Trappes, à plus de 3 kilomètres à l'ouest de Magny, à 5 kilomètres de Chevreuse, que, grâce aux libéralités de Mathilde de Garlande et de Mathieu de Marly, une abbaye de femmes de l'ordre de Citeaux fut définitivement fondée, en 1215. Ce monastère, connu d'abord sous le nom de Porrois (*porreium*), reçut des faveurs et des donations importantes des rois de France Louis VIII et saint Louis, des seigneurs de Marly, de Chevreuse, de Lévis, de Montfort et de Dreux. Trente ans après sa fondation, les revenus de Port-Royal suffisaient à l'entretien de soixante religieuses. L'église fut dédiée en 1230. Les directeurs de l'abbaye étaient les moines des Vaux-de-Cernay. Saint Thibault de Marly, abbé des Vaux de 1235 à 1247, fut supérieur de Port-Royal, y fit quelquefois sa résidence et continua dignement l'œuvre que Mathilde, son aïeule, avait si bien commencée. Parmi les abbesses, on remarque les noms de Péronnelle de Montfort, fille du connétable Amauri, de Philippe de Lévis, de Béatrix de Dreux, d'Agnès de Trie.

Après la guerre de Cent Ans, qui avait été si funeste à toute la contrée environnante, Port-Royal se releva peu à peu de ses ruines sous la longue et sage administration des deux abbesses Jeanne de la Fin (1468-1558); mais le rétablissement complet de la discipline monastique se fit attendre encore pendant un demi-siècle.

Jacqueline-Marie-Angélique Arnauld (1591-1661), mise au couvent sans vocation, abbesse par fraude à dix ans, son père ayant dissimulé son âge, prit, sept ans plus tard, grâce à l'énergie de son âme, qui était peu commune, la résolution généreuse de mettre la réforme dans son abbaye et d'y faire revivre l'esprit de saint Bernard. Son succès excita une si vive admiration que la jeune abbesse fut chargée de rétablir la régularité dans plusieurs abbayes, et notamment à Maubuisson et au Lis. Après cet heureux changement, Port-

Royal vit bientôt s'élever à quatre-vingt-dix le nombre des religieuses. Pour répondre aux besoins d'une communauté aussi nombreuse, il était nécessaire de réparer les bâtiments, de les agrandir et surtout de les rendre plus salubres. L'abbesse préféra acheter un hôtel à Paris, rue de la Bourbe, au faubourg Saint-Jacques, pour y transférer des religieuses (1626). C'est alors que l'abbaye fut détachée de l'ordre de Citeaux et que la dignité d'abbesse devint élective et triennale. La maison de Paris étant devenue insuffisante à son tour, une partie des religieuses revinrent, en 1648, occuper le monastère de Port-Royal-des-Champs, qui avait été restauré et agrandi par les soins des Solitaires et par la générosité du duc de Luynes et de du Gué de Bagnols.

Dès 1637, quelques personnages, désirant vivre dans la retraite, s'étaient fixés dans le voisinage de l'abbaye et à la ferme des Granges. Tels furent d'abord plusieurs membres de la nombreuse famille des Arnauld : Ant. le Maître, Le M. de Séricourt, Le M. de Sacy, Le M. de Valmont, Arnauld d'Andilly, Arn. de Luzancy, le Dr Arnauld, puis Lancelot, Nicole, Hamon, de Sévigné, de Pont-Château, le duc de Luynes, etc. Ces hommes distingués par leur savoir ou par leurs vertus, subissant l'ascendant funeste de du Vergier de Hauranne, abbé de Saint-Cyran, un calviniste déguisé, devinrent les organes d'une opposition systématique d'autant plus dangereuse qu'elle se couvrait des apparences les plus respectables. Les Jansénistes, dont le rigorisme désespérant, les doctrines peu favorables à la bonté de Dieu et à la liberté humaine, faillirent amener, à la fin du xviiie siècle, une séparation définitive entre le Saint-Siège et l'Église de France, inspirèrent néanmoins cet intérêt qui s'attache toujours au mérite qui paraît être injustement persécuté. On sait avec quel éclat, et aussi avec quelle mauvaise foi, Pascal, en écrivant ses *Lettres provinciales*, mit son génie au service des passions et des doctrines des Solitaires ou Messieurs de Port-Royal.

Les écoles de Port-Royal, supprimées en 1656, après vingt années d'une existence aussi agitée que glorieuse, avaient eu de brillants élèves, tels que Racine, l'historien Le Nain de Tillemont, Bignon, de Harlay, du Fossé, de Bagnols, de Conti, le duc de Chevreuse. Elles reçurent une grande célébrité de la publication d'excellents livres élémentaires, la *Grammaire générale*, la *Logique*, les *Racines grecques*, etc.

Les religieuses, égarées par des directeurs imbus des doctrines condamnées, refusèrent l'obéissance pleine et entière à l'autorité légitime. Elles étaient respectables par beaucoup de vertus, mais elles manquaient de la première vertu de leur état, de l'esprit de soumission et de simplicité, qui était leur premier engagement; après avoir servi d'instrument au parti janséniste, les religieuses en devinrent les victimes. Louis XIV, irrité de cette résistance opiniâtre, des troubles et divisions causés par les dissidents, se résolut à prendre contre Port-Royal des mesures de la dernière rigueur. En 1709, le titre de l'abbaye de Port-Royal-des-Champs fut supprimé, et tous ses biens furent réunis à la communauté de Paris, qui subsista jusqu'en 1790. Les vingt-deux religieuses qui restaient aux Champs furent dispersées. Après l'entière destruction des bâtiments, les corps mêmes furent exhumés et transportés dans différentes paroisses, Racine à Saint-Étienne-du-Mont, la famille Arnauld à Palaiseau, les du Gué de Bagnols aux Troux, d'autres corps à Magny et à Saint-Lambert.

Il ne reste plus de Port-Royal que les jambages de la porte de l'abbaye, le colombier, le moulin agrandi et transformé en maison d'habitation, une partie des murs de clôture et des tourelles carrées, élevées en 1652, pendant les guerres de la Fronde, afin de protéger les ouvriers, les laboureurs, qui s'étaient en très grand nombre réfugiés en ce lieu pour se soustraire à la rapacité et aux violences des troupes indisciplinées qui tenaient la campagne. On voit encore les caves de la maison de Mlle de Vertus et la porte d'entrée de l'hôtel que la duchesse de Longueville, l'aventurière de la Fronde, avait fait bâtir au fond de la cour extérieure.

En 1844, M. le duc de Luynes a fait déblayer l'église, dont le sol avait été exhaussé au moins de sept pieds en 1652, à cause de l'humidité. Ce remblai, fort utile pour la salubrité de l'édifice, avait enterré les colonnes aux trois quarts; aussi, a-t-on pu dégager la partie inférieure des murailles, les bases bien conservées des piliers de la croisée et des colonnettes des collatéraux. Ces restes, des carreaux verts fleurdelisés, et quelques chapiteaux incomplets épars aux Granges, à Rodon, au Mesnil-Saint-Denis, montrent l'élégance relative de ce sanctuaire et prouvent que, dès le XIIIe siècle, l'Ordre de Cîteaux s'était départi de l'austérité primitive dont l'église des Vaux-de-Cernay offre un remarquable exemple. Dans un petit pavillon bâti sur l'emplacement du chevet de l'église, le généreux fondateur des écoles chrétiennes de Saint-Lambert et de Magny, M. Silvy, mort en 1847, avait rassemblé des plans, des gravures, des portraits, des autographes, des fragments de tombes qui sont d'un grand intérêt pour l'histoire de Port-Royal. Cette construction modeste et sans prétention, figurée dans le tome XXIV du *Magasin pittoresque*, vient d'être remplacée par un gracieux oratoire-musée de style ogival, élevé sur les dessins de M. Mabille [1].

Les *planches XII* et *XII bis* peuvent donner une idée assez complète de la situation et de l'aspect du monastère.

Après avoir franchi la porte de l'abbaye, on trouvait dans la cour du dehors : — à droite, la cordonnerie, la chambre de saint Thibault, abbé des Vaux et l'un des premiers supérieurs de Port-Royal; un puits, la maison de Sainte-Marthe, le colombier et la porte jaune fermant la basse-cour ; — à

---

1. En 1896, cet architecte a fait de nouvelles fouilles dans le sol de l'Eglise et a publié, en 1901, une intéressante notice avec 11 planches.

gauche, des écuries, des ateliers voûtés, puis la belle construction élevée, en 1653, par le duc de Liancourt, et appelée le logement des Messieurs, bien qu'une partie en fût réservée aux dames; — au fond, au levant, la terrasse de l'hôtel de Longueville; — au midi, la salle des hôtes et le passage conduisant au tour et à la principale porte de la clôture, l'entrée de l'église du dehors, le cimetière du dehors où le corps de Racine a reposé pendant douze années[1], et les parloirs des religieuses touchant au vestibule ovale qui précédait la grande porte de l'église au couchant.

On pense que Robert de Luzarches, l'illustre architecte de la cathédrale d'Amiens, acheva, en 1230, le chœur de l'église de Port-Royal. Ce bel édifice, en forme de croix latine, avait 55 mètres de longueur dans œuvre, 28 mètres de largeur au transept, et 19^m,30 pour la nef et les bas-côtés; la nef seule mesurait 8 mètres. Les colonnes devaient atteindre environ 6 mètres de hauteur; la voûte de la nef, 17 mètres; et celle des collatéraux, 9^m,50. Les six travées de la nef étaient séparées des bas-côtés par dix colonnes de 0^m,75 de diamètre. Deux gros piliers cantonnés de sept colonnettes et les murs aux angles du chevet portaient la croisée. Un triforium aveugle décorait les murs latéraux de la nef; le petit clocher au-dessus de la sixième travée de la nef et les belles boiseries du chœur dataient du temps de Jeanne de la Fin, qui, par les grands et utiles travaux qu'elle fit exécuter, mérita que son épitaphe fût terminée par ces mots élogieux : « La Fin couronne l'œuvre. » Aux religieuses étaient réservées cinq travées de la nef et le collatéral du midi, avec entrée par la grande porte au couchant. Dans les premières travées, ou avant-chœur, réservé aux sœurs converses, se trouvaient les deux chapelles des Reliques. L'église du dehors, seule acces-

1. On a élevé, en 1891, un petit monument à la mémoire du grand poète, là où il avait désiré être enterré, au pied de la fosse de M. Hamon, et, depuis 1899, un buste en bronze de Racine, placé sur un pilastre, occupe l'emplacement de la chapelle de Saint-Laurent.

sible au public, comprenait les deux tiers du transept avec la chapelle de Saint-Laurent, la sixième travée de la nef sous le clocher, et aussi la chapelle de la Sainte-Vierge dans le collatéral du nord, qui servait de passage pour aller à l'escalier dans la tourelle de l'angle nord-ouest de la façade. Le maître-autel, en bois, était décoré de la Cène, peinte en 1648 par Ph. de Champagne, tableau conservé maintenant au musée du Louvre et accompagné de deux grisailles du même artiste, la sainte Vierge et saint Jean-Baptiste. Une sacristie avait été aménagée derrière l'autel. Le transept du midi, séparé de l'église par un mur plein, était devenu la salle du chapitre, salle carrée, voûtée, avec une colonne centrale; au-dessus, était le petit chœur pour l'adoration nocturne.

Dans la petite cour de l'abbaye, se trouvaient le tour de la sacristie, une cuisine, un réfectoire, le tour et le parloir de l'abbesse, puis au delà, deux autres cours et le jardin de l'abbesse.

Dans le prolongement du transept méridional se présentait un vaste bâtiment avec vingt fenêtres de façade. Ce corps de logis contenait : en bas, l'ancienne salle capitulaire voûtée, les cuisines, le réfectoire; aux trois étages supérieurs, la lingerie, la salle de communauté, le chauffoir et les deux dortoirs; il limitait du côté du levant le cloître et le préau destiné à la sépulture des religieuses. Les quatre galeries du cloître avaient été, aux frais de R. de Sévigné, construites en pierres et en briques avec quarante-sept arcades d'une grande simplicité, comme tout le reste du monastère. Au couchant, on trouvait le réfectoire de l'infirmerie, la bibliothèque, le logement des jeunes filles pensionnaires. Au midi, s'élevait la galerie de Saint-Charles, avec le dortoir des novices ou de Saint-Benoît et, à la suite, l'infirmerie, qui s'étendait jusqu'au moulin. Le long de la chaussée de l'étang, entre le moulin et le colombier, étaient un lavoir et la basse-cour. Au midi, par-delà les jardins de l'abbaye et le ruisseau, une pente boisée abritait la Solitude et les galeries encore pittoresques qui servaient de déversoirs à l'étang. La tannerie était à l'extrémité du jardin.

En dehors de la clôture, du côté du levant, sur une légère éminence, le visiteur rencontrait tout d'abord l'hôtel de Longueville avec ses trois corps de bâtiments, son entrée directe sur le grand chemin, ses terrasses, sa galerie conduisant à la tribune grillée, ouverte au nord dans le chevet de l'église; enfin la modeste habitation de Mlle de Vertus.

La *planche XII bis* est réservée à l'église abbatiale de Port-Royal. Le plan de l'église a été relevé au niveau du sol primitif. Les distributions modernes, c'est-à-dire postérieures à l'exhaussement du sol en 1652, ont été indiquées par des traits un peu forts.

A gauche de l'église, on voit l'emplacement des quatre parloirs superposés P, du vestibule ovale V, ou donjon, et de l'escalier pour monter au chœur.

A droite, la salle des hôtes H, la tribune de la duchesse de Longueville L; puis le parloir de l'abbesse PA, le tour de la sacristie T; dans le transept méridional, la salle capitulaire C; en E un des escaliers pour y monter. Dans l'ancien chapitre AC, fut construit le grand escalier G desservant le grand bâtiment et le nouveau chapitre.

Au-dessous du plan d'ensemble est tracé le plan de deux des principaux piliers de l'église; en bas, une élévation de l'un de ces piliers, et la projection de quatre angles de bases montrant quelques-unes des griffes destinées à protéger les arêtes des plinthes.

Au milieu et à droite sont figurés les restes de trois chapiteaux, qui ont dû couronner des colonnes de la nef. Les parties laissées au trait sans ombres, tailloir et astragale, sont des restitutions. En bas, un claveau d'arc ogive et un petit chapiteau.

Le chapiteau incomplet tracé au milieu de la planche setrouve à Rodon ; celui de dessous est aux Granges. A droite, nous avons essayé de compléter le chapiteau conservé dans le cimetière du Mesnil-Saint-Denis.

Les armoiries qui sont tracées aux angles de la *planche XII* se trouvent sur un sceau d'Angélique Arnauld (1612).

Les publications relatives à Port-Royal sont extrêmement nombreuses. Un des écrits les plus recommandables est la *Notice* qui précède les œuvres d'Arnauld d'Andilly dans le XXXIIIe volume des *Mémoires relatifs à l'Histoire de France*, publiés par Petitot (1824). On pourra aussi lire avec fruit les *Jansénistes du* XVIIe *siècle*, par l'abbé Fuzet (1876), et *la France pontificale*, par H. Fisquet, *Diocèse de Paris*, tome II, pages 545 à 560.

Les bâtiments de l'abbaye de Port-Royal ont été dessinés par Magdeleine Boullongne, et la gravure des quinze planches in-4° a été exécutée par N. Bocquet. Il existe deux autres séries de gravures par Magdeleine Hortemels (1710); le plan de l'abbaye, à vue d'oiseau, est d'une exactitude remarquable. On trouve, dans le *Nécrologe de Port-Royal*, treize bonnes gravures de petit format. Des gravures anciennes ont été reproduites dans le *Magasin pittoresque*, tomes XVIII et XXIV. Dans la mairie de Chevreuse, est exposée une grande planche de cuivre, gravée par Guillaumot, en 1876, d'après nos dessins, et qui représente l'abbaye vue du côté du nord.

Les autres Écarts de Magny sont : **Les Granges de Port-Royal**, ferme et maison bourgeoise dont les propriétaires conservent avec soin ce qui rappelle le séjour des Solitaires dans cette maison, de 1648 à 1679; Buloyer, seigneurie connue dès 1214 ; Romainville, Brouessy, la Butte aux chênes, **Villeneuve, Cressely**; la chapelle de **Notre-Dame-de-Pitié**, ou Lacoste, du nom d'un seigneur d'Aigrefoin; **Gomberville, Mérancis**, le château de **Mérantais**.

INTRODUCTION

Mathieu de Montmorency, seigneur de Marly, avait suivi Philippe-Auguste en Palestine et s'était distingué au siège d'Aixe; au retour, il avait suivi le roi dans toutes ses campagnes contre le roi d'Angletere. Lorsque Foulques de Neuilly prêcha une nouvelle croisade, en 1202, il n'hésita cependant pas à prendre de nouveau la croix. Les préparatifs de cette expédition, où il devait trouver la mort, l'empêchèrent de terminer un autre projet pieux, la fondation dans ses domaines d'une abbaye de religieuses. Il en confia la réalisation à sa femme Mathilde de Garlande, qui en paraît avoir été l'inspiratrice, et à l'évêque de Paris, Eudes de Sully.

Le lieu choisi par eux fut un petit fief nommé Porrois, dans la paroisse de Magny et sur la route de Paris à Chevreuse. L'ayant acheté de Milon de Voisins, ils obtinrent du seigneur de Villepreux, Guillaume de la Ferté, d'abandonner ses droits féodaux sur cette propriété par un acte de 1204. L'évêque de Paris l'attribua à des religieuses cisterciennes, sous la direction de l'abbé des Vaux-de-Cernay, abbaye voisine du même Ordre, fondée près d'un siècle auparavant. La première donation au monastère Notre-Dame-de-Porrois fut faite en août 1204 par Payen d'Urcines[1], qui, en présence de la dame de Marly et de ses fils Bouchard et Mathieu, donna ce qu'il possédait dans le fief de Porrois, le long du ruisseau.

1. Le pavillon d'Urcine à Vélizy.

A la première dotation de Mathieu de Marly et de Mathilde de Garlande se joignirent bientôt les dons des seigneurs de Montfort, de Chevreuse et de Lévis, dont les familles fournirent à l'établissement ses premières abbesses. Pendant quatre siècles, il continua une existence modeste et généralement paisible, sauf les époques troublées par les guerres. A la fin du xvie siècle, les biens de l'abbaye se trouvaient fort réduits, à la suite des ravages des bandes protestantes, et la communauté était fort diminuée. Cependant la dignité d'abbesse de Porrois tenta pour une de ses filles l'ambitieuse famille des Arnault. Sur la demande de son père, Jacqueline Arnault, née le 8 septembre 1591, fut, à l'âge de huit ans, acceptée comme coadjutrice par Jeanne de Boulehard, abbesse depuis 1575. Celle-ci étant morte, le 4 juillet 1602, l'enfant, âgée de onze ans, fut élue le lendemain pour lui succéder. Le défaut d'âge fit refuser les bulles par la cour de Rome. Mais plus tard M. Arnault en obtint d'autres en changeant le nom de Jacqueline en celui d'Angélique et en lui attribuant dix-sept ans au lieu de treize.

Si on pouvait prévoir grand profit pour rétablir la fortune de l'abbaye du crédit d'une puissante famille, on ne pouvait guère espérer de voir renaître la régularité à la suite d'une nomination aussi scandaleuse. Mais la jeune abbesse était une nature d'élite, ardente et énergique. Convertie en 1608, après avoir partagé pendant quelques années la vie facile des autres religieuses, elle parvint en peu de temps, par son exemple, à leur persuader de reprendre toute la sévérité de la règle cistercienne. Le 25 septembre 1609, dans la célèbre *journée du guichet*, elle consacra cette réforme en délivrant l'abbaye de la domination de son père et de sa famille[1].

---

1. M. Montlaur a publié, en 1901, sur Angélique Arnault, un ouvrage très remarquable qui a obtenu, en 1902, un prix de l'Académie française.

La réforme de Porrois, que l'on ne nomme plus maintenant que Port-Royal, nom mystique jusqu'alors peu connu du public, accomplie avec tant de succès, fit un certain bruit. Angélique Arnault fut, en 1618, envoyée à Maubuisson pour rétablir l'ordre dans ce monastère tombé dans un désordre incroyable sous le gouvernement d'abbesses imposées par la cour. Elle parvint, par sa grande énergie, à rétablir la régularité au milieu des plus grandes difficultés. Lorsqu'en 1623 une nouvelle abbesse vint prendre, par ordre du roi, possession de Maubuisson, elle revint à Port-Royal avec les trente religieuses qui avaient adopté la réforme, confiante dans la Providence pour suffire à une communauté doublée avec des ressources très restreintes.

Sous son gouvernement vigoureux et rigoureux, l'abbaye vit sa réputation s'étendre au loin. Elle comptait quatre-vingts religieuses, et les novices y affluaient. Les supérieures de plusieurs couvents demandaient des mères de Port-Royal pour rétablir la régularité dans leurs maisons. Comme, malgré ses vertus, la Mère Angélique partageait l'ambition de sa famille, elle se persuada devant ce succès qu'elle pouvait faire plus et jouer un rôle important dans la réforme de l'Ordre monastique.

La vieille abbaye de Porrois était étroite et isolée; ses bâtiments vieux et délabrés demandaient beaucoup de réparations, de sorte qu'il ne paraissait pas plus dispendieux de les reconstruire ailleurs; on insistait avec exagération sur l'humidité et l'insalubrité de la vallée. Un établissement à Paris tentait surtout comme offrant des ressources plus abondantes et des relations plus étendues. Mme Arnault, veuve depuis quelque temps, acheta dans ce but une maison et un vaste enclos dans la partie peu habitée du faubourg Saint-Jacques. Dès qu'il fut possible, en 1624, la Mère Angélique s'y transporta avec dix-huit religieuses. Mais l'autorité diocésaine ayant fait des objections à ce partage d'une communauté entre deux résidences, toutes les religieuses se transportèrent en 1626 dans la maison de Paris, ne laissant dans la maison des champs qu'un chapelain pour desservir l'église.

Ce fut la fin de l'abbaye de Porrois. Il est à croire que sans cette désertion, insuffisamment motivée, du lieu de la fondation, la communauté et son autoritaire abbesse auraient continué une vie paisible et édifiante, au lieu de se trouver compromise dans des intrigues qui amenèrent sa dispersion.

Pour échapper à l'autorité d'un nouvel abbé de Citeaux, la Mère Angélique obtint, en juin 1627, une bulle du pape Urbain VIII plaçant l'abbaye sous la juridiction de l'évêque de Paris. En même temps, le roi ayant renoncé à son droit de nommer l'abbesse, cette charge de perpétuelle devint triennale, et la Mère Angélique céda à une autre le gouvernement de l'abbaye.

M. Zamet, évêque de Langres, qui avait la direction de Port-Royal de Paris, ayant fondé, en 1633, l'Institut du Saint-Sacrement, mit à la tête Angélique Arnault; mais, au bout de cinq ans, cet Institut fut réuni à Port-Royal. Ce fut pendant ce temps qu'elle fit la connaissance de Duvergier de Hauranne, abbé de Saint-Cyran, l'ami de Jansénius. Séduite par l'extrême austérité de sa doctrine, qu'elle préférait à la direction trop prudente de l'évêque de Genève, François de Salle, elle se mit sous son entière direction et y entraîna toute sa communauté, qui devint dès lors un instrument pour cet astucieux personnage.

D'autre part, l'abbaye abandonnée par les religieuses avait été occupée par quelques hommes du monde parents ou amis des Arnault, et qui recherchaient la solitude. En 1639, lorsqu'une partie de la communauté de Paris revint habiter Port-Royal-des-Champs, ils se retirèrent dans la ferme des Granges, située au-dessus de la vallée. Malgré les vertus que l'on doit reconnaître à ces solitaires, entraînés dans les intrigues du parti janséniste, ils causèrent de grands troubles dans l'église de France, dont les religieuses de Port-Royal finirent par être victimes.

Après la lamentable destruction de l'abbaye fondée en 1204, le couvent de Port-Royal de Paris subsista pendant près d'un siècle et fut compris, à la révolution, dans la confiscation générale des biens du clergé. Les bâtiments devinrent une prison sous le nom cruel de Port-Libre.

La présente étude n'a pas pour but de raconter ces dramatiques événements, qui ont fait publier de nombreux volumes et suscité tant d'ardentes polémiques, mais de faire mieux connaître pour notre histoire locale la première partie de l'existence d'une petite abbaye. Sainte-Beuve et l'abbé Finot s'accordent à dire que l'histoire de Port-Royal commence avec la Mère Angélique. Avec elle finit celle de Porrois que j'entreprends de mieux faire connaître.

Les ruines de Port-Royal-des-Champs occupent le fond d'une vallée pittoresque qui se creuse brusquement au sud des grands bois de Trappes, qui s'étendent sur le plateau que suit le chemin de fer de Paris à Chartres, et qui sépare les affluents de la Seine en aval de Paris de ceux en amont. Le ruisseau qui se forme dans cette vallée va rejoindre l'Ivette affluent de l'Orge. Ce n'était pas au xiiie siècle plus que maintenant l'affreux désert des écrivains jansénistes, mais un lieu agreste entouré de bois et dont presque toutes les terres étaient cultivées. On y voyait plusieurs habitations et un moulin. La grande route de Paris à Chartres traversait ce désert, peut-être aussi habité alors qu'aujourd'hui.

Si la plupart des monastères ont été fondés dans des lieux écartés et déserts, c'est qu'il eût été trop dispendieux d'acheter pour les établir des terrains cultivés et partagés entre de nombreux propriétaires. Il ne manquait pas, surtout avant le xiii⁰ siècle, de terrains boisés et incultes, ne payant la dîme à aucune paroisse, à la libre disposition des hauts barons. Les moines fondateurs en obtenaient facilement pour un nouvel établissement une centaine d'arpens, qu'ils défrichaient et transformaient par un travail assidu en un domaine qui assurait leur subsistance. Il n'en fut pas ainsi pour Porrois. Aux deux exploitations rurales de 1204 vinrent se joindre peu à peu par des dons des achats ou des échanges de petites parties de terre déjà cultivée. Tous les premiers actes de notre cartulaire protestent ainsi contre la légende du désert.

On peut citer quelques monastères, comme le prieuré de Haute-Bruyère, fondé au commencement du xii⁰ siècle, non loin de Montfort, qui ont conservé jusqu'à la fin leur domaine primitif sans grandes modifications ou accroissements. Mais les domaines de l'abbaye de Porrois, dispersés dans plusieurs endroits, ont subi de nombreux changements parfois assez difficiles à suivre.

Les mêmes actes ne protestent pas moins contre la légende d'une abbaye pauvre, la générosité des fondateurs ayant pourvu dès l'origine à tous les besoins. Les lieux réguliers furent rapidement construits, puis la chapelle provisoire fut remplacée par une grande et belle église consacrée en 1230. Savigny, les Vaux-de-Cernay et plus d'une autre abbaye durent se contenter, pendant cinquante ou soixante ans d'une chapelle provisoire, en attendant que de nouvelles donations leur eussent fourni les ressources suffisantes pour la construction d'une grande église. Dès les premières années de Porrois, la construction des lieux réguliers n'absorbait pas toutes les ressources du monastère. En 1206, les religieuses prêtent 30 livres[1] à Simon de Ros-

---

[1]. On ne peut se tromper de beaucoup en multipliant par 100 les prix qui suivent pour avoir la valeur actuelle.

signies qui leur donne en gage une dîme à Gourville. Deux parties de la même dîme leur sont engagées en 1208 pour le prêt de deux sommes de 52 livres [1]. En 1207, elles achètent pour 160 livres à Gui, seigneur de Chevreuse, un moulin, un pré et un bois. En 1217, pendant la construction de l'église, le couvent fait un prêt de 100 livres sur une dîme à Villeray. En 1220, autre placement de 40 livres sur une dîme à Saint-Escobille près Étampes, localité assez éloignée du monastère. La même année, autre prêt de 15 livres. En 1223, il achète des vignes à Meudon. En 1227, il achète 170 livres une dîme à Villeray. En 1231, l'église étant terminée, l'abbesse place 35 livres sur une dîme et, en 1236, 65 livres. En 1234, achat pour 210 livres de 15 arpens à Saclay; l'année suivante, achat pour 70 livres d'une maison à Sèvres; en 1236, achat pour 60 livres de la maison du curé Adam à Marly; en 1241, achat pour 195 livres de 36 arpens de terre à Saclay; enfin, en 1266, 700 livres sont employées à acheter des terres à Guillaume de Meudon, outre 180 livres payées au seigneur pour son droit de quint denier.

La vallée où fut bâti Porrois se trouvait à la rencontre de quatre châtellenies. Au nord-ouest, sur le plateau, les bois de Trappes dépendaient de la châtellenie de Beaurain, qui appartenait à l'abbaye de Saint-Denis. Au nord-est, la châtellenie de Villepreux comprenait quelques terrains, entr'autres le fief de Porrois, qui doit répondre au domaine des Granges de Port-Royal. Au sud, la châtellenie de Chevreuse s'étendait jusqu'au ruisseau au-delà duquel commençait la châtellenie de Magny.

1. Ces dîmes étaient toujours engagées avec faculté de rachat, mais, l'emprunteur pouvant rarement l'opérer, le gage devenait alors la propriété de l'abbaye.

Porrois fut donc le nom de la nouvelle abbaye que l'on écrivait quelquefois Porrais. En 1209, Innocent III adresse un bref : *Monialibus Porrasii*. Il fut corrompu en Pourras pour deux possessions de l'abbaye, dites le Petit-Pourras, l'une à Escrone, l'autre aux Brévières, qui l'a transmis à l'étang de Pourras, un de ceux qui alimentent la ville de Versailles. Trente-cinq chartes latines de notre cartulaire donnent aussi la forme Porrois. On la retrouvait sur le tombeau de l'abbesse Béatrix de Dreux, morte en 1328 et sur le contresceau de l'abbaye. C'était le nom français qui a si bien persisté qu'un acte de 1670 nomme encore abbaye de Porroy la maison du faubourg Saint-Jacques. Mais les clercs de l'époque, écrivant en latin, latinisaient souvent au hasard les noms français. Ce fut d'abord Porregium, que l'on trouve quarante fois dans nos actes. En 1223, Mathieu de Marly dit : *dedi domui Porregii*, et l'évêque de Paris confirmant cet acte nomme : *abbatia de Porrois*. Mais cela ne pouvait suffire ; on trouva un *port* dans la première syllabe, un *roi* dans la seconde. On trouve cinquante-trois fois *Portus Regis* dans notre cartulaire de 1216 à 1236 et dix-sept fois *Portus Regius*. Il se pourrait que la forme française de quelques actes ait été transcrite en latin dans le cartulaire. Une intention mystique, que l'on serait tenté d'attribuer à saint Thibaut, favorisait ce changement. Le monastère était le port ou le refuge du roi des cieux. La forme française Port-Royal, longtemps ignorée du peuple, ne fut adoptée définitivement au xviie siècle qu'en raison de son sens mystique, dont on essaya même de faire remonter l'origine au nom d'Hippone, patrie de saint Augustin.

Quant à la légende enfantine de Philippe Auguste égaré à la chasse dans un pays probablement aussi peuplé alors qu'aujourd'hui, Sainte-Beuve n'est pas éloigné de l'attribuer à l'imagination de la Mère Angélique.

On est loin d'être d'accord sur l'étymologie du nom de

Porrois. Lebeuf propose *Borra*, dans le sens de marécage quoique le nom n'ait jamais été écrit par B, et que l'humidité de la vallée provint des barrages faits pour former des étangs. Il est plus probable qu'une production spontanée ou une culture locale l'ont fourni. Au moyen âge, le porreau, la porrée et les légumes analogues avaient une certaine importance dans l'alimentation. Dans deux actes de 1223, Thomas, abbé des Vaux-de-Cernay, supérieur de Porrois, nomme cette maison *abbatia poretarum*. L'abbé Finot trouve que cette étymologie manque de poésie.

Dès le milieu du XIIIe siècle, on sentit l'utilité de réunir dans un cartulaire la copie des actes relatifs au monastère. Quelques années après, ce premier volume envahi par des notes relatives aux revenus de l'abbaye, on en commença un second qui est resté imparfait.

Aux Archives Nationales se trouve la copie de deux actes de 1245, qui sont « dits extraits en 1521 d'un cartulaire étant en l'abbaye de Port-Royal, escript sur parchemin en lettres de forme bien anciennes, enluminé d'azur et de vermillon, relié entre deux es, couvert de cuir blanc, fermé de deux fermaux de léton, au commencement duquel il y a deux tables, une en français et l'autre en latin, esquelles sont cotées et nombrées plusieurs lettres en grande quantité de la fondation et dotation d'icelle abbaye transcrites et insérées dans ledit cartulaire. Et vers la fin d'icelui il y a grand nombre d'autres lettres non cotées es dites tables. Et commence la première lettre dudit cartulaire près lesdites tables : *Ergo Buchardus* et es LXIe, LXIIe et LXIIIe feuillets sont transcriptes deux lettres, la première nombrée LXIX, etc. ».

Les deux pièces copiées portent bien les numéros 169 et 170 dans le cartulaire de Port-Royal conservé à la Bibliothèque Nationale sous le n° 10.997 du Fonds latin. Ces deux charmants volumes in-8°, probablement les plus petits des cartulaires, reliés depuis, étaient autrefois connus sous le nom du *Petit-Porréal*. Un autre cartulaire, qui ne nous est pas parvenu, a dû réunir au xive siècle plusieurs pièces postérieures. Au xviie siècle, les archives de Port-Royal furent transportées dans la maison de Paris et de là, à la Révolution, aux Archives nationales.

Le précieux recueil du cartulaire primitif a été souvent consulté et largement utilisé par l'abbé Lebeuf, puis par M. Moutié pour son *Histoire de Chevreuse*. Sa publication a été longtemps projetée par la Société archéologique de Rambouillet. Cette Société, fondée en 1836, a eu la bonne fortune d'avoir pour président un grand seigneur érudit et généreux, et pour secrétaire un savant infatigable que la cécité même n'empêcha pas de travailler jusqu'à ses derniers jours. En 1846, M. Auguste Moutié publia, aux frais du duc de Luynes, deux fascicules sur les prieurés de l'Ordre de Grandmont de nos environs, les Moulineaux et Louye. En 1856, avec le même appui et le concours de M. Lucien Merlet, il mena à bien l'entreprise de composer par la mise en ordre des pièces originales le cartulaire des Vaux-de-Cernay, trois volumes in-4°, avec un atlas de sceaux. En 1862, il publia encore en un volume in-4° le cartulaire de Notre-Dame-de-la-Roche, que M. le duc de Luynes fit accompagner d'un album in-folio de planches dessinées par M. Nicole.

En 1874 et 1875, M. Moutié a utilisé pour son ouvrage sur Chevreuse, dans deux volumes de la Société, la plupart des documents que le duc de Luynes avait réunis pour un cartulaire de la seigneurie de Chevreuse. En 1878, ont paru les petits cartulaires de Saint-Thomas d'Épernon et du prieuré de Maintenon, pour lesquels je lui ai prêté mon aide. En 1892, a paru le cartulaire de Saint-Spire de Corbeil, par

M. Couard, archiviste du département. Les actes du prieuré Saint-Laurent-de-Montfort, rassemblés par moi, ont trouvé place en 1887 dans le huitième volume des *Mémoires de la Société*.

Mais, si les cartulaires sont des mines précieuses pour l'historien, leur étude est souvent laborieuse et demande, avec la pratique de la langue latine, quelques notions de diplomatique et de droit féodal. On les consulte, on les cite, mais on ne les lit guère. Ce sera l'excuse de la Société archéologique de Rambouillet de s'être occupée depuis d'époques moins éloignées.

J'avais déjà fait, en 1860, pour M. Moutié, plusieurs extraits du cartulaire de Port-Royal de la Bibliothèque Nationale. En 1879, un membre de la Société, élève de l'École des Chartes, M. Grassoreille, en proposa la publication intégrale. Il avait copié la moitié du premier volume lorsque sa nomination aux Archives de Moulins vint interrompre son projet. A sa mort prématurée, à Versailles, le 12 mai 1893, son père, disparu depuis en 1899, pour ne pas voir se perdre cette partie du travail de son fils, me la fit parvenir par l'entremise de M. Adrien Maquet. Après une assez longue hésitation à entreprendre ce travail, je fis compléter, par l'entremise de M. Aubry, la copie du cartulaire; puis j'allai aux Archives Nationales, dont j'avais oublié le chemin depuis douze ans, pour y consulter les originaux. Les archives de Port-Royal y sont contenues en plus de trente cartons. Quoique les recherches y soient facilitées par un inventaire rédigé en 1888 par M. Marius Barroux, je me suis vite découragé devant cet amas de documents qui demanderaient au moins dix ou douze volumes pour être publiés. J'ai surtout remarqué une énorme liasse du carton S. 4,520 B, relative à un domaine à Champgarnier, que l'abbaye avait réuni par petits morceaux de 1521 à 1548 : 22 livres pour 2 arpens, 100 livres pour 11 arpens, 10 livres pour un petit jardin, etc. Il avait été loué par bail emphitéotique, que les religieuses obtinrent de faire rompre au bout de quarante ans. Mais, au lieu du preneur primitif, sept ou huit familles de cultivateurs se partageaient ce bien. Les actes qui les concernent, testaments, partages, contrats de mariage, offrent naturellement peu d'intérêt. Puis la plus grande partie de ces archives a rapport au couvent de Paris et à des époques modernes. On y lit le compte de cuisine de la célérière en 1789, se montant à 35.281 livres 12 sous. On y trouve aussi la liste des arbres fruitiers du jardin des Granges au xviiie siècle.

Il fallait donc se restreindre à la publication du petit cartulaire, en remettant à un travail subséquent les notes recueillies sur les époques postérieures au règne de saint Louis.

Il m'a paru indispensable de ranger par ordre chronologique les chartes du cartulaire, qui y avaient été inscrites sans tenir compte de leur date. Les plus anciennes portent les numéros 58, 176 et 188, et celle du don de Chagny, placée la première, n'arrive que la 76e dans l'ordre des temps. On y remarque que plusieurs chartes ont été cancellées comme n'offrant plus d'intérêt, ou ayant été remplacées par des accords subséquents. Plusieurs sont des constitutions de rentes viagères en faveur de religieuses défuntes. Je me suis permis, *de temps à autre*, d'abréger en remplaçant par des points, les longues et monotones formules de droit qui remplissent presque tous les actes. Le premier mot de la formule consacrée permettra de la suppléer à coup sûr. Après un court sommaire, j'ai mis en tête de chaque acte sa date ramenée au style actuel. Sa provenance est indiquée par son numéro dans un des deux volumes du cartulaire, et pour ceux qui manquent au cartulaire, soit par le numéro du carton des archives, soit par l'indication du volume où je l'ai trouvé.

A la fin du premier volume du *Petit-Porréal*, on a ajouté,

vers 1260 [1], le relevé des revenus de l'abbaye et celui des cens qu'elle devait payer pour ses propriétés. Je les publie en tête du cartulaire. La table générale qui terminera le volume permettra d'établir les rapports des actes avec ce relevé et de constater les fréquentes modifications apportées dans les biens de l'abbaye par des donations et des échanges.

J'envoie mon manuscrit à mon habile imprimeur sans me dissimuler qu'il y aurait beaucoup à faire pour améliorer et compléter mon travail. Mais, ne pouvant entreprendre en ce moment les nouvelles recherches qui seraient nécessaires, je le livre tel quel à la publicité, réclamant l'indulgence de ceux qui connaissent les difficultés de l'entreprise. Le présent volume s'arrête au xiiie siècle. Un second volume le continuera *peut-être* en suppléant aux omissions et en rectifiant les erreurs.

Montfort, 25 septembre 1903.

A. DE DION.

---

[1]. Entre autres indices de cette date, on y voit que Porrois devait toucher une rente de 100 sous sur une maison à Montlhéry tant que vivrait Arnoul le Boucher (*carnifex*) et son épouse Flora, qui en avaient donné la nue propriété à l'abbaye. Saint Louis avait approuvé ce don en juillet 1256. L'abbaye jouissait de cette rente au xviiie siècle.

CARTULAIRE

DE

L'ABBAYE DE PORROIS

RELEVÉ DES RENTES ET DES CENS

DUS A L'ABBAYE DE PORROIS ET DE CEUX QU'ELLE DOIT

Ce relevé des revenus de l'abbaye de Porrois et des redevances qu'elle a à payer a été écrit, vers la fin du xiiie siècle, dans les pages restées blanches du premier volume du petit cartulaire du folio 111 au folio 132, avec quelques notes datées de 1289, 1298 et 1301, qui seront imprimées à leur date. Dans ces notes dont, quelques-unes en français, les noms sont souvent mal orthographiés ou d'une lecture douteuse.

(*Folio* 111.) Hos redditus et census denariorum habemus ad festum sancti Remigii percipiendos : scilicet apud Karrerias habemus singulis annis C s. par. ex dono domine Margarite domine Narbone pro filia sua. Item ex dono magistri Symonis de Gif XXXI s. apud Gif I. Item in censibus de Gometh-le-Chastel XX s. ex dono domini Guidonis de Monte-Forti. Item in censibus de Romevilla XX s. par. ex dono domine Clemencie de Plessiaco. Item in censibus de Plessiaco X s. par. ex dono domini Milonis ejusdem ville militis. Item in censu de Marches X s. par. et pro vino XII s. par. ex dono domini Hugonis ejusdem ville militis pro filia sua.

Item ex dono Petri de Domibus VI lib. Carnotenses apud Provellu portandas, scilicet duobus terminis in festo sancti Remigii LX s. et alios LX s. in die Brandonum. Item apud Bochioallem V s. par. ex dono domine Matildis de Bachioalle. Item ex dono domini Germinidi de Pasticiis XX s. Carnot. Item apud Galardon in domo Renoldi XXII s. Carnoten. et XX treces de cepis. Item habemus apud Alnetum XV s. par. de censu scilicet in festo sancti Remigii V s., in Purificatione beate Marie V s. in ascensione Domini V s. Item apud Vallem Guidonis X s. par. Item apud Poissiacum tres s. et dimidium par. quos debet Robertus dictus le Seneschal. Item hic est census quem habemus apud Montiengni in festo sancti Remigii, scilicet Hugo de Capella debet III s. pro terra que fuit a la Goibe III arpens; uxor defuncti Guillelmi Britonis.

(*Folio* 111 *v.*) II s. pro essartis Moleriarum, II arpens; Colinus, dictus Quarré II s.; domina Johanna de Voisinis licuit VI d. de dimidio arpento. Item in vigilia Pasche Johanna de Montegni VI d. Item census quem habemus apud Alnetum et Germevillam in festo sancti Remigii, scilicet Miol debet V s. pro Alneto et I d. pro orto suo de Germevilla; Tibondus I d. pro orto suo de Germevilla; Matheus de Germevilla IX d. pro domo sua; Hourri de Germevilla VI. d.; Guillelmus de Alneto VI d.; Philippus filius ejus VI d.; Cristianus de Germevilla VI d. pro domo sua; Guillelmus Hure VI d.; Robinus cementarius III d.

Item census quem habemus apud Valmorier in festo sancti Remigii, scilicet: Robertus de Valmorier debet IX d. et obol.; Aubrea IX d.; Robertus don Buisson XV d.; Michael IIII d. et obol.; Emelina la Coconiere VI d.; Johanna la Riarde VI d.; Beatron III d.; Ace de Brocia VI d.; Odo, presbyter don Mesnil unum obol.; Philippus, frater ejus, unum obolem.

(*Fol.* 112.) Hos redditus denariorum habemus in festo sancti

Dyonisi vel in octabis, scilicet apud Valmondois XXX s. par. in crastino sancti Dyonisii ex dono domini Anselli de Insula. Item apud Groheleium XL s. par. de censu ville in octabis sancti Dyonisii de dono Theobaldi de Claciaco. Item apud Vemandum I arpentum terre et deciman X arpentorum terre unde nobis reddit singulis annis XIIII s. par. Regilnadus Musart apud Parisius in festo sancti Dyonisii vel in octabis. Item apud Braholletùm XXVI s. par. in censum domini Nicholai de Braholleto in festo predicto. Item apud Croceium VII s. par. in octabis predicti festi. Item apud Ulmeiam VIII lib. par. ex dono domine Ælipdis de Chantilliaco in predicto festo. Item apud Voise C s. Carnoten. in festo sancti Luce ex dono domini Johannis. Some XIX libras III s. moins.

(Fol. 112 v°.) Hos redditus denariorum habemus in pluribus terminis per [solven] dos, scilicet apud Meullentum ex dono domini Mathei de Monte-Morenci qui fuit dominus de Malliaco et ex dono filiorum predicti Mathei videlicet domini Buchardi et domini Mathei karrissomorum fundatorum abbatie Portus-Regis XXX lib. par. Item ex dono Sedilie de Noisi VIII lib. par. reddendas cum aliis XXX^a hiis terminis : prima die Marcii IX lib. et dimidiam par., prima die Junii IX lib. et dimidiam par., prima die Septembris IX lib. et dimidiam par., prima die Decembris IX lib. et dimidiam par. Item habemus apud Parisius en Chastelet ex dono domini regis Francie XL^a V lib. par. et XII s. et VI d. tribus terminis scilicet in octabis Omnium Sanctorum XI lib. et XII s. et VI d., in octabis Purificationis beate Marie II s. et VI d. minus. Item habemus apud sanctam Genovefam in monte Parisius XII lib. par. annui redditus ex dono domine Margarete domine Narbone tribus terminis, scilicet in octabis Omnium Sanctorum IIII^{or} lib., in octabis Natalis Domini IIII^{or} lib, in octabis Pasche IIII^{or} lib. Item apud Parisius XII s. par. annui redditus quos tenetur nobis reddere Bertaldus

dictus Asselin in septimana post Ramos Palmarum. Item apud Parisius ad quamdam fenestram super magnum pontem X s. par. annui redditus ex dono Petronille Alvernensis in septimana post Ramos Palmarum. Item apud Tornenfuic XXIX s. par. in festo defunctorum. *(Fol.* 113.) Item apud Galardon L s. Carnot. annui redditus in octabis Omnium Sanctorum ex dono domini Buch. Junioris de Malliaco in prepositura ipsius de Galardon. Item habemus V s. par. in censu domini Hugonis de Bordis vel domini Symonis Bagot apud Bordas in festo sancti Martini hyemali. Item apud Galardon VI lib. Carnoten. annui redditus ex dono Ade et Philippi dominorum de Galardon pro sorore sua Amicia persolventas ad quindenam Nativitatis Domini in prepositura eorumdem. Item apud Vernolium X s. annui redditus quos ministri Sancti-Martini debent reddere ad Natale Domini. Item apud Carnotum de dono Johannis Col-Rouge IIII^{or} lib. Carnoten. his terminis : ad Natale. Domini XL^a s., ad festum sancti Johannis Baptiste XL^a s. Item apud Carnotum, IIII lib. Carnoten. de dono domini Buchardi Majoris ad Purificationem domini persolvendas. Item apud Montemlethericum C s. par. annui redditus duobus therminis persolvendos scilicet ad Natale Domini L s., ad festum sancti Johannis Baptiste quinquaginta quamdiu Arnulphus dictus Carnifex et Flora uxor ejus vixerint. Item ad Ferietatem habemus XV lib. par. ex dono domini Philippi Montis-Fortis pro Petronille sorore sua dobus terminis persolvendas, scilicet in dominica Brandonum C s., in festo sancti Johannis Baptiste X lib. Item apud Maulliam XII s. par censuales ad mediam, quadragesiman persolvendos. Some an ces II pages VI^{xx} et III lib. et VI s. et VI d.

(Fol. 113 *v°.)* Has droituras habemus apud Alnetum et Germevillam ad Natale Domini, scilicet Hourris debet nobis unam droituram, Guillelmus de Alneto unam droituram, Philippus filius predicti Guillelmi, dimidiam droituram,

Matheus de Germevilla unam droituram et dimidiam, Poufile dimidiam droituram, Cristianus dimidiam droituram, Guillelmus Hure dimidiam droituram. Item has droituras habemus apud Valmorier ad Natale Domini, scilicet Robertus debet duas droituras, Arnulfus filius Aubree, unam droituram, Aalaidis la Pordeu unam droituram. Item hunc censum habemus apud Alnetum in Purificatione beate Marie, scilicet Guillelmus de Alneto II s., Milo de Alneto V s. Item hunc censum habemus apud Alnetum et Germevillam in festo sancti Arnulfi, scilicet Philippus de Alneto IIII d., Guillelmus Hure II d., Guillelmus de Alneto III d. et ob., Hourri VI d. et ob., Christianus II d. et obolem.

(*Fol.* 114.) Item apud Maulliam habemus IIII[or] modios et dimidium vini cujus tres modii et dimidius et quartas de cupa sunt de pressoragio in vindemiis persolvendos. Item apud Vernolium unum modium boni vini. Item apud Meudunum unum dupplarium vini ex dono domini Mathei ejusdem ville militis eodem termino.

Hos redditus bladi habemus ad festum sancti Remigii percipiendos, scilicet apud Meudunum III sext. hybernagii et III ordei ex dono domini Mathei de Meuduno. Item apud Bendevillam VI sext. hybernagii in campiparte domini Radulfi de Bendevilla de dono ipsius. Item apud Erunvile in granchia domini Guillelmi unum modium hybernagii ad mensuram Parisiensem vel de Dorden. Item apud Joiacum I modium hybernagii et I modium avene in decima ejusdem ville. Item apud Basemont X sext. hybernagii ad mensuram Maullie in granchia domine Cecilie. Item ex dono domini Johannis de Soiseio II sext. hybernagii in campiparte de Alto-Villari. Item apud Saimantes unam minam hybernagii de dono (*fol.* 114 *v*°) Guillelmi. Item ex dono Guillelmi de Vicinis habemus tria sext. bladi et tria avene. Item de dono Milonis et Reginaldi de Vicinis militum, habemus IIII[or] sext. hybernagii quos dominus Milo de Stagno tenetur reddere super terris suis. Item habemus in molendino de Corceles IIII^er sext. hybernagii hiis terminis videlicet II sext. infra triduum post festum sancti Remigii et alios duos sext. infra festum beati Nicholai, de dono domini Petri de Corceles. Item Guillelmus de Chaponval debet V sext. hybernagii et V avene et unam trousam straminis quamdiu tenebit firmam nostram. Item Ferricus armiger de Sancto-Remigio debet tres minas tam ybernagii quam avene. Item habemus apud Vilereium I modium hybernagii et I modium avene pro decima quam invadiavit nobis dominus Andreas Polin.

Hos redditus bladi habemus in festo Omnium Sanctorum persolvendos scilicet apud Bellum-Videre I modium frumenti et I modium avene in granchia domini Petri de Bello-Videre, ita tamen quod si deficit in solutione predicta quod teneretur reddere *(fol. 115)* pro qualibet septimana unum sext. bladi pro pena. Item habemus apud Couperiam IX sext. hybernagii et IX avene quos debet nobis reddere dominus Johannes Judas pro decima quam vendidit nobis. Item domina de Buxeria debet nobis duos modios hybernagii singulis annis in molendino de Marolio percipiendas, videlicet hiisterminis : in festo sancti Remigii V sext., in Natale Domini VI sext., in Pascha VI sext., in festo sancti Johannis-Baptiste VI sext.

(Fol. 116.) Hic est census quem debemus apud Malliacum in festo sancti Remigii, scilicet Petro de Valle-Veselli IIII d. pro vinea de Longa-Vitte, Ade Lovel IIII d. pro vinea de Rivo-Fucardo, eidem III ob. pro vinea de Clauso, canonicis Sancte-Genovefe III ob. pro vinea de Cripta; priori Malliaci IIII d. ; Galtero Gaudio IIII d. ; Hugoni Boudrot III d. de uno quarterio vinee apud Sanctum-Germanum, Michaeli clerico XII d. de vacua banata de pleno campo, VI d. ad vicinos, item III d. de cripta in domo Guillelmi de Fonte.

Item census quem debemus apud Malliacum in festo

sancti Dyonisii vel in octabis, scilicet Johanni de Vicinis III ob. pro vinea de Cripta in die s. Dyonisii. Priori de Cella XV d. pro vinea de Prun. in octabis s. Dyonisii.

Item census quem debemus apud Vernolium ad festum sancti Remigii, scilicet Henrico Torel XII d. ecclesie de Vernolio IX d. et sancto Dyonisio V d ; pro custodia VI d.

Hic est census quem debemus apud Seperam in festo sancti Remigii, scilicet domino de Sepera II s. pro masura nostra, eidem pro vinea des Gres III ob., item pro vinea Ade Rossel I d., protrellia VII d. *(fol. 116 vº)* pro vinea de clauso XVIII d., pro tortello I d., et pro custodia XXII d. et dimidiam corveiam in marcio et dimidiam in vindemiis. Item domino Johanni de Velisi XII d. pro vinea Ade Rufi et XII d. et ob. pro vinea de Piru, domine Petronille de Giri XXI d. pro veteribus plantis, domino Stephano de Meudon II s. pro domo nostra, domino Petro de Claengni VI d. pro vinea de Puncta et III d. et ob. pro custodia et I d. pro tortello; Abbati Sancti-Germani de Pratis VIII d. pro vinea de Hubert et VI d. pro tribus quarteriis et III d. et ob. pro custodia et I d. pro tortello.

Item census quem debemus circa abbaciam in festo sancti Remigii, scilicet domino Ade de Bulohier VI d. pro terra que fuit Petro de Noisi; item priori de Caprosia *pour les terres Jobart* XIII d.; domino Philippo Dorz XII d. ; uxori Everardi le Ferron de Castroforti V d. pro terra de Voisins licuit; Ade de Coperia I d. pro terra de Magno-Campo, domino Petro Galteri de Escroniis XII d. Carnot. pro terra de Chaagnai, eidem XX d. Carnot. pro terra que fuit a la Burrée; domine de Caprosia pro Manquit. I d.

Hii sunt redditus bladi quos debemus; scilicet : priori de Caprosia II sext. bladi pro molendino de Germevilla in festo sancti Remigii; item sacerdoti leprosie de Caprosia unam minam bladi de elemosina super terram de Valmorier quam emimus a Johanne de Alneto in festo sancti Andree ; item sacerdoti de Sancto-Lamberto VI sext. bladi in festo sancti Remigii; item sacerdoti de Meigni III^{or} sext. bladi singulis annis et post obitum Johannis Paalee unum alium sext., ita tamen quod predictus sacerdos amodo tenetur reddere singulis annis domino Amarrico de Meuduno et uxori ejus unam minam bladi.

(*Fol.* 117 *v*°.) Hic est numerus arpentorum terrarum nostrarum de Villeraz : sexaginta tria arpenta et dimidium.

Item numerus arpentorum terrarum nostrarum de Villaribus : sexaginta unum arpenta et dimidium.

Item de terra dicti Billet sex arpenta et dimidium ; summa totius terre de Villeraz et de Villers et de Billet : VI^{xx} XI arpenta et dimidium. Item a Creseli tria arpenta et dimidium.

Item de campo Gremarii in cultura ante portam XLV arpenz et quartier e demi. Item retro domum XLIII arpenz e demi quartier.

Item in Molear. XL arpenz I quartier e demi quartier.

Summa tocius VI^{xx} IX arpenz I quartier.

Isti debent nobis ad Villers unam droituram et dimidiam annuatim :

Guillelmus Gobelet quartam partem unius droiture.

Johannes Longus quartam partem unius droiture.

Stephanus gener Johannis Longi quartam partem unius droiture.

Helardus de Villaribus dimidiam droituram.

Clemens Bruiant quartam partem unius droiture.

Une droiture vault ung sextier d'avainne, ung minot de blé et deux chappons.

(*Fol.* 118.) Item le nombre des terres de la granche seur le bos bois :

A la Paienniere XXII arpenz.

Item a la terre des Carmes XV arpenz.

Item ou granier III arpenz.

Item ou clos de l'abaie IIIxx arpenz ; la Penenere XIX arp.

Item en la couture du milieu III^{xx} V arpenz.

Item la terre de lez monseigneur Jehan de Voisins VIII.

Item en la couture de vers la Couperie IIIIxx arp. et III et demi.

Item de Guiot de Montgry, Perrot son frere et Guillemin de Loenz XL arpens entre Patterys, Porrois, et Montigny.

Item de messire Adam de Buloyer XXX arpens et III quartiers.

Item une piece de terre jouxte la maison de la Paiennere acquise du prebstre de Montigny.

(*Fol.* 130.) Justice de Porrois à Vaumurier en 1301. (Voir à cette date.)

(*Fol.* 130 *v*.) Justice de Porrois en 1380. (Voir à cette date.)

Hommage à l'abbesse en 1339. (Voir à cette date.)

... Item pour les terres Jobart et ses frères le jour S.-Denis... et pour la terre qui fut Pencine XII d. Item pour la terre dessus Valmorier XII. d. Item au seigneur de Buhy pour terres, aulnois et prés au Trelet III s. III ob. à la S.-Remi ; item le jour de la Saint-Martin pour les sables outre le ru III sous ; item le jour de Saint-Rémy pour un arpent de terre XX den.

(*Fol.* 131 *v*.) Ci sunt les teigmoins qui furent quant nous fumes restabliz de par le roy de nos chevaus et de no[s] vaches que ma dame de Marli avoit feit prendre par s'agent : premièrement Laubelot de Roumenville, Gilot d'Argalt, Gileite de Buleheir, Isabel femme feu Jehan Bouriot, Clarice femme Simon le charron, Bougo femme Plain-Pei, Mabile femme Huet l'Anglais, Mahaut femme Tibaut le chareteir,

Jovennin le bocher, Renaut le tarteir, Simart Basin de Voisins, Mahaut le grant, Simart Lerei, Estienne Guiart de Montegni, Bouchart Gorge, Estienne Gorge, Adeneit Gorge, Marie femme Geuffrei le Normant demeurant à Roumeinville, mestre Jacques de la Fonteine, mestre Hue de Velly, Gringoire de Velly, Robin le chareteir, Jehannot de Vaumourier, Perrot le Vignerun, procureur de Porrois a ce tens.

(*Fol.* 132.) Ce sont les terres que la fame feu Ode Morel tient en fié de l'abbeesse de Por-Rois : premièrement V arpenz de lez la vigne au Bougre ; item a la couche VI arpenz ; item aus haies de Voisins VI arpenz.

Ce sunt les terres que Raoul le frere au prestre de Villers tient en fié de l'église de Por-Rais : premièrement V arpenz devant la meson au Bougre de Villers pou plus ou pou moins, et V arpenz à la Conche et I quartier a la myville et VI arpenz au Dengon pou plus ou pou moins lez la terre de Por-Rais ; item il en tient autre tant que Pierre Hardi tient de lui en fié et un arpent avescques que li dit Raoul tient de l'eiglise en arré-fié.

I

Mathieu de Montmorency, seigneur de Marly, partant pour la croisade, charge sa femme Mathilde et Eudes, évêque de Paris, d'employer à une fondation pieuse une rente de quinze livres sur Meulan.

(Sans date, mais antérieur à 1204.)

Ego Matheus de Montemorenciaco[1], dominus Marliaci, notum fieri volo tam presentibus quam futuris me ratum habere quidquid dominus Odo, parisiensis episcopus et Matildis, uxor mea, facient de quindecim libris quas debebum assignare in redditibus meis de Mellento, antequam iter suscepte peregrinationis aggrederer, sed eas assignare non potui, multis et magnis negociis impeditus. Quod ut firmum inconcussumque permaneat dignum duxi sigilli mei in munimine roborandum.

(Cartul., t. I, n° 58.)

1. Mathieu de Montmorency, dernier fils de Mathieu Ier, connétable de France, mort vers 1160, et d'Aline d'Angleterre, sa première femme, mariée en 1126, morte en 1140, fut d'abord seigneur d'Attichy. Son frère Thibault, se faisant, entre 1179 et 1189, moine à Notre-Dame-du-Val, lui laissa la terre de Marly. Croisé avec Philippe-Auguste, il se distingua au siège d'Acre. Au retour, il prit part à toutes les guerres de Normandie. En 1198, il fut fait prisonnier près de Gisors par le roi Richard en personne. En 1202, il se croisa de nouveau à la voix de Foulques de Neuilly et prit part à la conquête de Constantinople. Mais il mourut dans la victoire. Villehardoin dit à ce sujet : « Lors avint une moult grant mésaventure dans l'ost, que Mahius de Montmorency qui ete un des meillors chevalier del royaume de France et des plus prisiez et des plus aimez, fut mors et fut enterré en une yglise de Monseigneur S. Jean de l'Ospital de Jérusalem. »

Sa femme, Mathilde ou Mahaut de Garlande, était fille de Guillaume de

Garlande, seigneur de Livry et d'Idoine de Trie, et était veuve sans enfants de Hugues de Galardon. La famille de Garlande, originaire de la Brie, où elle subsista jusqu'à la fin du xiii° siècle, avait pris une grande importance en 1096 lorsque Philippe I°' ayant, disgrâcié le sénéchal tout-puissant Gui de Rochefort, choisit, pour le remplacer, Payen de Garlande. Après un retour passager de Gui de Rochefort, Louis VI, devenu roi, rompit de nouveau avec lui et confia cette charge, la première alors du royaume, à Anseau, frère de Payen, celle de chancelier à un second frère, Étienne, et celle de bouteiller à un troisième, Guillaume. Les Garlande succédaient donc à la fortune insolente des Rochefort. Anseau de Garlande avait autrefois épousé une fille du sénéchal Gui de Rochefort, et celle-ci, à la mort de son frère Gui II, vers 1114, hérita de cette châtellenie. Anseau mourut en 1118, au siège du Puiset, ne laissant qu'une fille, Agnès de Garlande, mariée en 1120 à Amaury de Montfort, comte d'Évreux, auquel elle apporta Rochefort, Gomets et Gournay-sur-Marne. Mais, en 1127, Etienne, le plus jeune et le plus ambitieux des frères, voulant, malgré le roi, transmettre sa charge de sénéchal à son neveu Amaury de Montfort, provoqua la ruine de sa famille. Lui et son frère Gilbert, bouteiller à son tour, après Guillaume, furent chassés du palais, leurs somptueuses demeures à Paris renversées, et les vignes attenantes arrachées restèrent plusieurs années en friche. Leurs héritiers recueillirent pourtant quelques débris de leurs immenses possessions et, il est à croire que la petite châtellenie de Magny, dot de Mathilde de Garlande, est un de ces débris.

Comme Hugues de Galardon, probablement mort en Palestine, où il se trouvait en même temps que Mathieu de Marly, ne laissait pas d'enfant, une partie de ce qu'il possédait à Galardon revint à sa veuve comme douaire. Le reste fut partagé entre les nombreux membres de la famille de Galardon. Mathilde de Garlande n'ayant pas tardé à conclure une nouvelle alliance avec Mathieu de Marly, les biens qu'elle lui apporta à Galardon prirent le nom de fief de Marly-à-Galardon, ce qui a quelquefois fait croire que la famille de Marly tirait son origine de la Beauce. Nous verrons bientôt les libéralités faites sur ces biens aux abbayes de Porrois et des Vaux-de-Cernay.

Mathieu de Marly avait déjà fait des dons à plusieurs abbayes. En 1194, avec sa femme Mathilde, il avait confirmé un accord de l'abbaye de Sainte-Geneviève avec Garnier de Roquencourt. Le nécrologe de Port-Royal (*Suppl.*, p. 464) cite un autre don de lui au prieuré de Gournay-sur-Marne pour l'anniversaire de Guillaume de Garlande, père de Mathilde. En 1197, Philippe-Auguste mentionne, dans les biens donnés à l'abbaye de Livry, 5 arpens à la Chapelle du don de Mathieu de Marly. En 1199, avec Mathilde, il donne à l'abbaye des Vaux-de-Cernay la franchise d'une maison à Marly, et en 1202 ils ajoutent une rente de 100 sous sur Meulan.

11

Guillaume de la Ferté, seigneur de Villepreux, cède à l'évêque de Paris et à Mathilde, dame de Marly, la mouvance du fief de Porrois que Milon de Voisins tenait de lui.

(1204.)

Ego Guillelmus de Firmitate[1] notum facio presentibus et futuris quod illud feodum in Porrois quod dominus Milo de Voisins tenebat a me et quodidem Milo emerat a priori Boret, concessi et quitavi in perpetuum domino Odoni, venerabili Parisiensi episcopo, et domine Matildi de Malliaco, ad instituendas ibidem religiosas personas ad serviendum Deo, et inde me devestivi in manu ejusdem episcopi et fidem interposui me servaturum hoc in perpetuum et garantiam daturum. In cujus rei perpetuam firmitatem presentem cartam sigilli mei munimine feci roboravi. Actum anno Incarnati Verbi millesimo ducentesimo quarto :

(CARTUL., I, fol. 106 v°.)

1. La famille de la Ferté-Arnaud possédait, dès le xie siècle, des fiefs dans la châtellenie de Montfort. Vers le milieu du xie siècle, l'héritière de cette famille, Julienne de la Ferté, épousa Ebrard du Puiset, seigneur de Villepreux, et transmit la Ferté à son fils Ernaut, qui en prit le nom et commença une seconde famille.
En 1198, 1202 et 1211, un de ses fils, Guillaume, seigneur de Villepreux, est marié à Constance, dame de Châteaufort, veuve avec enfants de Gaston de Poissy. Son écu : de gueules à trois bésains d'argent, se voit dans un vitrail de la cathédrale de Chartres. Il possédait, vers 1230, treize fiefs dans la châtellenie de Montfort et tenait de Clémence, dame d'Auneau, le fief du Tronchay, dans la châtellenie de Rochefort. Il se pourrait que le fief de Porrois, vendu par Milon de Voisins, fît partie de la châtellenie de Villepreux, qui s'étendait jusque sur les bords de la vallée de Port-Royal et que ce fief ait constitué le domaine des Granges.

III

Payen d'Urcine donne à l'abbaye de Porrois sa terre de Porrois, près du ruisseau.

(Août 1204.)

Ego Salomon, decanus Castrifortis, notum facio omnibus presentes litteras inspicientibus quod dominus Paganus de Ursinis[1], et uxor ejus, dederunt Deo et ecclesie Sancte Marie de Porrois, pro remedio anime sue et pro remedio animarum antecessorum suorum, totam terram quam habent apud predictum locum de Porrois prope aquam, in bona pace in perpetuum possidendam. Hoc autem filii eorum et filie laudaverunt et prenominatam terram predicte ecclesie, bona fide concesserunt. Hujus donationis testes sunt hii : Salomon, decanus Castrifortis, et dominus Garinus, domina Matildis de Malliaco, Buchardus, filius ejus, et Matheus, frater ejus[2]. Ut autem hoc firmiter et inconcussum habeatur, ego Salomon, decanus Castrifortis, presenti pagina sigillum meum apposui. Actum est hoc anno gratie millesimo ducentesimo quarto, mense augusto.

(CARTUL., I, n° 188.)

---

1. Pavillon d'Urcine à Velizy.
2. La présence des deux fils de Mathilde fait remonter son mariage vers 1190.

IV

Eudes, évêque de Paris, attribue au monastère de Porrois les quinze livres de rente données par Mathieu de Marly, et Mathilde y ajoute une rente de dix muids de blé sur ses moulins de Galardon.

(1206.)

Odo, Dei gratia Parisiensis epicopus, omnibus presentes litteras inspecturis in Domino salutem. Notum facimus quod cum dominus Matheus de Malliaco olim esset Ierosolimam profecturus, ipse, pro remedio anime sue, assignavit quindecim libras anuii redditus apud Mellentum et posuit eas in nostra et uxoris ejus Matildis dispositione, ut eas assignaremus et conferemus prout videremus expedire. Consilio itaque bonorum virorum assignavimus eas et contulimus eas in perpetuum ecclesie de Porrois. Preterea cum dicta Matildis acquisivisset quosdam redditus apud Galardonem, scilicet terciam partem in molendino Herchenout, et dimidiam partem in molendino Divitis Burgi, et quartam pastem in molendino de Freiteval, concessit in perpetuam elemosinam eidem ecclesie decem modia bladi annui redditus in predictis redditibus molendinorum absque omni exactione et molendinorum reparatione percipiendos ad mensuram de Galardon, bladi videlicet rationabili quale molendina lucrantur, ita quod si unum aut duo dictorum molendinorum aliquo casu, quod avertat Deus, in ruinam redigatur de redditu molendinis superstitis prout poterit sufficere predicte ecclesie super decem modiis satisfaciat. Hanc autem assignationem de super dicta pecunia et memorato blado prefate ecclesie factam laudaverunt et fide interposita concesserunt Buchardus et Matheus fratres filii dictorum Mathei et Matildis, Matheus etiam Mortis morenciaci de cujus feodo movebant prefate quindecim libre eamdem assignationem laudavit et concessit. In cujus rei testimonium, de consensu ejusdam Matildis et filiorum suorum presentem cartam sigilli nostri fecimus impressione muniri. Actum anno Domini millesimo ducentesimo sexto.

(CARTUL., I, n° 59; — Original, Arch. nat., 4527, I, n° 48.)

En 1204, Renaud, évêque de Chartres, constate la cession, à l'abbaye des Vaux de Cernay, d'un certain nombre de dîmes inféodées, entre autres d'une dîme à Orfin tenue par Hugues et Simon de Sarceuse et par Roger Chamberlanc; d'une autre à Ite, donnée par Guillaume de Maurepas, etc. En 1214, Roger Chamberlanc et Odeline, son épouse, renouvellent cette cession devant l'évêque du consentement de Mathilde, dame de Marly et de ses fils, Bouchard et Mathieu, seigneurs du fief.

En 1216, Ernaud du Bois, ayant acheté la dîme que tenait, à Orfin et à Boucigny, Alexandre de Longchêne, la revend à l'abbaye. Mathilde, dame de Marly, approuve cette cession faite dans un fief faisant partie de sa dot. Son fils Bouchard, à qui ce fief provenant de la dot de sa mère devait revenir après elle, donne à son tour son consentement (Cartul. des Vaux-de-Cernay, p. 147, 194, 204).

V

Laurence reconnaît que son mari, Simon de Rossegni[1], a engagé à l'abbaye de Porrois le quart de la dîme de Gourville.

(Juillet 1206.)

Notum sit tam presentibus quam futuris quod Laurencia, uxor Symonis de Rossegni, laudavit et fide interposita concessit invadiationem grosse decime de Goherville[2] quam

1. Gourville est un hameau de la commune de Pranay-sous-Ablis (Seine-et-Oise).
2. Roussigny, paroisse de Limours (Seine-et-Oise).

Symon, dominus suus, domui de Porrois invadivit pro triginta libris parisiensium scilicet quartam partem que ei contingit. Est autem conditio talis inter eos quod licebit ei redimere a futuro marcio usque in annum et de tunc a marcio in marcium. Hoc autem factum est coram me, S. decano Castrifortis. Ut autem hoc firmiter teneatur presenti pagine sigillum meum apposui. Actum anno domini millesimo ducentesimo sexto, mense julio.

(Cartul., I, n° 284.)

VI

Gui de Chevreuse vend pour 160 livres, au monastère de Porrois, son moulin de Germeville et diverses terres, et règle leur droit de pâturage dans ses bois.

(Août 1207.)

Ego Guido, dominus Caprosie, omnibus presentes litteras inspecturis notum facio quod novelle domui de Porrois pro octies viginti libris parisiensium vendidi molendinum quod habebam apud Germevillam et terram et pratum juxta molendinum et pratum sub molendino quod Rochia appellatur et boscum meum prope Porrois situm ex altera parte rivi sicut signa et mete determinant. Et feodum meum concessi acquirendum si poterit ab eis acquirere qui habent dominium. Domus etiam predicta non habebit capras, nec alia pecora domus infra quinquienium non poterunt intrare nemora mea secta sicut communibus terre inhabitantibus, nisi specialiter hoc concederem (*et la suite comme dans l'acte qui suit, qui est le même acte passé devant l'évêque de Paris*). Anno domini M° CC° VII°, mense augusto.

(Cartul., I, n° 230. — Original Arch. nat., S., 4520, n° 5.)

1. Gui III, seigneur de Chevreuse de 1191 à 1208.

VII

Gui de Chevreuse vend, devant l'évêque de Paris, au monastère de Porrois, le moulin de Germainville.

(Août 1207.)

Odo, Dei gratia Parisiensis episcopus, omn. ad q. per. litt. pervenerint salutem in domino. Noverint universi q. Guido, dominus Caprosie, recognovit in presentia mea se vendidisse pro octies viginti libris par novelle domui de Porrois molendinum quod habebat apud Germainvillam, et terram quam habet juxta predictum molendinum et pratum qui Magna Toscha vocatur sub dictum molendinum, et boscum suum prope Porrois situm ex altera parte rivi, sicut signa et mete demonstrant et determinant; et feodum suum concessit eidem domui acquirendum sicut termini et mete determinant si poterit ab eis acquirere qui habeat dominium. Concessit etiam animalibus predicte domus, absque capris, pessona in nemoribus communibus. Nec pecora domus alia nemora Guidonis secta poterunt intrare infra quinquienium nisi sicut communibus terre inhabitantibus, nisi specialiter hoc concesserat. Ipse guido, si ipse vel heres suus velit essartare nemora sua predicta domus non poterit reclamare. Hoc concessit et laudavit Avelina[1], uxor ejusdem Guidonis, et tam ipse quam ipsa fidem dedit de facienda guarandia. In cujus rei testimonium, de voluntate dicti Guidonis, presentem cartam fieri feci et sigillo meo munivi. Actum anno Domini mille° CC°VI°, mense augusto.

(Cartul., I, n° 179; — Copie sur papier, Arch. nat., § 4520, A, n° 5.)

1. Aveline, fille de Jean de Corbeil et de Carcassonne, remariée vers 1212 à Pierre de Richebourg.

VIII

Gui de Chevreuse promet d'approuver toutes les acquisitions que le monastère pourra faire entre la rivière et Champgarnier.

(1208.)

Ego Guido, dominus Caprosie, notum facio universis presentem paginam inspecturis quod Avelina, uxore mea consentiente, domui monialium de Porrois concedo quiete in perpetuum possidendum quidquid acquirere poterit, elemosina vel emptione vel quocumque alio justo modo, a riparia de Porrois usque ad nemus Campi Garnierii, in latum et in longum, a metis que poni feci usque ad predictum nemus. Prohibeo igitur ne quis heredum meorum in posterum quod in hunc modum a predicta domo acquisitum fuerit ab ipsa alienare compellat. Actum anno gratie millesimo ducentesimo octavo.

(CARTUL., t. I, folio 81 v°, n° 224.)

IX

Simon de Montfort[1] donne au monastère un muid de blé de vente sur la grange de Méré et l'usage dans la forêt Iveline.

(1208.)

Indiqué dans le Nécrologe de Port-Royal, préface XV, et mentionné dans l'acte de Jean de Montfort en 1248, remplaçant ce don par celui du Petit-Porrois. L'original de 1208 fut peut-être détruit à cette époque.

1. Simon de Montfort, seigneur de Rochefort du vivant de son père, Simon III comte d'Évreux, devint seigneur de Montfort à la mort de celui-ci, en 1181. Il prit part avec Mathieu de Marly à la croisade de 1204, et est surtout célèbre par ses conquêtes du Midi, où il devint comte de Toulouse. Le Nécrologe de Port-Royal en fait un grand éloge.

X

L'évêque de Chartres investit Robert d'Ivry, moine des Vaux-de-Cernay, pour le monastère de Porrois, de la dîme de Gourville, donnée par Renaud de Prunay.

(13 novembre 1208.)

Reginaldus[1] Dei gratia Carnotensis episcopus, omnibus ad quos presens scriptum pervenerit, in Domino salutem. Ad universorum noticiam volumus pervenire quod Regi-

1. Renaud de Mouzon, évêque de Chartres de 1182 à 1219.

naldus de Pruneto, miles, in nostra presentia constitutus quintam partem decime magne quam habebat apud Goherivillam domui et sanctimonialibus in loco qui dicitur Porrois Deo famulantibus, in perpetuam dedit et concessit elemosinam. Totum vero residuum quod in dicta decima habebat eisdem sanctimonialibus pro quinquaginta et una libris parisiensium vendidit. Prefatus siquidem Reginaldus, tam elemosinam quam venditionem dicte decime, prefatis sanctimonialibus factum in manu nostra spontaneus resignavit. Et nos dilectum nostrum fratrem Robertum de Ibreio, monachum de Vallibus Sarnaii, vice domus de Porrois, de prefata decima manualiter curavimus investire. Quod ut ratum firmumque perseveret presentes litteras sigilli nostri caractere in testimonium fecimus roborari. Data Colomb [1] anno gratie millesimo ducentesimo octavo, idus novembris.

(CARTUL., I, n° 21.)

1. Probablement l'abbaye de Coulomb, près Nogent-le-Roi.

XI

L'évêque de Chartres investit un moine des Vaux-de-Cernay, pour le monastère de Porrois, d'une dime à Gourville, donnée pour 1/5, vendue pour le reste par Simon de Rossegni.

(1208.)

Reginaldus, Dei gratia Carnotensis episcopus, omnibus ad quos presens scriptum pervenerit in domino salutem. Ad universorum noticiam volumus pervenire quod Simon de Rossegni, miles, in nostra presentia constitutus quintam partem decime magne quam habebat apud Goherivillam domui et sanctimonialibus in loco qui dicitur Portus regius [1] Deo famulantibus, in perpetuam elemosinam dedit et concessit. Totum vero residuum quod habebat in dicta decima eisdem pro quinquaginta et una libris parisiensium vendidit. Prefatus siquidem Simon tam elemosinam quam venditionem prefate decime in manu nostra spontaneus resignavit; et nos quemdam monachum de Vallibus Sarnaii, vice domus de Porrois, prefata decima manualiter curavimus investivi. Quod ut ratum, firmunque permaneat, presentes litteras sigilli nostri caractere in testimonium fecimus roboravi. Actum anno gracie millesimo ducentesimo octavo.

(Cartul., I, n° 22.)

1. Il est probable qu'il fallait, dans l'original, lire Porrois, comme plus bas.

XII

Bouchard de Marly confirme les dons de son père et de sa mère.

(1209.)

Ego Buchardus, dominus Marliaci, omnibus notum fieri volo quod concedo domui Porregii et habitantibus in ea, elemosinam quindecim librarum quas dedit dominus Matheus, pater meus, in redditu centum librarum quas reddebat ei annuatim communia de Mellento, ita videlicet quod in prima die septembris reddentur domui illi, per manus communie centum solidi parisiensium, et in prima die decembris centum et prima die marcii quinquaginta et prima die jurii quinquaginta. Concedo etiam loco predicto et ratam habui illam elemosinam decem modiorum bladi quam dedit mater mea domui prenominate capiendarum in molendinis qui vulgo dicuntur Richeborg et Herchenout, ita videlicet quod persone predicti loci nullum mittent expensam in molendinis, et si casu contigerit quod illi molendini non sufficient ad solutionem prefati redditus, molendini de Nuysement qui sunt in Abdura[1] supplebant defectum. Concedo insuper viginti solidos annui redditus recipiendos per manum firmam tenentis, infra octobas sancti Remigii, quos dederunt pater meus et mater mea canonicis de Phalesia in molendino et furno qui sunt Parisius de maritagio matris mee, quos Simon, miles de Hestoutvilla a predictis canonicis comparavit et loco prefato in elemosinam contulit. Hoc totum concesserunt fratres mei Matheus et Guillelmus, et soror mea Margareta. Et hoc tueri et garantizare teneor, et ut nullatenus possit infirmari, sigilli mei munimine roboravi. Actum anno Domini millesimo ducentesimo nono.

(Cartul., I, n° 57; — Copie Arch. nat., K., 181, n° 201, et S. L., 522. Dossier L.)

1. Il y a un moulin de Nuisement sur l'Eure, à Jouy.

XIII

Simon d'Estonteville donne à l'abbaye de Porrois une vente de 20 sous sur un moulin et un four à Paris.

(Avant 1209.)

Mentionné dans l'acte de 1209 de Bouchard de Marly.

XIV

Bouchard de Marly et sa femme donnent 36 arpens dans le bois de Molerets.

(1209.)

Ego Bucharduo, dominus Malliaci, notum fieri volo quod ego de assensu Matildis, uxoris mee [1], pro anima patris mei et matris mee et pro salute mea dedi domui Porregii XXX"VI arpenta nemoris quod dicitur Moleretz in ea parte que propinquior est prefate domui ex utraque parte, sic libere et quiete possidenda ita quod viginti solidi censuales annuatim reddentur mihi et heredibus meis in crastino festivitatis Sancti Dyonisii pro eodem nemore quod ut ratum in perpetuum habeatur sigilli mei munimine roboravi. Actum anno Domini millesimo ducentesimo nono.

(CARTUL., I, n° 81, et copie identique n° 83.)

Vidimus de 1580 d'après un autre cartulaire, fol. 9. Arch. nat. S.,4521, dossier 3[1].

1. Mathilde de Châteaufort, sœur de Mabile, qui avait épousé Mathieu, frère de Bouchard. Le cartulaire de Notre-Dame-de-la-Roche contient, pages 26 et 72, deux actes d'elle de 1235 et 1250.

XV

Bulle d'Innocent III

(9 novembre 1209.)

Innocentius episcopus, servus servorum Dei, dilectis in Christo filiabus monialibus Porrasii Cisterciensis ordinis, salutem et apostolicam benedictionem. Justis petencium desideriis dignum est nos facilem prebere consensum et vota que a rationis tramite non discordant effectu prosequente complere. Eapropter, dilecte in Christo filie, vestris justis petitionibus annuentes elemosinas quas nobilis vir R. de Malo-Vicino et mater ipsius vobis pietatis intuitu contulerunt et alia bona ecclesie vestre sicut ea juste ac pacifice possidetis vobis et per vos eidem ecclesie auctoritate apostolica confirmamus et presentis scripti patrocinio communimus. Nulli ergo omnino hominum liceat hanc paginam nostre confirmationis infringere vel ei ausu temerario contraire. Si quis autem hoc attemptare presumpserit, indignationem omnipotentis Dei et beatorum. Petri et Pauli apostolorum ejus, se noverit incursurum. Datum Laterani Vidus vovembris, pontificatus nostri anno XII°.

(Cartul., I, folio 109.)

Robert Mauvoisin, seigneur de Rosny, marié à Cécile de Chevreuse. En avril 1221-1222, les religieuses de Porrois cédèrent, pour une rente de 20 setiers de blé à l'abbaye de Saint-Antoine de Paris, les 10 arpents de terre entre Aulnay et Savigny, que leur avait donné Robert Mauvoisin. Voir ci-après, n° 54.

XVI

*Bouchard de Marly confirme le don fait
par Simon de Buisson.*

(1213.)

Universis presentem paginam inspecturis Buchardus, Dei gratia dominus Malliaci et Castrifortis, salutem in Domino. Noverint omnes quod Symon de Buisson, miles, cum assensu uxoris sue , et matris sue, Rencie, et sororis sue, Guiburgis, domui de Porregio concessit libere et quiete in perpetuam elemosinam terram quam habet in territorio de Voisins ab Emelina de Castroforti, salvo censu suo qui annuatim reddendus est in festo Sancti Remigii, tres solidi videlicet et dimidium parisiensium. Idem vero Symon, in presentia uxoris mee Matildim, promisit legitimam guarandiam, per se vel per heredes suos in perpetuum, fide corporaliter prestita, et fidejussoribus interpositis, Guidone videlicet de Buloher et Gaufrido de Buisson, militibus. Notandum etiam quod si predicta domus terram illam a se ex integro alienaverit, emptor sine venditionibus terram tunc habebit, deinceps vero et venditiones et alia jura debebit, sicut alie censive, predicto Symoni et heredibus suis. Hoc autem ut ratum et inviolabile perseveret, presens scriptum sigilli mei impressione munivi. Actum anno gratie millessimo ducentesimo tertio decimo. Valete.

(Cartul., 1, n° 85.)

Parmi les quatorze hameaux de ce nom dans Seine-et-Oise, le plus rapproché est celui de Milon-la-Chapelle.

XVII

Bouchard de Marly et Matilde abandonnent ce qu'ils s'étaient réservé dans le bois de Molerets.

(1214.)

Noverint universi quod ego Buchardus, dominus Malliaci, et Matildis, uxor mea, pro remedio animarum nostrarum et patrum et matrum et amicorum nostrorum dedimus domui de Porrois in perpetuam elemosinam quidquid post primam donationem possidebamus in nemore de Molerai quod pertinebat ad hereditatem ipsius, usque ad magnam viam que vocatur la Chevee de Bulloher que dividit dictum nemus de deffes de Romevilla; ita tamen quod dicta domus de Porrois annuatim nobis solvet in festo Sancti Dyonisii viginti solidos parisiensium censuales. Si vero prenotata domus de Porrois in terra nostra decem arpenta vinearum emptione vel donatione vel alio quocumque modo aquirere potuerit, concessimus sepedicte domui ea in pace possidere sine coactione vendendi. Hanc autem elemosinam eadem Matildis, uxor mea, in presentia magistri Hernaudi et magistri Stephani, archidiaconorum parisiensium, fide interposita, se in perpetuum garantire promisit. Quod ut ratum in posterum perseveret, sigilli mei munimine presentes litteras roboravi. Actum anno gratie millesimo ducentesimo quarto decimo.

(CARTUL., I, n° 82.)

XVIII

Mathieu de Marly donne une vente de 100 sous sur Marly et la vigne de Prunay.

(1214.)

Noverint universi quod ego Matheus de Malliaco, de concensu Buchardi, fratris mei primogeniti, pro salute anime mee et parentum et amicorum meorum, dedi domui de Porrois in perpetuam elemosinam centum solidos parisiensium in censu meo de Malliaco annuatim in die Sancti Dyonisii reddendos, et totam vineam meam de Pruneio. Si autem ego aliquando dictos centum solidos, vel equivalens, in patria, ista sine dampno predicte domus assignare voluero, mihi licebit ad consilium et assensum abbatis Vallium et abbatisse ejusdem loci. Si autem vel in vita, vel in morte, mihi placuerit quintam partem hereditatis mee in elemosiam dare, dicti centum solidi et dicta vinea in quinta parte hereditatis mee computabuntur. Quod ut ratum permaneat, presentes litteras sigilli mei munimine roboravi. Actum anno gratie millesimo ducentesimo quarto decimo.

(Cartul., I, n° 84.)

XIX

Bouchard, seigneur de Marly, approuve le don de son frère Mathieu.

(1214.)

Universis ..... Buchardus, dominus Malliaci ..... notum sit omnibus quod Matheus, frater meus, de assensu meo, dedit domui de Porrois centum solidos, etc. (*comme à l'acte précédent*). Quod ut ratum perseveret, sigilli mei munimine presentem paginam roboravi. Actum anno gratie M° CC° X° IIII°.

(Cartul.., I, n° 65 ; — Copie Arch. nat., S., 4521 dans les titres de Bulloyer.)

XX

Pierre, curé de Magny, abandonne pour une vente de 100 sous son droit paroissial sur la terre de Porrois.

(Décembre 1214.)

P(etrus) Dei gratia Parisiensis episcopus, omnibus presentes litteras inspecturis salutem in Domino. Notum facimus quod, constitutus in presentia nostra, Petrus, presbyter de Mengniaco, totum jus parrochiale quod habebat apud Porrois et quidquid in eodem loco reclamabat quitavit. In cujus rei recompensationem prefato presbytero ad redditus comparandos centum solidi parisienses refunduntur. Actum anno Domini millesimo ducentesimo quartodecimo, mense decembri.

(Cartul., I, n° 174.)

XXI

Les seigneurs de Marly augmentent la dotation du monastère de Porrois pour qu'il puisse être érigé en abbaye.

(Mars 1214-1215.)

P. [1]..... Dei gratia Parisiensis episcopus, omnibus presentes litteras inspecturis salutem in Domino. Ad universitatis vestre noticiam volumus pervenire quod locus de Porrois eà fuit Deo intentione devotus quod ibi fieret albarum monialium abbatiam et eligeretur que preesset aliis abbatissa, si tamen locus ille eatenus excreverit quod conventus abbacie illius possit de bonis suis et redditibus sustentari. Attendentes vero nobiles viri, Buchardus de Malliaco et Matheus, frater ejus, hoc eis non modicum proficere ad salutem si diebus suis ibidem institui contigeret abbatissam, ad sustentationem conventus predicte abbacie decreverunt, pro remedio animarum suarum et parentum suorum nec non et amicorum, suas elemosinas elargiri. Dictus autem Buchardus et Matildis, uxor ejus, dederunt et concesserunt domui de Porrois in puram et perpetuam elemosinam quidquid, post primam donationem jamdudum eidem domui factam ab ipsis, possidebant in nemore de Molerai quod pertinebat ad hereditatem prefate Matildis usque ad magnam viam que vocatur la Chevée [2] de Bulloher que dividit dictum nemus de deffes de Romevilla, ita tamen quod dicta domus de Porrois annuatim eis persolveret in festo Sancti Remigii viginti solidos parisiensium censuales. Si vero dicta domus de Porrois in terra sua decem arpennos vinearum, emptione vel donatione, vel quocumque aliomodo acquirere poterit, concesserunt eidem ac domui quod possit sine coactione vendendi pacifice possidere. Ceterum prefata Matildis, uxor domini Buchardi, hanc elemosinam concessit coram dilectis nostris Ernaudo et Stephano, archidiaconibus parisiensibus et fide interposita repromisit se ipsam elemosinam servaturam et in perpetuum defensuram. Matheus vero Malliaco, consensu Domini Buchardi, fratris sui primogeniti, dedit et concessit pro anime sue et patrum et amicorum suorum salute, predicte domui de Porrois in perpetuam elemosinam centum solidos parisiensium percipiendos in censu suo de Malliaco annuatim et in die Sancti Dyonisii persolvendos, et totam vineam suam de Pruneio. Si autem aliquando dictos centum solidos vel equivalens in partibus istis, sine dampno dicte domus, assignare voluerit, eidem licebit ad consilium et assensum abbatis Vallium et abbatisse loci predicti. Si vero in vita vel in morte sibi placuerit quintam partem hereditatis sue, computabuntur. Preterea concesserunt dicte domui quindecim libras parisiensium in redditibus suis de Meulleato de elemosina parentum eorum, videlicet Mathei et Matildis, percipiendos sic, prima die martii quinquaginta solidos, et prima die junii quinquaginta solidos, et prima die septembris centum solidos, et prima die decembris centum solidos; et decem modios bladi in molendinis de Galardone, in molendinis scilicet Matildis, matris sue, videlicet in molendino de Richebore et in molendino de Archenout, quos decem modios et plures alios dicta Matildis de conquestu suo possidens acquisivit. Et si contigerit quod predecti decem modii bladi de prefatis molendinis non possint exsolvi de molendino de Fonte et de molendino de Freiteval in quibus eadem Matildis suam habet similiter conquestum totum residuum suppleatur. Has quidem elemosinas dictus Buchardus et Matheus, frater ejus, fide interposita coram nobis firmantes, promiserunt se eas perpetuis temporibus servaturas. Ne igitur he donationes possint in irritum processu temporis revocavi, has litteras fecimus, ad petitionem partium, nostri sigilli munimine roboravi. Actum anno Domini millesimo ducentesimo quatuordecimo, mense marcio, pontificatus nostri anno septimo.

(Cartul., I, n° 36.)

1. Pierre de Nemours, évêque de Paris de 1208 à 1219.
2. Faut-il lire la *cavée* ou chemin creux.

XXII

Érection du Port-Royal en abbaye.

(Mars 1214-1215.)

Petrus, Dei gratia Parisiensis episcopus, omnibus presentes litteras inspecturis, salutem in Domino. Notum fecimus quod nos volumus et concedimus quod apud Porrois fiat abbatia mulierum Cisterciensis ordinis, que abbatie Vallium Sarnaii sit subjecta, salva tamen in omnibus jure episcopi ecclesie Parisiensis, nec non et salvis privilegiis et libertatibus a Sede Apostolica ordini Cisterciensi concessis. Actum anno Domini M° CC° XIIII°, mense martio. Pontificatus nostri anno VII°.

(Arch. nat., Cartul. de l'évêque de Paris. — Copie Bibl. nat., coll. Moreau, t. XIX, fol. 251).

Publié : *Cartul. de N.-D. de Paris*, I, 342 ; — *Gallia Christ.*, VII, Preuves n° 82 ; — *Cartul. des Vaux-de-Cernay*, 1, 195.

XXIII

*L'évêque de Chartres investit l'abbaye de la dime
à Saint-Escobille donnée par Pierre de Favereuse.*

(Juin 1215.)

Reginaldus, Dei gratia Carnotensis episcopus universis Christi fidelibus ad quos presens scriptum pervenerit, salutem in Domino. Ad universorum noticiam volumus pervenire quod Petrus de Faverosis[1] et Eremburgis, uxor ejus, in nostra presentia constituti, quidquid habebant in decima Sancti Scubiculi[2], scilicet quartam partem tam in grossa quam in minuta resignaverunt in manus nostras ad elemosinandum sanctimonialibus de Porregio, fide ab ipsis prestita quod mea nichil de cetero reclamarent, concedente hoc Cecilia, matre ejusdem Petri, et quitante fide interposita quidquid habebat in ea. Insuper etiam Petrus Poter et Hugo, frater ejus, de quorum feodo hoc movebat, istud fo edum suum et quidquid in hoc juris habebant in perpetuum quitaverant, et super hoc garantiam, fide interposita, promiserunt. Resignata autem in manus nostros, ut dictum est, predicta decima, nos ad petitionem prenominatorum, omnium assensu, predictas sanctimoniales investivimus de eadem. Quod ut ratum et inconcussum permaneat, presentem paginam inde notari fecimus et sigilli nostri caractere confirmari. Actum Carnoti, anno gracie millesimo ducentesimo quindecimo, mense junio.

(CARTUL., I, n° 37.)

1. Favereuse à Bièvres (Seine-et-Oise).
2. Sainte-Escobille, commune du canton de Dourdan.

XXIV

Eudes de Tiverval dote sa fille d'une rente de 2 muids de grain sur sa dime de Jouy-sur-Eure.

(1216.)

Noverint universi quod ego Odo de Tiverval, miles, et Tecla, uxor mea [1], dedimus in puram et perpetuam elemosinam pro remedio animarum nostrarum et antecessorum nostrorum, ecclesie Beate Marie de Portu Regio et monialibus ibidem Deo servientibus, duos modios bladi, unum hibernagii et alterum avene in decima nostra de Joi singulis annis in festo Sancti Remigii recipiendos. Sciendum vero est quod abbatissa et ejusdem loci conventus, unam de filiabus nostris in societatem monialium benigne receperunt. Nos vero in gratitudinis vicium incurrere nolentes predictos duos modios dicte domus de voluntate nostra, sine aliquo pacto elemosinavimus. Quod ut ratum et immobile perseveret, sigilli nostri fecimus roborari. Actum anno gratie millesimo ducentesimo sexto decimo.

(Cartul., 1, n° 25.)

1. Eudes de Tiverval et Técla vendent, en 1209, à Jean Morhier, frère de Técla, comme à un étranger, la dime de Théleville, communes de Berchères-le-Maingot et Bouglainval (*Cartul. des Vaux-de-Cernay*, I, 179).

XXV

Garnier Morhier approuve le don d'Eudes de Tiverval dans son fief de Jouy [1].

(1216.)

Noverint universi quod ego Garnerius Moreher, miles, elemosinam illam quam Odo de Tiverval, miles, et uxor ejus Tecla, soror mea, fecerunt domui de Portu Regio, benigne concessi, duos scilicet modios bladi in decima de Joe que ad feodum meum pertinebat, unum videlicet hybernagii et alterum avene, singulis amnis in festo Sancti Remigii recipiendos. Hanc autem elemosinam concesserant fratres mei Johannes, clericus, et Philippus, canonicus Carnotensis. Quod ut ratum et immobile perseveret, sigilli mei munimine roboravi. Actum anno gracie millesimo ducentesimo sexto decimo.

(CARTUL., I, n° 26.)

---

1. 1209. Guillaume Morhier, fils de Garnier, frère de Jean Garnier et Philippe, et de Técla, femme d'Eudes de Tiverval, d'Hélissende, femme de Simon de Pinson, et d'Élisabeth, femme de Robert Mauvoisin (*Cartulaire des Vaux-de-Cernay*, I, 179). — Juin 1215. Guillaume Morhier et ses frères; sur son sceau une fasce et six coquilles (*Ibid.*, 176). — Mars 1228. Jean Morhier, clerc, donne la dime de Thélesville, achetée à sa sœur Técla, à l'abbaye des Vaux-de-Cernay (*Ibid.*, 211). — 1ᵉʳ mars 1230. Le même fait un don au prieuré de Belhomer, de l'ordre de Fontevrault (*Ibid.*, 183).

XXVI

Cécile de Chevreuse, femme de Robert Mauvoisin, donne à Porrois une rente de 20 sous sur la prévôté de Chevreuse.

(1216.)

Ego Cecilia, uxor Roberti Malevicini, soror vero Guidonis, domini Cabrosie, notum facio universis quod predictus R., maritus meus, et ego, concedente predicto G. fratre meo, in perpetuam elemosinam delegavinus decem libras parisiensis monete distribuendis per manum monachorum Vallium de Sarneiaco, XL^a solidos conventui Karoliloci ad pitancias in augusto mense, et quadraginta solidos conventui Sarquencelli ad pitancias in quadragesima et augusto et viginti solidos conventui de Haulte-Bruyère ad pitancias et viginti solidos conventui de Belomer similiter ad pitancias; monachi etiam de Vallibus quatuor libras sibi ad pitancias in quadragesima et augusto sibi retinebunt. Quia vero illi quadraginta solidi quos monachi Vallium conventui Sacre-Celle annuatim persolvebant, eidem conventui alibi assignati sunt; volo ut de eisdem quadraginta solidis habeat in perpetuum viginti solidos conventus monialium de Porreio; monachi vero Vallium alios viginti solidos cum prenotatis quatuor libris habebunt; et sic centum solidos sibi retinebunt, ita ut quinquaginta solidi administrentur eis ad pitancias in quadragesima et alii quinquaginta in tempore messionis. Quod ut ratum permaneat, presens scriptum sigilli mei munimine roboravi. Actum anno gratie M° CC° XVI°.

(Original, Archives de Seine-et-Oise : Fonds des Vaux-de-Cernay ; — Publié : *Cartul. des Vaux-de-Cernay*. t. I, p. 203.)

XXVII

Pierre de Maisons donne le quint de sa dîme de Maisons et le quint de ses biens.

(Mars 1216-1217.)

(Reginaldus), Dei gratia Carnotensis episcopus, universis presentes litteras inspecturis, salutem in Domino. Noverit universitas vestra quod Petrus de Maisons[1] in presentia nostra constitutus, monialibus de Porrois dedit in elemosinam quintam partem decime sue de Meisons et quintam partem tocius hereditatis sue. Actum anno gracie millesimo ducentesimo sexto decimo, mense marcio.

(CARTUL., n°52.)

XXVIII

Lucas et Pierre de Richeville confirment le don de Pierre de Favereuse à Saint-Escobille.

(Mars 1216-1217.)

R(eginaldus), Dei gratia Carnotensis episcopus, universis presentes litteras inspecturis, salutem in omnium salvatore. Noverit universitas vestra quod Petrus, filius Luce, militis de Richiervilla[1], in presencia nostra constitutus, laudavit et concessit elemosinam de Sancto Accobilio quam Petrus de Favereus dedit monialibus de Porreyo, assensu et voluntate dominorum per quos vel quorum assensu id facere tenebatur. Preterea predictus Lucas dedit in elemosinam dictis monialibus partem terre ad edificandam granchiam apud Sanctum Accobilium ad partem sue decime recondendam et ad ceteros usus suos. In cujus rei testimonium presentes litteras edidimus sigilli nostri munimine roboratas. Datum anno gracie millesimo decimo sexto, mense marcio.

(Cartul., I, n° 40.)

1. Richeville, hameau de Vauhallan, canton de Limours.

XXIX

André Poulin engage à Porrois pour 100 livres, 6 muids de grain sur sa dime de Villeray-en-Bauce.

(Avril 1216-1217.)

R(eginaldus), Dei gratia Carnotensis episcopus, omnibus presentes litteras inspesturis, in Domino salutem. Notum vobis facimus quod dominus Andreas Polins[1] invadiavit sex modios parisienses bladi, medietatem hybernagii et medietatem avene quos habet in decima sua apud Villeraium in Beausse, domine abbatisse de Porrois et conventus ejusdem loci pro centum libris parisiensium, tali pacto quod de marcio in marcium, totam predictam decimam, vel medietatem, vel terciam, vel quartam partem, predictus A., miles, secundum proporcionem solutionis nummorum ad voluntatem suam poterit redimere. Nos autem in hujus rei testimonium, presentem paginam sigilli nostri impressione fecimus roboravi. Actum anno gratie millesimo ducentesimo sexto decimo, mense aprili.

(CARTUL., I, n° 55.)

1. André Polin, chevalier, confirme, en 1218, le don fait à Tournenfuie près Corbeil par Guillaume de Montlignon (Cartul. des Vaux-de-Cernay, 210).
2. Villeray, ferme près Obville et Ablis, canton de Dourdan.

XXX

Gui d'Auneau approuve l'engagement de la dîme de Villeray par André Poulin.

(Juillet 1217.)

Universis presentem paginam inspecturis, Guido, dominus Alneoli[1], salutem ac dilectionem. Noverit universitos vestra quod Andreas Polins, miles, decimam suam de Vilerai, que est de feodo meo, pro centum libris parisiensium monialibus de Porrois, titulo pignoris, obligavit, tali conditione quod quando poterit redimere unam partem, vel quartam, vel terciam, vel medietatem, vel totam decimam redimeret cum voluntas sibi afferuit. Et ut ista conventio rata foret et stabilis, ego Guido, ad cujus feodum predicta decima pertinet, ad petitionem predicti A. presentem paginam sigilli mei munimine roboravi. Actum Alneoli, millesimo ducentesimo septimo decimo anno Domini, mense julio.

(CARTUL., I, n° 55.)

1. Gui, seigneur d'Auneau en 1206 et 1210. Sa veuve, Clémence, lui avait succédé vers 1230 dans les fiefs mourants de Rochefort.

XXXI

L'Abbé de Saint-Germain-des-Prés donne à cens à l'abbaye de Porrois 3 quartiers de vigne à Meudon et à Louveciennes.

(Août 1217.)

Ego Hugo, Dei gratia Sancti germani de Pratis humilis abbas, et totius ejusdem loci conventus, notum facimus tam presentibus quam futuris, non concessisse abbatisse et conventui de Porrois ut liceat eis tenere de nobis ad censum, et in perpetuum sine perturbatione aliqua possidere tres quarterios vinee sitos in territorio de Meudon, et quinque quarterios apud Lovecienes, sub censu duorum solidorum parisiensium quorum sexdecim denarii singulis annis reddentur in octabis Sancti Dyonisii apud Cellam [1], priori ejusdem loci, relicti vero octo denari apud Yssiacum, salvis nobis omnibus rebus que de censiva possunt pervenire et debent. Predictis monialibus non licebit dictas vineas dare ad incrementum census. Et si forte eedem vinee extra manus earum aliquo tempore devenerint, idem juris omnino in eis habebimus quod in aliis censivis nostris habemus, et ad dominium nostrum sicut prius erant, sine contradictione revertentur. In cujus rei testimonium presentes litteras sigillorum nostrorum munimine precepimus roborari. Actum anno gracie millesimo ducentesimo decimo septimo, mense augusti.

(Cartul., I, n° 134.)

1. La Celle-Saint-Cloud.

XXXII

Pierre du Clos donne à Porrois 2 muids de terre à Ablis.

(Février 1217-1218.)

Henricus, Carnotensis archidiaconus, omnibus presentes litteras visuris in Domino salutem. Noverint universi presentes pariter et futuri Petrum de Clauso, apud Abluyas in presentio nostra, in perpetuam elemosinam contulisse abbatisse et conventui de Portu Regio terram duos recipientes sementure modios in terra quam tenebat a domino Guillelmo de Danervilla[1], milite. Hanc autem elemosinam concessit et approbavit dictus Guillelmus, miles, coram nobis in villa memorata. Quod ut memoriter firmiterque teneatur, ad petitionem partium, presentes litteras notari fecimus et sigilli nostri munimine roboravi. Actum anno Verbi incarnati millesimo ducentesimo septimo decimo, mense februario.

(CARTUL., 1, n° 53.)

1. Denonville, canton d'Auneau (Eure-et-Loir).

XXXIII

*Giller d'Athis et André Poulin confirment le don
de Marie de Montlignon à Tournenfuie*[1].

(Avril 1217-1218.)

Ego Andreas Polins, miles, notum facio universis presentes litteras inspecturis quod Egidius de Athies, in presentia mea constitutus, laudavit et concessit elemosinam quam Maria, cognata mea, soror Federicis, militis de Monlegnon, dedit monialibus de Portu-Regis, scilicet quidquid habebat apud Tornenfuie quod pertinebat ad feodum Egidii, et idem Egidius de me dictum feodum tenebat. Hunc autem laudationem ab Egidio factam laudavi et concessi. Quod ut ratum permaneat presentes litteras sigilli mei munimine roboravi. Actum anno gratie millesimo ducentesimo septimo decimo, mense aprili.

(CARTUL., I, n° 50.)

1. Tornenfuie, ou Tournenfile, à Monceaux, canton de Corbeil. — Avril 1217-1218. Guillaume, fils de Frédéric de Monlignon, donne aux Vaux-de-Cernay, du consentement de Gilles d'Athis et d'André Polins, la moitié de ce qu'il possède à Tournenfuie. — En 1260, André Polin, propriétaire à Saint-Hilarion (*Cartul. des Vaux-de-Cernay*, 210, 560).

XXXIV

Hugues de Marchais dote sa fille Asceline.

(Avril 1217-1218.)

Reginaldus, Dei gratia Carnotensis episcopus, universis primis et posteris presentem paginam inspecturis, salutem in Domino. Notum facimus quod quum abbatissa et conventus sanctimonialium de Porregio Ascelinam filiam Hugonis de Marchesio, militis, in sororem, Dei et caritatis intuitu, gratis receperant, post modum dictus miles, in nostra presentia constitutus, ne dictam filiam suam nuptam Christi parte sui patrimonii relinqueret indotatam, ecclesie de Porregio et monialibus ibidem Deo servientibus, dedit et concessit in perpetuam elemosinam pro portione dicte filie sue, unum modium bladi annui redditus in granchira sua de Marchesio vel de Louvilla, singulis annis percipiendum ad mensuram parisiensem vel de Dordan et tres modios vini in vinea sua de Marchesia annuatim percipiendos ad mensuram dicti castri, et decem solidos in censu suo de Marchesio, die festo Sancti Remigii annuatim percipiendos. Ut autem donum ejus ratum et stabile permaneat, ad petitionem ipsius Hugonis presentes litteras in testimonium sigillo nostro fecimus roborari. Actum Carnoti, anno Dominice Incarnationis millesimo ducentesimo septimo decimo, mense aprili.

(Cartul., I, n° 28.)

La mention dans cet acte de la mesure de Dourdan prouve qu'il s'agit de Marchais, commune de Roinville.

XXXV

Bouchard de Marly confirme le don d'une maison au Mesnil près Galardon, fait par Thierry Rogarita.

(1218.)

Universis Christi fidelibus ad quos presens pagina pervenerit, B. Malliaci dominus, veram in vero salutari salutem. Notum sit omnibus quod Terricus Rogarita, et Agnes, uxor sua, pro salute animarum suarum et antecessorum suorum dederunt Domino et Beate Marie et monialibus de Porregio in elemosinam quandam domum que fuit Garnerii, filii Fulcardi, et pratum situm apud Mesnil juxta molendinum Herchenout[1] et quatuor solidos et sex denarios censuales habendos annuatim apud Balolet, et sex denarios in vinea Hardoini Molin, tali conditione quod anniversarium ipsius et uxoris ejus fiat in abbatia singulis annis, et ipso die ministretur pitancia conventui de redditibus predictis, scilicet feno prati. Quod ut ratum sit ego Bucherius et M. uxor mea, et domina M., mater mea, ab omni actione et omni servitio nobis et heredibus nostris pertinentibus in perpetuum concessimus et sigilli mei munimine roboravi. Actum anno Domini millesimo ducentesimo decimo octavo.

(Cartul., I, n° 17.)

1. Richenout, près du Mesnil.

XXXVI

Même confirmation par Mathieu de Marly.

(1218.)

Universis..... M. Malliaci dominus, etc. (comme ci-dessus).

(Cartul., I, n° 16.)

XXXVII

Testament de Pierre de Nemours, évêque de Paris.

(Juin 1218.)

Il lègue des ornements à diverses abbayes, au nombre desquels Port-Royal.

(Mention dans Fisquet, *Diocèse de Paris*, 1, 254.)

XXXVIII

Donation de Mathieu et d'Étienne de Meudon.

(Juillet 1218.)

Petrus, Dei gratia Parisiensis episcopus, omnibus presentes litteras inspecturis salutem in Domino. Notum facimus quod Matheus de Meudon, miles, dedit et concessit monialibus Sancte Maria de Porregio pro anime sue et Marthe uxoris sue et antecessorum salute, tria sextaria ordei et totidem hibernagii in sua decima de Meudon ad mensuram ejusdem ville. Si autem ordeum non sufficeret de avena suppleretur defectus. Item dedit eisdem monialibus dupplarium vini in decima sua de Meudon et quandam mensuram in eadem villa salva tamen justicia domus illius, pro qua moniales reddent eidem in festo Sancti Andree tres denarios censuales. Hoc autem voluit et concessit Stephanus de Meudon, miles, de cujus feodo omnia predicta movebant. Insuper idem Stephanus et predictus Matheus super hiis fidem suam corporaliter prestiterunt. Ad hoc Martha, uxor ipsius Mathei, coram Johanne, presbytero de Meudon, hec voluit et concessit, sicut nobis fideliter recitavit. Actum anno Domini M° CC° X° VIII°, mense julio.

(Cartul, I, n° 124.)

XXXIX

Bouchard de Marly et Matilde abandonnent le cens réservé par eux sur le bois de Molerets et confirment divers dons.

(1218.)

Noverint universi quod ego Buchardus, dominus Malliaci et Matildis, uxor mea, quitavimus et dedimus monialibus de Porregio quadraginta solidos parisiensium et novem denarios et obolem quos solebant reddere nobis de nemore Molerez quod pertinebat ad hereditatem predicte Matildis, uxoris mee usque ad magnam viam que vocatur la Chevee de Bulloher que dividit dictum nemus de deffes de Removilla, pro remedio animarum nostrarum et patrum et matrum et antecessorum nostrorum, libere et quiete in perpetuam elemosinam possidendos, salva justicia nostra. Quitavimus etiam viginti solidos quos Simon Monachus, miles, emerat de canonicis de Faleise quos Matheus pater meus, dederat eis in quodam furno sito in Vetere Judea Parisius. Concessimus etiam quandam domum apud Marleium quam Odelina dedit eis in elemosinam, salva justicia nostra. Et si forte contigerit ut vendatur, vel quoquo modo a predictis monialibus alienatur censum et quidquid donavimus habere volumus. Quod ut ratum sit, sigilli mei munimine roboravi. Actum anno gratie millesimo ducentesimo octavo decimo.

(CARTUL., I, n° 83.)

XL

Don de la dime d'Obeville par Germond des Patis.

(27 janvier 1218-1219.)

Notum sit omnibus presentibus et futuris quod ego Germundus de Pasticiis, pro remedio anime mee et antecessorum meorum, dono et concedo in puram et perpetuam elemosinam domui Porregii, decimam meam totam quam habeo in Albavilla[1] et in Mansio[2], ob eadem domo in perpetuum quiete et pacifice possidendam. Quod ut ratum sit et firmum, presentes litteras sigilli mei impressione munivi, anno Domini millesimo ducentesimo decimo octavo, sexto calendas februarii.

(CARTUL., 1, n° 35.)

1. Obeville, commune d'Allainville, canton de Dourdan.
2. Peut-être Maisons-en-Beauce.

XLI

Sentence adjugeant à Porrois une rente sur Groslay, léguée par Thibault de Clacy.

(Décembre 1219.)

Officialis archidiaconi Parisiensis, omnibus presentes litteras inspecturis, salutem in Domino. Notum facimus quod cum causa verteretur coram nobis inter abbatissam et conventum de Porrois ex una parte, et Guillelmum de Claciaco [1], militem, ex altera, supra quadraginta solidis parisiensium quod dicte abbatissa et conventus dicebant sibi legatos fuisse in elemosinam a defuncto Theobaldo de Claciaco, clerico, fratre dicti Guillelmi, singulis annis in censu de Grooleio [2], percipiendos. Lite super hoc coram nobis legitime contestata, testibus receptis, attestationibus publicatis, rationibus et allegationibus hinc inde propositis et plenius intellectis, habito prudentiam vivorum consilio, per definitivam sententiam adjudicavimus dictis abbatisse et conventui de Porrois contra predictum militem prefatos quadraginta solidos in predicto censu de Groolaio percipiendos. In cujus rei testimonium et memoriam presentes litteras fieri fecimus et sigilli curie archidiaconi Parisiensis munimine roborari. Actum anno Domini millesimo ducentesimo decimo nono, mense decembri.

(CARTUL., I, n° 145.)

1. Clacy, lieu dit Noisy-le-Sec (Seine).
2. Groslay (Seine-et-Oise).

XLII

Émeline de Darency consent au legs de son frère Simon de Bray d'une maison aux Halles.

(Janvier 1219-1220.)

Universis presentes litteras inspecturis, Ernaudus, Parisiensis archidiaconus, salutem in salutis auctore. Noverit universitas vestra quod Simon de Braya, bone memorie, in ultima voluntate sua, pro remedio anime sue, legavit abbatisse et conventui de Porrois domum sitam Parisius in Halis que fuit defuncti Hugonis Petrarii, in censiva domini regis. Emelina vero de Darenciaco[1] soror dicti Symonis, ordinatrix et executrix testamenti ipsius, abbatissam de Porrois de predicta domo, in nostra presentia, investivit fide data, promittens quod in eadem domo de cetero nichil penitus reclamabit. In cujus rei memoriam et testimonium presentes litteras, ad petitionem parcium, sigilli nostri fecimus roboravi. Actum anno Domini millesimo ducentesimo nono decimo, mense januario.

(CARTUL., 1, n° 238.)

XLIII

Sous le numéro 40, autre copie du même acte au nom de *Stephanus archidiaconus*, et à la fin la mention sous la même date, *Sede vacante :* Pierre de Nemours était mort au siège de Damiette, le 13 décembre 1219.

1. Drancy (Seine).

XLIV

Confirmation royale de l'acte précédent.

(Février 1219-1220.)

Philippus, Dei gratia Francorum rex. Noverint universi presentes pariter et futuri quod elemosinam quam Symon de Braya, clericus, fecit abbatisse et conventui de Porrois, de quadam domo sua sita Parisius in Halis, in censiva nostra que fuit Hugonis Petrari, volumus et ratam habemus. Et ut perpetuum robur obtineat, salvo censu nostro ejusdem domus et burgesia nostra et salvo jure et justicia nostra, presentem paginam sigilli nostri auctoritate roboramus. Actum Parisius, anno Domini millesimo ducentesimo decimo nono, mense februario.

(Cartul., I, n° 139.)

XLV

Lettre du cardinal Conrad sur les exemptions de dîmes en faveur des Cisterciens et partie de la bulle d'Honorius III du 13 janvier 1219.

(9 août 1219?)

Conradus[1] miseratione divina Portuensis et Sancte-Ruffin, episcopus, apostolice sedis legatus, universis sancte matris Ecclesie filiis, abbati Cisterciensi et universis coabbatibus ejus et fratibus sub eodem ordine Deo servientibus, salutem et apostolicam benedictionem. Contingit interdum quod nonnulli propriis incombentes abbatibus dum sanctionum sensum legitimum ad sua vota non habent accomod. superinducunt ad ulterinum intellectum in temporali compendio eternum dispendium non timentes. Sane sicut audivimus quidam suo nimis inherentes ingenio nimium voluntarii concilii generalis interpretes de novalibus post idem concilium acquisitis a vobis intendunt decimas extorquere. Ne super hiis vos contingat indebita molestatione vexari, nos interpretationem illorum intellectui constitutionis predicti concilii super Cisterciensibus decimis edite asserimus peregrinam. In ipsa quidem expresse continetur ut de alienis terris a modo adquirendis si eas propriis manibus aut sumptibus colueritis decimas persolvatis ecclesiis quibus ratione prediorum antea solvebantur. Unde si ad prope positum aciem discretionis excederunt advertentes, nichilominius de quibus novalibus apostolica sedes intelligat indulgentiam super tabulis piis locis concessam non sibi certa novalia nove interpretationis ludibrio fatigarent. Inhibemus igitur auctoritate presentium ut nullus *(fol. 110)* a vobis de novalibus a tempore concilii excultis vel in posterum propriis manibus aut sumptibus excolendis decimas exigere aut extorquere presumat. Nulli ergo omnino hominum liceat hanc paginam nostre inhibitionis infringere vel ei ausu temerario contraire. Si quis autem hoc attemptare presumpserit, indignationem omnipotentis Dei et beatorum Petri et Pauli apostolorum ejus se noverit incursurum. Datum Laterani III° nonas januarii, pontificatus nostri anno tercio. In cujus rei testimonium sigillum nostrum presenti pagine duximus apponendum. Datum apud Comban. VI° idus augusti.

(Cartul., I, fol. 109 v°.)

1. Conrad, cistercien allemand, cardinal 1219, † 1227. — Honorius III, nommé 18 juillet 1216, † 8 novembre 1226.

XLVI

Guillaume Philippi engage sa dîme de Sainte-Escobille à l'église Sainte-Croix d'Étampes.

(Mars 1219-1220.)

Galterus, divina permissione Carnotensis ecclesie minister humilis, omnibus presentes litteras inspecturis, salutem in Domino. Noveritis quod Guillelmus Philippi invadiavit pro quadraginta libris parisiensium capitulo Sancte Crucis de

Stampis, quinque modios et dimidium ybernagii in decima sua sita in territorio de Balliunvilla et de Rutuariis, salvo jure nostro in omnibus, consentiente presbitero Sancti Scubiculi in cujus parrochia sita est decima supradicta. Ita videlicet quod predictus Guillelmus, dictam decimam, solutis dictis quadraginta libris, de marcio in marcium redimere poterit. Gaufridus Philippi istud voluit et concessit, de cujus feodo erat dicta decima, fide prestita corporali se plegium obligavit. Hujus rei tenende et garantizande, Reginaldus de Villers et Garinus de Guillervilla et Thomas de Centeingnonvilla et predictus Gaufridus Philippi fide sua in manu nostra prestita plegios obligaverant. Nos vero istud voluimus et laudavimus et ad petitionem partium litteras istas fecimus roboravi. Actum anno gracie millesimo ducentesimo decimo nono, mense martio.

(CARTUL., I, n° 39.)

XLVII

Philippe de Vaumurier et Éramburge, sa femme, lèguent à Porrois le quint de leurs biens.

(Mai 1220.)

Stephanus parisiensis archidiaconus universis presentes litteras inspecturis, salutem in Domino. Notum facimus quod constituti in presencia nostra Philippus de Vallemorier et Eramburgis, uxor ejus, dederunt pro remedio animarum suarum et antecessorum suorum in puram et perpetuam elemosinam abbacie de Porrois, cisterciensis ordinis, quintam partem tocius hereditatis eorum, tam in vineis quam in terris et aliis possessionibus que movent ex parte dicte

Eramburgis ita tamen quod dictas possessiones quamdiu vixerint possidebunt et post mortem sepedicte Eremburgis redibit illa quinta pars ad prefatam abbaciam. Abbatissa vero et conventus de Porrois pro predictas possessiones solvent singulis annis ecclesie Sancti Lamberti quinque solidos tali modo quod ecclesia recipiet duodecim denarios et presbyter quatuor solidos pro anniversariis dictorum Philippi et Eramburgis faciendis post decessum eorum. In cujus rei memoriam et testimonium ad petitionem parcium presentes litteras sigilli nostri impressione roboravimus. Actum anno gracie millesimo ducentesimo vicesimo, mense mayo.

(CARTUL., I, n° 195.)

XLVIII

Thomas, abbé des Vaux-de-Cernay, règle la fondation faite par Emmeline, veuve d'Adam de Drancy.

(1220.)

Universis Christi fidelibus ad quos presentes littere pervenerint, frater T(homas) de Vallibus Sernaii dictus abbas[1], salutem in vero salutari. Notum facimus quod eum Emelina relicta Ade de Darenciaco, dilectis in Christo abbatisse Porretarum et ejusdem conventui domum in campellis juxta Halas, in censiva domini regis et insuper viginti libras parisiensium ad emendos redditus contulisset, ad sustentationem cujusdam capellani qui in ecclesia abbatie supradicte pro remedio anime defuncti Symonis de Braya, clerici, fratris Emeline et pro animabus parentum et antecessorum eorumdem et animabus ipsius Emeline et Guillermi, filii ejus, cum viam universe carnis ingressi fuerint, divina, diebus singulis, perpetuo tenebitur celebrare, prout in litteris dictarum abbatisse et conventas plenius continetur et Emeline a monialibus fuisset concessum. Nos concessionem dilectorum in Christo filiarum, pensata utilitate earum, ratam et firmam habuimus, assensum et auctoritatem quam habebamus in earum ecclesia ratione provisionis imparcientes eidem. In cujus rei memoriam et testimonium presentes litteras, ad petitionem abbatisse et conventus, sigilli nostri munimine duximus roborandus. Actum anno Domini millesimo ducentesimo vicesimo.

(CARTUL., I, n° 142.)

1. Thomas, abbé de Vaux-de-Cernay, de 1210 à 1229.

XLIX

Donation par Guy de Chevreuse à l'abbaye de Porrois de 10 arpents de bois dans la forêt de Champ-Garnier.

(Mai 1220.)

Ego Guido dominus Caprosie [1], notum facio universis presentes litteras inspecturis quod Helisendi, uxore mea, concedente et fratribus meis et universis consuetudinariis concedentibus qui habent suum usuarium in memoribus Campi Garnierii, concessi et donavi pro anima mea et antecessorum meorum, in perpetuam elemosinam, decem arpenta boscorum sita in nemoribus Campi Garnierii sanctimonialibus abbacie de Portu Regio libere et quiete possidenda, juxta illud nemus quod habent pro anima patris mei. Et ut hec donatio rata et inconcussa permaneat, sigilli mei munimine roboravi. Actum anno gratie millesimo ducentesimo vicesimo, mense mayo.

(CARTUL., I, n° 225.)

Gui IV, seigneur de Chevreuse de 1228 à 1263, marié à Mélissende de la Rocheguyon.

L

Guillaume et Baudouin de Guillerville [1] *engagent pour 40 livres à Porrois leur dime de Rotoir à Saint-Escobille.*

(Mai 1220.)

G.(alterus), Dei gratia Carnotensis episcopus, omnibus ad quos presens scriptum pervenerit, salutem in Domino. Noverit universitas vestra quod Guillermus et Balduinus de Guillervilla, fratres, in nostra presencia constituti, quidquid habebant in decima de Rupturis [2] continente duodecim modios seminis, sita in parrochia Sancti Scubiculi, monialibus de Portu Regis pignori obligarunt pro quadraginta libris parisiensis monete, de marcio in marcium redimendum fide ab ipsis in manu nostra corporaliter prestita quod obligationem firmiter observarent. Hanc autem conventionem Gaufridus de Guillervilla, frater dictorum, de cujus feodo movebat decima, concessit et fide prestita manu cepit. Preterea dicti Guillelmus et Balduinus fidejussores constituerunt de hac pactione, Bricium Sancti Scubiculi et Garinum de Guillervilla, qui fide tenentur quod si quis defectus acciderit, tamdiu captionem tenerent apud Carnotum, ad submonitionem nostram, donec inde ad plenum dictis monialibus satisfactum fuisset. Et hoc actum est assensu et voluntate Bricii presbiteri Sancti Scubiculi. Nos autem insuper ad majorem firmitatem predictam obligationem ad petitionem partium, auctoritate presentium et sigilli nostri caractere confirmamus. Datum anno gracie millesimo ducentesimo vicesimo, mense maio.

(CARTUL., I, n° 41.)

1. Guillerville, hameau de Saint-Escobille, canton de Dourdan.
2. Le Rotoir, hameau de Boissy-le-Sec, près Etampes.

LI

Pétronille d'Auvergne donne une rente de 10 sous sur sa fenêtre (échoppe) du Grand-Pont à Paris.

(Décembre 1220.)

Guillelmus, Dei gratia Parisiensis episcopus [1], omnibus presentes litteras inspecturis, in Domino salutem. Notum facimus quod Petronilla Alvelnensis in presentia nostra constituta, contulit abbacie de Portu Regio in perpetuam elemosinam decem solidos parisiensium singulis annis in octabis Pasche in fenestra sua que est super Magnum Pontem per manum illius qui dictam fenestram tenebit percipiendos. Hanc autem elemosinam dicta Petronilla fide prestita in manu nostra se promisit inviolabiliter servaturam. Quod ut ratum permaneat, ad petitionem dicte Petronille presentibus litteris sigillum nostrum duximus apponendum. Actum anno Domini millesimo ducentesimo vicesimo, mense decembri.

(CARTUL., I, n° 141.)

1. Guillaume de Seignelay, évêque de 1280 à 1223.

LII

Guillaume de Clacy reconnaît la rente donnée par son frère Thibault.

(Décembre 1220.)

Guillelmus, Dei gratia Parisiensis episcopus, omnibus presentes litteras inspecturis, salutem in Domino. Noverint universi quod Guillelmus, miles de Claciaco, et Agnes, uxor sua, in presencia nostra constituti, confessi sunt defunctum Theobaldum, fratrem dicti Guillelmi, legasse in extrema voluntate sua abbacie de Porrois quadraginta solidos annui redditos in censu suo de Groolaio, et hoc legatum concesserunt, fide media promittentes quod de cetero super hiis non molestabunt, nec faciant molestari. In cujus rei testimonium, ad petitionem ipsorum Guillelmi et uxoris sue, presentes litteras sigilli nostri munimine fecimu robosrari. Actum anno Domini millesimo ducentesimo vicesimo, mense decembri.

(Cartul., I, n° 116.)

LIII

*Guillaume de Menhendebout confirme le don d'une dîme
par Germond des Patis et en vend une autre.*

(Mars 1220-1221.)

G(alterus) Dei gratia Carnotensis episcopus. Noverit universitas vestra quod Willermus, miles de Manso Hodebolt[1], laudavit et concessit decimam Germundi de Pasticiis quam dedit in puram perpetuam elemosinam abbatie Portus Regi in agricultura sua de Manso Hodebolt, hanc concessit prefatus Willermus eidem abbatie et uxor ejus, si quid in eadem decima racione dotis clamare poterat. Preter hoc jam dictus Willermus decimam suam quam habet in predicta villa vendidit prefate domui pro quindecim libras. Et hanc venditionem et prefatam donationem voluntarie in manu nostra fiduciavit tam ipse quam uxor ejus. Hoc ipsum concessit Guido de Berthecuria[2]. Et jam dictus Willermus (a) domino plenam concessionem sub prefata fide, procurare promisit. Quod si eamdem concessionem dominis extorquere non possit, redderet, prenominate domui, infra tres septimanas submonitionis audite, quindecim libras et centum solidos si in procuranda causa decime retinende expenderentur. Ut autem tam prioris donationis quam posterioris venditionis factum contra posterorum calumpnias stabile perseveret, tocius rei tenorem litteris presentibus, reique veritatem perhibentibus et sigilli nostri impressione signatis, ad utriusque partis intanciam, divine pietatis intuitu, sepedicto monasterio curavimus confirmare. Actum anno gracie millesimo ducentesimo vicesimo, mense marcio.

(Cartul., I, n° 36.)

1. Vers 1230, Guillaume de Menhendebout était vassal au Goulet dans la châtellenie d'Épernon, de Gui de Foinard, seigneur de Grenonvilliers.
2. Gui de Montfort, seigneur de Bretencourt, tué devant Vareilles, 31 janvier 1229.

LIV

Don à Porrois d'Eremburge de Vaumurier.

(Mai 1221.)

Original S., 4525, Dossier L.

LV

Gui de Chevreuse donne à cens à l'abbaye 60 arpents (à Champ-Garnier.)

(Mars 1221-1222.)

Ego Guido, dominus Caprosie, notum facio tam presentibus quam futuris quod ego de concensu Helissendis, uxoris mee, et fratrum meorum Milonis et Hervei, accensi abbatie de Portu Regis sexaginta arpenta terre sita in territorio de Campo Guarnierii, pro quinque modiis avene annuatim infra festum Beati Andree percipiendis. Dedi etiam eis unum arpentum terre prope eadem terram ad faciendum herbergagium libere possidendum, salva omni mea justicia extra porpisium dicti herbergagii. Concessi etiam quod manentes in eodem herbergagio usuarium suum in nemoribus de Campo Guernierii, sicut alii consuetudinarii libere percipient et quiete. Quod ut ratum et inconcussum permaneat, presentem cartam sigilli mei munimine roboravi. Actum anno Domini ducentesimo vicesimo primo, mense marcio.

(CARTUL. I, n° 231.)

LVI

L'abbaye Saint-Antoine de Paris cède à Porrois une rente de froment pour 10 arpents de terre donnés par Robert Mauvoisin.

(Avril 1221-1222.)

Soror Amicia, dicta abbatissa totusque conventus Sancti Antonii Parisiensis, omnibus presentes litteras inspecturis salutem in Domino. Notum facimus quod viginti sertarios hybernagii ad mensuram stampensem quos habebamus in decima de Gratelou, singulis annis percipiendos, collatas nobis a domino Roberto de Platello, milite, in perpetuam elemosinam, dedimus et concessimus abbatisse et conventui de Porregio, pro decem arpentis terre orabilis sitis inter Alnetum et Salviniacum quos habebant de elemosina bone memorie viri nobilis Roberti Malivicini. Ita quod in dicto blado nichil penitus de cetero reclamabimus. Ne autem supra dicto excambio, facto inter nos pro bono et utilitate utriusque domus, nostre videlicet et sue, aliqua inter posteros possit oriri calumpnia, ad jam dicti excambii testimonium et perpetuam firmitatem obtinendam, presentes litteras fecimus adnotari et sigilli nostri impressione roborari. Actum anno Domini millesimo ducentesimo vicesimo primo, mense aprili.

(CARTUL., 1, n° 143.)

Fisquet (*Diocèse de Paris*, II, 554) dit, d'après probablement l'acte correspondant de Saint-Antoine, que l'abbesse de Porrois était Mathilde.

LVII

L'abbé des Vaux-de-Cernay vend des vignes à Porrois.

(Février 1222-1223.)

Nos T(homas) dictus abbas Vallium Sarnaii, notum fieri volumus universis quod nos vendictimus conventui Portus Regis duas pecias vinearum quas habebamus inter Medonem et Issiacum pro triginta libris parisiensium. In cujus rei testimonium et confirmationem presentem cartam scribi fecimus et sigilli nostri munimine roborari. Actum anno Domini M° CC° XX° II°, mense februarii.

(CARTUL., I. n° 127.)

LVIII

Mathieu de Marly donne 10 livres de rente sur Marly pour l'entretien d'un chapelain à Porrois pour célébrer les messes pour les défunts.

(Mai 1223.)

Ego Matheus de Malliaco, miles, notum fieri volo universis quod ego, pro salute mea et amicorum meorum, dedi in perpetuam elemosinam domui Porregii ad tenendum capellanum unum qui celebret pro defunctis, decem libras parisiensium, percipiendas annis singulis in prepositura de Malliaco, ita quod media pars ejusdem redditus, recipiatur in festo omnium fidelium defunctorum, pars alia in pascha, donec fecerim aliquam emptionem eidem domui competentem, valentem per annos singulos decem libras. Qua emptione facta, et dicte domui assignata, predictus redditus in prepositura de Malliaco ad me revertetur. Ut autem hec donatio rata et stabilis in perpetuum permaneat, sigilli mei munimine confirmavi. Actum anno domini millesimo ducentesimo vicesimo tercio, mense maio.

(Cartul., 1, 204.)

LIX

Mathieu de Marly donne sa maison d'Aunay.

(Mai 1223.)

Ego Matheus de Malliaco, miles, notum fieri volo universis quod ego de voluntate et assensu Mabilie, uxoris mee, dedi et concessi in perpetuam elemosinam abbacie Portus Regii et monialibus ibidem Deo servientibus, amore Dei et in remediam anime mee et antecessorum meorum, omnia quecumque acquisivi apud Alnetum et Germevillam, scilicet domum meam cum toto appendente proprisio, molendinum, prata, terras, hospites, que omnia predicte moniales libere et absolute in perpetuum possideant et de ipsos ordinent prout ipsis et domui sue melius viderint expedire. Ut autem hec donatio rata et stabilis in perpetuum permaneat, presentes litteras sigilli mei munimine roboravi. Actum anno Domini millesimo ducentesimo vicesimo tertio, mense maio.

(Cartul., 1, n° 203; — Copié avec de légères variantes dans la confirmation de l'évêque, n° 61.)

LX

Bouchard, seigneur de Marly, confirme les deux actes de son frère qui précèdent.

(Mai 1223.)

Ego Buchardus, dominus Malliaci, notum volo fieri universis quod Matheus, frater meus, dedit domui Porregii in perpetuam elemosinam annui redditus ad tenendum capellanum unum qui celebret pro defunctis, quam redditum accipiet dicta domus annis singulis in prepositura de Malliaco, medietatem in festo Omnium Defunctorum, medietatem in Pascha, donec idem Matheus fecerit aliquam emptionem competentem eidem domui valentem decem libras annis singulis, et tunc predictus redditus ad dictum Matheum revertetur. Preter hoc dictus Matheus dedit in perpetuam elemosinam predicto domui Porregii mansionem suam de Alneto cum tota proprisia et rebus omnibus quas in eodem loco acquisivit similiter ut inde capellanus unus teneatur. Que omnia ego benigne concessi et sigilli mei munimine confirmavi. Actum anno Domini millesimo ducentesimo vicesimo tertio.

(Cartul., I, n° 178.)

Cet acte est cancellé.

LXI

Guillaume, évêque de Paris, confirme la fondation d'une chapellenie.

(Juin 1223.)

Guillermus, Dei gratia Parisiensis episcopus[1], omnibus presentes litteras inspecturis salutem in Domino. Notum fecimus quod nos duo paria litterarum subsigillo nobilis militis Mathei de Malliaco confecturum super quibusdam elemosinis factis ab ipso abbatie de Porrois, vidimus et imperimus in hec verba : « Ego Matheus de Malliaco notum fieri volo quod pro salute mea et amicorum meorum dedi in perpetuam elemosinam domui Porregii ad tenendum capellanum qui celebret pro defunctis, etc. » (Comme au numéro 58.)

Ego Matheus de Malliaco, notum fieri volo universis quod assensu Mabilie, uxoris mee, dedi in perp. elem. domui Porregii omnia quecumque acquisivi apud Alnetum (Voir numéro 59)..... et a tempore quo moniales possidebunt hec, tenebunt capellanum qui celebret pro salute mco et amicorum meorum. Prefate vero moniales concesserunt quod locus predictus nullo modo transferetur ad alias personas, nec manebunt in loco persone alie nisi fratres et sorores aut familia domus ejusdem. Ut autem donatio hec rata stabilis, etc. (Comme au numéro 59.) Ipse autem Matheus coram nobis confessus est easdem elemosinas fecisse. Ipsa domina Mabilia, ejus uxor, coram nobis constituta, fide prestita, laudavit volens et concedens easdem elemosinas a dicta ecclesia in perpetuum possideri. Nos autem in ejus rei memoriam et confirmationem presentes litteras fieri fecimus et sigilli nostri munimine roborari. Actum anno domini M°CC°XX°III°, mense junio.

(Cartul., 1, 80.)

1. Guillaume de Seignelay, mort le 23 novembre 1223.

LXII

Marguerite de Marly, dame de Narbonne, donne 100 sous sur les cens de Marly.

(Juillet 1223.)

Ego Margareta, domina Narbone, notum facio universis quod ego dedi in puram et perpetuam elemosinam domui Porregii centum solidos parisiensium percipiendos annis singulis in festo Sancti Dionisii in censu de Malliaco. Quod ut ratum in posterum habeatur, sigilli mei munimine roboravi. Actum anno D^{ni} M°CC°XX° III°, mense julio.

(Cartul., n° 97.)

1. Marguerite, fille de Mathieu de Marly et de Mathilde de Garlande, fut dame de Verneuil. Epousa Aimeri, vicomte de Narbonne, fils de don Pedre de Lava et de Sanche, fille du roi de Navarre.

LVIII

Marguerite, dame de Narbone, donne la vigne de la Crote.

(Juillet 1223.)

Ego Margareta, domina, Narbone, notum facio universis quod ego dedi in puram et perpetuam elemosinam domui Porregii vineam quandam quam habebam apud Malliacum que vocatur vinea de Cripta. Quod ut ratum in perpetuum habeatur, sigilli mei munimine roboravi. Actum anno Domini M° CC°XX° III°, mense julio.

(Cartul., I, n° 100.)

LXIV

Bouchard de Marly confirme une donation d'Adam Louvel.

(Août 1223.)

Ego Buchardus, dominus Malliaci, notum fieri volo universis quod Adam Lupellus, in presentia mea positus, concessit in puram et perpetuam elemosinam monialibus Porregii tenere et possidere vineam de Rivo-Forchie quam dicte moniales emerant a quadam femina que vocabatur Autrudis de Vicinis per tres denarios censuales reddendas in festo Sancti Remigii, vineam etiam de Clauso que fuit Guillermi prepositi pro tres obolas censuales reddendas in festo Sancti

Remigii ; salvo jure domini sui. Ego quoque Buchardus qui partem habeo in eodem censu et de cujus feodo illa censiva principaliter movet, hoc idem concessi et ad preces dicti Ade ad perpetuam firmitatem, sigilli mei munimine confirmavi. Actum anno Domini M° CC° XX° III°, mense augusto.

(Cartulaire, I, n° 101.)

LXV

Confirmation par Gui de Chevreuse du don de Philippe de Vaumurier.

(Septembre 1223.)

Ego Guido, dominus Caprosie, notum fieri volo universis quod Philippus de Vallemorier et Eremburgis uxor ejus, in presentia mea constituti, concesserant quamdam terram que sita est juxta stagnum Porregii, monialibus ejusdem loci in perpetuum possidendam pro duobus denariis censualibus reddendis annis singulis in festo Sancti Remigii. Ego autem Guido ad cujus feodum dicta terra pertinet, hoc benigne concessi et garantizare sicut debeo promisi, et ad perpetuam firmitatem sigilli mei munimine confirmavi. Actum anno Domini millesimo ducentesimo vicesimo tertio, mense septembri.

(Cartul.., I, n. 200.)

LXVI

Pierre de Marly confirme le don d'Adam de Bougival.

(Octobre 1223.)

Ego Petrus de Malliaco, miles, notum facio universis presentes litteras inspecturis, quod Matildis, quondam uxor Ade de Bogival militis, cum laboraret in extremis, contulit in puram et perpetuam elemosinam abbatisse et conventui Portus Regis quinque solidos parisiensium, de voluntate et assensu prefati Ade, in censu suo de Bogival singulis annis in festo Beati Remigii percipiendos. Quia vero dicti quinque solidi movent de feodo meo, ego ad petitionem utriusque partis, presentes litteras sigillo meo roboravi. Actum anno ab incernatione D^{ni} M°CC°XX°III°, mense octobris.

(CARTUL., I, n° 102.)

1. Pierre, seigneur de Marly en 1226, après son père, Bouchard, mourut sans enfant de sa femme, Jeanne, peu après 1259.

LXVIII

Mathilde de Garlande, veuve de Mathieu de Montmorency confirme le don de son mari d'une rente de 15 livres sur Meulan.

(Février 1223-1224.)

Nos Matildis de Marleio, notum fieri volumus universis quod dominus et maritus noster Matheus de Montemorenciaco, de voluntate et assensu nostro, dedit in puram et perpetuam elemosinam carissimis nostris monialibus Porregii quindecim libras parisienses percipiendos in redditu nostro de Mellento, annis singulis..... Et nos rogamus, mandamus et precipimus quantum possimus Majori communie de Mellento quatenus dictis monialibus singulis annis reddat dictam pecuniam terminis assignatis. In cujus rei testimonium presentes litteras fecimus sigilli nostri munimine roborari. Actum anno gratie M° CC° XX° III°, mense februarii.

(Arch. nat., K., 181, n° 202, d'après l'original scellé.)

1. Mathilde de Garlande mourut le 16 mars 1224 (*Nécrologe de Port-Royal*, p. 465).

LXVIII

Etienne, abbé de Savigny, envoie aux religieuses de Porrois un extrait ou une copie de la bulle d'Honorius III du 16 janvier 1223-1224.

Religiosis in Christo dilectis filiabus abbatisse et conventui de Portu Regis, frater Stephanus dictus abbas Savignacensis, salutem et continuos in religionis fervore profectus. Capitulum generale pro exigencie debito merito sollicitum quomodo status ordinis inconcussus perseveret, statuit ut in domibus ordinis taxetur numerus certus personarum et maxime monialium ita quod si abbatissa vel priorissa numerum sibi taxatum presumat excedere absque retractatione incontinenti deponatur. Cum igitur non ratione sola dirivacionis Savigniacensis sed etiam speciali ordinatione capituli generalis, nobis cum domus vestre suprema fuerit commissa consilium generale ac etiam novalium que propriis manibus aut sumptibus colitis sive de ortis et virgultis et piscationibus vestris, vel de vestrorum animalium nutrimentis, nullus a vobis decimas exigere vel extorquere presumat; liceat quoque vobis personas liberas et absolutase seculo fugientes ad conversionem recipere ac eas absque conditione aliqua retinere.

Prohibemus insuper ut nulli sororum vestrarum post factam in vestro monasterio professionem ias sit sine abbatisse sue licencia de eodem loco discedere, discedentem vero absque communium litterarum nostrarum cautione, nullus audeat retinere. Inde districtius inhibentes ne terras seu quodlibet beneficium ecclesie vestre collectum liceat alicui personaliter dari sive alio modo alienari absque consensu tocius capituli vel majoris aut sanioris pactis ipsius si que vero donationes vel alienationes aliter quam dictum est facte fuerint eas irritas esse censemus. Insuper auctoritate apostolica inhibemus ne ullus episcopus vel quebibet alia persona ad sinodos vel conventus forenses vos ire vel judicio seculari de vestra propria subdita vel possessionibus vestris subjacere compellat, nec ad domos vestras causa ordines celebrandi, causa tractandi vel aliquos conventus publicos convocandi venire presumat, nec regularem electionem abbatisse vestre impediat aut de instituenda vel removenda ea que pro tempore fuerunt contra statuta cisterciensis ordinis se aliquatenus intromittat. Pro consecrationibus vero altarium vel ecclesiarum sive pro oleo sancto vel quolibet alio ecclesiastica sacramento, missus a vobis sub obtentu consuetudinis vel alio modo quicquid audeat extorquere; sed hec omnia gratis vobis episcopus diocesanus impendat; alioquin liceat vobis quemcumque malueritis catholicum adire antistitem gratiam et communionem apostolice sedis habentem qui nostra fretus auctoritate vobis quod postulatur impendat. Quod si sedes dyocesani episcopi forte vacaverit, interim omnia ecclesiastica sacramenta a vicinis episcopis accipere libere et absque contradictione possitis si tamen ut ex hoc in posterum propriis episcopis nullum prejudicium generetur. Quia vero interdum propriorum episcoporum copiam non habetis si quem episcopum Romane sedis ut diximus et communionem habentem et de quo plenam noticiam habeatis per vos transigere contigerit, ab eo benedictiones vasorum et vestium consecrationes altarium benedictiones monialium auctoritate apostolice sedis recipere valeatis. Porro si episcopi vel alii ecclesiarum rectores in monasterium vestrum vel personas inibi constitutas suspensionis, excommunicationis vel interdicti sentenciam promulgaverint sive etiam in mercennarios vestros pro eo quod decimas sicut dictum est non persolvetis sive aliqua occasione eorum qui ab apostolica benignitate vobis indulta sunt seu benefactores vestros pro eo quod aliqua vobis beneficia vel obsequia ex caritate prestiterint, vel ad laborandum adjuverint in illis diebus in quibus vos laboratis et alii feriantur eamdem sententiam protulerint ipsam tanquam contra sedi apostolice indulta prolatam duximus irritandam, nec littere ulle firmitatem habeant quas tacito nomine cisterciensis ordinis et contra tenorem apostolicorum privilegiorum constiterit impetrari. Preterea cum commune interdictum terre fuerit, liceat vobis nichilominus in vestro monasterio exclusis excommunicatis interdictis, divina officia celebrare; paci quoque et tranquillitati vestre ex nunc in posterum sollicitudine providere volentes, auctoritate apostolica prohibemus ut infra clausuras locorum seu grangiarum vestrarum nullus rapinam seu furtum facere, ignem apponere sanguinem effundere, hominem temere capere vel interficere seu violenciam audeat exercere. Preterea libertates et immunitates a predecessoribus nostris romanis pontificibus ordini nostro concessas, necnon libertatas et exemptiones secularium exactionum a regibus et principibus vel aliis fidelibus rationabiliter vobis indultas auctoritate apostolica confirmamus et presentis scripti privilegio communimus; decrevimus ergo ut nulli ommino hominum liceat prefatum monasterium temere perturbare aut ejus possessiones aufferre vel ablatas retinere, minuere seu quibuslibet vexationibus fatigare. Sed omnia integra conserventur eorum pro quocum gubernatione ac sustentatione concessa sunt, usibus omnimodis profectura, salva sedis apostolice auctoritate; si qua igitur in futurum ecclesiastica, secularisve persona hanc nostre constitutionis paginam, sciens, contra eam temere venire temptaverit, secundo terciove commonita, nisi reatum suum congrua satisfactione correxerit, potestatis honorisque sui careat dignitate, ream se divino judicio existere de perpetrata iniquitate cognoscat, et sacratissimo corpore ac sanguine Dei et Domini redemptoris nostri, Jhesu Christi, aliena fiat atque in extremo examine districte subjaceat ultioni. Cunctis autem eidem loco sua jura servantibus, sit pax Domini nostri Jhesu Christi quatinus hic, fructum bone actionis percipiant et apud districtum judicem premia eterne pacis inveniant. Amen, amen.

Datum Lateranen, per manum Guidonis capellani domini pape, quindecimo kalendas februarii, indictione undecima, Incarnationis dominice anno millesimo ducentesimo vicesimo tercio, pontificatus vero dompni Honorii pape tercii, anno septimo.

(Cartul., I, fol. 106 v°.)

Il est probable qu'il y a, dans cette transcription, mélange de deux pièces différentes, la bulle et la lettre de l'abbé.

LXIX

Bouchard de Marly donne la terre de Chagny.

(Avril 1224, après Pâques.)

Noverint universi quod ego Buchardus, dominus Malliaci, de assensu et voluntate Matildis, uxoris mee, Theobaldi et Petri et aliorum filiorum meorum, dedi in perpetuam elemosinam domui Porregii terram meam quam habebam apud Chahengneium, videlicet totam terram que continetur inter terram domini Hervei de Garlardone et Petri Ganteri, que terra tota erat mea. Et ut hec donatio rata in perpetuum habeatur, sigilli mei munimine roboravi. Actum anno Domini millesimo ducentesimo vicesimo quarto, mense aprili.

(CARTUL., I, n° 8; — Original, Arch. nat., S., 4257, n° 7.)

Chagny, à Escrones (Seine-et-Oise). L'abbé Lebeuf l'a pris à tort pour Jagny, près Chevreuse.

LXX

Mathieu de Marly assigne sur son revenu de Meulan les 100 sous assignés sur Marly.

(Mai 1224.)

Noverint universi quod ego Matheus de Malliaco dedi monialibus Porregii centum solidos parisiensium percipiendos per singulos annos prima die junii in redditu meo de Mellento pro commutatione centum solidorum quos eedem moniales percipiebant in censu de Malliaco. Et ut hoc ratum in perpetuum habeatur, sigilli mei munimine confirmavi. Actum anno Domini millesimo ducentesimo vicesimo quarto, mense maio.

(CARTUL., I, n° 60.)

LXXI

Confirmation de l'acte précédent par Bouchard, seigneur de Marly.

(Mai 1227.)

Noverint universi quod ego Buchardus dominus Malliaci, concessi monialibus Porregii assignationem quam fecit eis Matheus, frater meus, videlicet, etc. (Comme dessus.) Et ut hoc ratum in perpetuum habentur, sigilli mei munimine roboravi. Actum anno Domini millesimo ducentesimo vicesimo quarto, mense maio.

(Cartul., 1, n° 64.)

LXXII

Mathieu de Marly ajoute 100 sous de rente aux 100 sous donnés sur Marly et les assigne sur Meulan.

(Mai 1224.)

Noverint universi presentes litteras inspecturi quod ego Matheus de Malliaco, pro salute anime mee, patris, matris, fratrum et antecessorum meorum, dedi in puram et perpetuam elemosinam domui Portusregii centum solidos parisiensium percipiendos per annos singulos prima die marcii in redditu meo de Mellento, pro commutatione centum solidorum quos eedem moniales percipiebant de elemosina mea in censu de Malliaco, et iterum alios centum solidos parisiensium percipiendos super quintum meum singulis annis in predicto redditu meo de Mellento hiis terminis, videlicet, primo die septembris quinquaginta solidos, prima die decembris quinquaginta solidos ad faciendam pitanciam in anniversario meo. Et ut hoc ratum et stabile in perpetuum perseveret, presentem cartam sigilli mei munimine confirmavi. Actum anno Domini millesimo ducentesimo vicesimo quarto, mense maio.

(Cartul., 1, n° 66.)

LXXIII

Mathieu de Marly donne la dime de Réaus.

(Mai 1224.)

Noverint universi quod ego Matheus de Malliaco, de voluntate et assensu Mabilie, uxoris mee, dedi in perpetuam elemosinam domui Porregii totam decimam quam comparavi de propria pecunia mea, a Guidone de Troues et Radulfo Boissel et uxore ejusdem Radulfi, que sita est in territorio de Reaus. Et ut hoc ratum in perpetuum habeatur, sigilli mei munimine confirmavi. Actum anno Domini millesimo ducentesimo vicesimo quarto, mense maio.

(Cartul., I, n° 156.)

LXXIV

Confirmation par Bouchard de Marly de l'acte précédent.

(Mai 1224.)

Ego Buchardus, dominus Malliaci, decimam quam Matheus, frater meus, etc..., que est de feodo meo in territorio de Reaus. Et ut..... Actum anno Domini millesimo ducentesimo vicesimo quarto, mense maio.

(Cartul., I, n° 157.)

LXXV

L'evêque de Chartres confirme le don de Chagny par Bouchard de Marly.

(Juin 1224.)

Galterus, Dei gratia Carnotensis episcopus, universis presentes litteras inspecturis salutem in Domino. Notum vobis fecimus quod nos quasdam litteras sub sigillo nobilis viri Buchardi de Malliaco confectas super quadam elemosina facto ab ipso abbacie de Porregio, vidimus et inspeximus in hec verba.

Noverint universi quod ego Buchardus, dominus Malliaci, etc. (Comme au n° 69.) 1224, mense aprili.

Ipse insuper Buchardus coram nobis confessus est eamdem elemosinam se fecisse, domina quoque Matildis, uxor ejus, et filii ipsius, Theobaldus et Petrus, coram nobis constituti, eamdem elemosinam laudaverunt et concesserunt. Nos autem ad preces eorumdem in hujus rei memoriam et confirmationem presentes litteras scribi fecimus et sigilli nostri munimine roboravi. Actum anno Domini millesimo ducentesimo, vicesimo quarto, mense junio.

(Cartul., I, n° 3. — Original, Arch. nat., S., 4527, n° 2.)

LXXVI

*Bouchard de Marly donne à Porrois
la terre qu'il tient à Chagny de Pierre Gautier d'Escrones.*

(Juillet 1224.)

Ego Buchardus, dominus Malliaci, universis presentes litteras inspecturis notum facio quod de assensu et voluntate Matildis, uxoris mee et Theobaldi, filii mei primogeniti, et aliorum filiorum meorum, dedi et concessi in puram elemosinam pro salute anime mee et patris mei et matris mee, et antecessorum meorum et amicorum meorum, monialibus Porregii terram meam de Chaignai quam teneo de Petro Gatteri de Escroniis ad censum pro quindecim solidis annuatim in festo Sancti Remigii reddendis, in perpetuum libere possidendam. Predicta autem terra sita est inter terram dicti Petri et terram domini Hervei de Galardone, sicut mete dividunt. Supra dicte moniales dicto Petro quindecim solidos ad festum S. Remigii persolvent annuatim sicut ego persolvebam. Ut autem ratum et inconcussum perseveret, presens scriptum sigilli mei munimine roboravi. Actum anno Domini millesimo ducentesimo vicesimo quarto, mense julio.

(CARTUL., I, n° 1.)

1. Chagny, commune d'Escrones (Eure-et-Loir), a pris le nom de Petit-Pourras. C'est par erreur que Lebeuf met cette possession de Port-Royal à Jagny, près Chevreuse.

LXXVII

*Louis VIII, au siège de la Rochelle,
confirme le don de Chagny par Bouchard de Marly.*

(Juillet 1224.)

Ludovicus, Dei gratia Francorum rex, universis presentes litteras inspecturis, salutem. Noveritis nos cartam dilecti et fidelis nostri Buchardi de Malliaco vidisse in hec verba :

Ego Buchardus, etc. (Comme dans l'acte précédent.)

Nos autem ad ipsius Buchardi petitionem, elemosinam sicut superius annotatur, salvo omni jure, ratum habemus et sigilli nostri munimine roboramus. Actum in obsidione Rupelle, anno Domini millesimo ducentesimo vicesimo quarto, mense julio.

(CARTUL., I, n° 6.)

LXXVIII

Gui de Montfort donne 20 sous sur Gomets.

(Juillet 1224.)

Noverint universi quod ego Guido de Monteforti de assensu et voluntate Brienni, uxoris mee, et Filippi, filii mei, et ceterorum liberorum meorum, dedi in perpetuam elemosinam conventui de Portu Regio, viginti solidos parisiensium percipiendos singulis annis in festo Sancti Remigii, in censibus meis de Gometh. Et ut hoc ratum in perpetuum habeatur, sigilli mei munimine confirmavi. Actum anno Domini millesimo ducentesimo vicesimo quarto, mense julio.

(CARTUL., I, n° 27.)

1. Gui de Montfort, troisième fils de Simon III, seigneur de Breteucourt, veuf d'Helvise d'Ibelin, dame de Tyr, épousa Briende de Beynes, dont deux filles religieuses à Porrois. Le 16 juin 1224, eut lieu la consécration de l'église de Joyenval. Gui de Montfort donna une rente de 100 sous sur Beynes; Bouchard de Marly, 20 sous sur Marly, et Mathieu, 10 sous sur Meulan (Arch. de Seine-et-Oise, fonds de Joyenval.)

LXXIX

L'évêque de Paris adjuge à Port-Royal la dime de Villers à Saclay.

(Septembre 1224.)

B.(artholomenus)[1] permissione divina Parisiensis ecclesie minister humilis, omnibus presentes litteras inspecturis saluten in Domino. Notum facimus quod cum Hugo de Joiaco, miles, teneret decimam quandam in parrochia de Sarcleyo, et oblata fuisset presbytero parrochie illius ut eam redimeret de manu laici, vel reciperet pignori obligatam, ipseque presbyter neutrum fecisse voluisset, cum etiam requisitus fuisset a nobis ut predictam decimam ecclesie parrochiali predicte dimitteret, et ad hoc induci non posset, ipse Hugo, miles, postmodum in manu nostra decimam illam resignavit, fide data supplicans ut eam abbacie de Porrois assignaremus. Nos vero ad petitionem ipsius et instanciam, decimam predictam abbacie assignavimus predicte. Hanc autem resignationem predicte militis et nostram assignationem, domina Margareta, uxor dicti militis, fide prestita, laudavit pariter, et concessit quidquid juris ibidem habebat ratione dotalicii, vel alio modo, eidem abbacie, sub eadem fide quittens in perpetuum. In cujus rei testimonium et memoriam, presentes litteras ad petitionem partium, sigilli nostri fecimus impressione muniri. Actum anno Domini millesimo ducentesimo vicesimo quarto, mense decembri[2].

(CARTUL., I, n° 158; — Copie, Arch. nat., S., 4524.)

1. Barthelémy, élu évêque de Paris en décembre 1223, mourut le 19 octobre 1227.
2. Le clergé s'efforçait, depuis le commencement du xie siècle, à faire disparaître les dîmes inféodées, et, en cas de vente, il prescrivait qu'elles fussent offertes d'abord au curé de la paroisse, puis à un établissement religieux. L'acte suivant montre que Port-Royal les avait payées le bon prix de 170 livres.

LXXX

Bouchard de Marly confirme l'achat de la dîme de Villiers à Hugues de Jouy.

(Septembre 1224.)

Noverint universi quod Hugo de Joiaco, miles, cognomento de Molendino, de voluntate et assensu Margarete, uxoris sue, vendidit monialibus de Portu Regis totam decimam suam apud Vilers in parrochia de Sarcleyo, pro centum septuaginta libris parisiensium. Quam venditionem, ego Buchardus, dominus Malliaci, cum ad feodum meum dicta decima pertineret, laudavi et volui et concessi cum assensu et voluntate Matildis, uxoris mee, et filiorum meorum, Petri et Buchardi et aliorum ut dicte moniales candem decimam in perpetuum possideant libere et quiete. In cujus rei testimonium et confirmationem presentem cartam sigilli mei munimine roboravi. Actum anno Domini millesimo ducentesimo vicesimo quarto, mense septembri.

(Cartul., I, n° 159.)

LXXXI

Louis VIII donne à Porrois une rente de 2 sous 6 deniers par jour.

(1224 à sa mort 1226.)

Mentionné dans le *Nécrologe de Port-Royal*, p. 222.
Dans le relevé des biens de l'abbaye, on lit : « Item habemus apud Parisius in Chastelet quadraginta quinque libras et duodecim solidos et sex denarios, tribus terminis, etc..... ex dono domini regis Francie. » Ce qui répond bien à deux sous et demi par jour.

(Cartul., I, fol. 112 v°.)

LXXXII

(1225.)

Éremberge, quatrième abbesse, morte le 4 octobre vers 1227, consent à admettre en qualité de directeurs spirituels de ses religieuses selon l'ordonnance de l'évêque de Chartres, et des abbés de Savigny et des Vaux-de-Cernay, deux

moines de ce dernier monastère. Elle donna à son abbaye 7 arpents à Noisy de son patrimoine.

(Fisquet, *Diocèse de Paris*, p. 551 ; — et *Nécrologe de Port-Royal*, 389.)

LXXXIII

(1225.)

Gaufridus de Buxeria, miles, et Agnes, uxor ejus, vendent à Porrois leur terre depuis la chaussée du nouvel étang jusqu'à Champgarnier.

(CARTUL., I, n° 181.)

En avril 1262, les cens dus pour ces terres à l'abbaye de Vaux sont rachetés par Porrois (Voir n° CCLXXXIII).

LXXXIV

Amaury d'Issy confirme les dons de Mathieu et Étienne de Meudon.

(Avril 1225-1226.)

Ego Amaricus de Issiaco, miles, notum facio omnibus tam presentibus quam futuris presentes litteras inspecturis quod ego et uxor mea, Odelina, et heredes mei, elemosinam quam ecit defunctus Matheus de Meudon, miles, et Stephanus de Meudon, miles, nepos ipisius Mathei, laudavit et concessit abbacie de Portu Regio de sex sextariis bladi et uno duplario vini et quadam mensura, laudavimus et concessimus eidem abbacie in perpetuum quiete et pacifice, quantum in nobis est, de cetero tenendam et possidendam, promittentes quod contra concessionem istam de cetero venire non attemptavimus. In cujus rei memoriam et testimonium, presentes litteras dicte abbacie sigilli mei impressione dedi roboratas. Actum anno Domini M° CC° XX° V°, mense aprili.

(CARTUL., I, n° 125.)

LXXXV

Mathieu de Marly donne 100 sous de rente sur son quint à Meulan pour une pitance le jour de son anniversaire.

(Mai 1226.)

Noverint universi presentes litteras inspecturi quod ego Matheus de Malliaco, pro salute anime mee, patris, matris, fratrum et progenitorum meorum, donavi in puram et perpetuam elemosinam domui Portus Regis centum solidos parisiensium percipiendos super quintum meum, singulis annis in redditu meo de Mellento, prima die decembris ad faciendum pitanciam in anniversario meo. Et ut hoc ratum in perpetuum perseveret, presentes litteras sigilli mei munimine confirmavi. Actum anno Domini millesimo ducentesimo vicesimo sexto, mense maio.

(CARTUL., I, n° 62.)

LXXXVI

Bouchard de Marly donne une rente de 100 sous sur Meulan.

(Mai 1226.)

Noverint universi quod ego Buchardus, dominus Malliaci, de assensu et voluntate Matildis, uxoris mee, Petri et Buchardi, filiorum meorum, pro salute mea et predictorum M. uxoris mee, P. et B. et aliorum filiorum meorum et maxime pro salute et amore Theobaldi, filii mei primogeniti qui, Dei gratia inspirante, in abbacia Vallium Sarneiensium habitum religionis cisterciensis susceperat, donavi in perpetuam elemosinam domui Portus Regis centum solidos parisiensium percipiendos annis singulis in redditu meo de Mellento prima die junii, quem redditum excambiavit mihi Matheus, frater meus, pro decem libris quas ego habebam in feodo quem dedit comes Mellenti bone memorie domino Matheo patri nostro. Et ut hoc ratum et stabile in perpetuum habeatur, presentes litteras sigilli mei munimine roboravi. Actum anno Domini millesimo ducentesimo vicesimo sexto, mense maio.

(Cartul., I, n° 63 : — Orig., Arch. nat., K., 131, n° 204.)

LXXXVII

Mathieu de Marly confirme les dons de Gervais de Sèvres.

(Mai 1226.)

Ego Matheus de Malliaco, miles, universis presentes litteras inspecturis, salutem in Domino. Notum facimus quod Gervasius de Sevre, in presentia nostra constitutus, ea que ex censiva sua apud Sevre domui Porregii in elemosinam collata sunt, ipse laudavit et in perpetuum habenda et tenenda predicte domui concessit. Unde ad petitionem et instanciam ipsius presentes litteras in testimonium sigilli nostri munimine roboravimus. Actum anno gratie millesimo ducentesimo vicesimo sexto, mense maio.

(CARTUL., I, n° 113.)

1. Un original 9 × 6. S., 4526, n° 17. L'une des parties porte la date juin 1226.

LXXXVIII

Robert d'Esenville donne 7 sous de rente sur sa terre de Crocé.

(Mai 1226.)

Noverint universi quod ego Robertus de Esenvilla, miles, dedi pro salute mea, et genitorum meorum, de assensu Marie, uxoris meo, in perpetuam elemosinam domui Portus-Regis, septem solidos parisiensium percipiendos annis singulis in octabis Sancti Dyonisii in censibus terre mee de Croceio. Et ut hoc ratum permaneat sigilli mei munimine roboravi presens scriptum. Actum anno Dⁿⁱ M°CC°XX°VI°, mense maio.

(Cartul., I, n° 103.)

LXXXIX

Bouchard de Marly confirme la donation de Robert d'Esenville.

(Mai 1226.)

Ego Buchardus, dominus Malliaci, notum fieri volo universis quod Robertus de Esenvilla, miles, dedit pro salute anime sue, etc. (Comme dessus.)..... terre sue de Croceio. Quam donationem quoniam de feodo meo erat, ego dictus Buchardus laudavi, volui et concessi, et ad perpetuam firmitatem obtinendam sigilli mei munimine roboravi. Actum anno Domini M°CC°XX°VI°, mense maio.

(Cartul., I, n° 104.)

XC

Jeanne de Chaumont abandonne ses droits sur les vignes acquises pour l'abbaye dans la censive de Sèvres.

(Octobre 1226.)

Universis presentes inspecturis, Johanna de Calvomonte salutem in Domino. Noverint universi quod ego Johanna de Calvomonte pro remedio anime mee concedo monialibus de Porregio vineas acquisitas censiva de Sevre in qua quartam partem habeo, et quidquid in dicta censiva acquirere potuerint in perpetuum quiete et pacifice possidere. Et ne dictas moniales super hoc contingat indebite molestatione vexari, sigillo meo presentes litteras roboravi. Actum anno Domini M° CC° XX° VI°, mense octobri.

(CARTULAIRE, I, n° 209.)

XCI

Mathilde, veuve de Bouchard de Marly, et ses fils Pierre et Bouchard confirment le don fait par lui de 100 sous de rente sur Meulan.

(Novembre 1226.)

Stephanus, archidiaconus Parisiensis, universis presentes litteras inspecturis, salutem in domino. Notum vobis facimus quod, constituti in nostra presentia, Matildis, relicta defuncti Buchardi de Malliaco, Petrus et Buchardus, filii ejus, voluerunt et concesserunt, fide prestita corporali in manu nostra, ut moniales Portus Regis habeant et pacifice in perpetuum possideant centum solidos parisiensium quos contulit eis predictus Buchardus, percipiendos singulis annis in redditu suo de Mellento; prima die junii, sicut in carta ejusdem Buchardi vidimus contineri. In cujus rei memoriam, testimonium et munimen, ad petitionem ipsorum, presentes litteras fecimus annotari et sigilli nostri munimine roborari. Actum anno gratie millesimo ducentesimo vicesimo sexto, mense novembri.

(CARTUL., I, n° 64.)

XCII

Sous la date de mai 1227, la confirmation du don de Robert d'Ezanville donnée sous le numéro 89. Bouchard père étant mort avant novembre 1226, si l'acte est de mai 1227, il est de son fils du même nom.

XCIII

Simon de Neaufle donne ce qu'il possède dans la dîme de Saint-Rémy-l'Honoré.

(1227.)

Ego Simon, Castellanus de Nealpha, notam facio universis quod de assensu Phanie, uxoris mee, et Symonis, filii mei primogeniti, dedi pro salute anime mee et predicte Phanie, uxoris mee, et Symonis, filii mei, et omnium amicorum meorum, in puram et perpetuam elemosinam domui Portus-Regis quidquid habebam in decima ville Sancti Remigii juxta Altam Brueheriam. Et ut hoc ratum habeatur, sigilli mei munimine roboravi presens scriptum. Actum anno Domini millesimo ducentesimo vicesimo septimo.

(CARTUL., I, n° 44; — Archives nat., Copie.)

1. Simon IV de Neaufle suivit Simon de Montfort à la quatrième croisade. Prit en 1213 le titre de châtelain de Neaufle. Plusieurs chartes de lui, de 1206 à 1220, dans le cartulaire des Vaux-de-Cernay. En août 1220, donne à Notre-Dame-de-la-Roche 5 sous de vente sur Saint-Rémy. Sa femme, Fennie, était veuve en 1229.

XCIV

Simon des Bordes assigne sur son clos des Bordes à Verneuil le muid de vin et les 5 sous légués à Port-Royal par sa mère Eustachie.

(Octobre 1227.)

Ego Simon de Bordis, miles, notum fieri volo universis quod bone memorie mater domina mea Eustachia, dedit in perpetuam elemosinam conventui Portus Regis unum modium vini et quinque solidos annui redditus. Quam donationem volui et concessi et assignavi dictum modium vini percipiendum singulis annis in clauso meo de Vernolio, et assignavi predictos quinque solidos in censu vinearum mearum de Bordis in festo Sancti Martini hyemalis. Et ut hoc ratum in posterum habeatur, sigilli mei munimine roboravi. Actum anno Domini millesimo ducentesimo vicesimo septimo, mense octobri.

(Cartul., I, n° 77.)

XCV

Mathieu de Montmorency, connétable, confirme les dons faits sur le revenu de Meulan par son oncle Mathieu, seigneur de Marly, et ses cousins Bouchard et Mathieu.

(Décembre 1227.)

Noverint universi presentes pariter et futuri quod nos Matheus, dominus Montismorenciaci, et constabularius Francie, bono animo concedimus elemosinas quas bone memorie Matheus de Monte Morenciaco, patruus noster, et charissimi consanguinei nostri Buchardus et Matheus de Malliaco, filii ejusdem Mathei, fecerunt in feodo nostro de Mellento, sicut in litteris ipsorum, confectis super hoc, continetur, videlicet quinquaginta libras parisiensium. Et ut hoc ratum in perpetuum habeatur, sigilli nostri munimine roboramus. Actum anno Domini millesimo ducentesimo vicesimo septimo, mense decembris.

(Cartul., I, n° 69.)

XCVI

Pierre de Clagny accense la vigne de la Pointe donnée par Guillaume Point-l'Asne.

(Janvier 1227-1228.)

Noverint quod ego Petrus de Claeneio de assensu Roberti, fratris mei, et sororum mearum Odeline et Aalix, laudavi, volui et concessi quod moniales Portus Regis teneant sine contradictione vineam que vocatur la Pointe que est de censiva mea, quam donavit eisdem Guillelmus cognomento Point-l'Asne ; tali tamen conditione quod ego Petrus retinui totam decimam vinee tanquam meam et pressoragium ; ita quod vindemia dicte vinee singulis annis adducetur ad pressorium apud Floreiam et insuper dicte moniales reddant mihi et heredibus meis singulis annis in festo Sancti Remigii sex solidos censuales pro eadem vinea. Et ut hoc ratum in perpetuum habeatur, sigilli mei munimine roboravi. Actum anno Domini millesimo ducentesimo vicesimo septimo, mense januarii.

(Cartul., I, n° 131.)

XCVII

L'évêque de Paris confirme l'acte précédent.

(Février 1228-1229.)

Guillelmus Dei gratia Parisiensis episcopus, omnibus presentes litteras inspecturis, salutem in Domino. Notum vobis facimus quod nos litteras domini Petri de Claeneio sigillo suo sigillatos vidimus et inspeximus in hac verba. Noverint universi..... Actum anno Domini millesimo ducentesimo vicesimo septimo, mense januarii. Insuper dictus Guillelmus Point-l'Asne confessus est coram nobis se donavisse in puram et perpetuam elemosinam predictis monialibus vineam supradictam. Nos autem in hujus rei memoriam et confirmationem, presentes litteras sigilli nostri munimine fecimus roborari. Actum anno Domini millesimo ducentesimo vicesimo octavo, mense februario.

(CARTUL., I, n° 132.)

XCVIII

Odeline veuve d'Ingorrent de Sèvres donne 4 arpents de vigne à Sèvres.

(1228.)

Noverint universi quod ego Odelina de Sevre donavi in puram et perpetuam elemosinam domui Portus-Regis, pro anima bone memorie domini Ingorranii, quondam mariti mei, et pro salute meo et liberorum meorum et maxime pro amore Margarite filie mee, que in eadem domum habitum religionis assumpserat, quatuor arpentos vinee in clauso meo de Sevra jure perpetuo possidendos ita tamen quod de singulis arpentis reddentur michi et heredibus meis duo denarii censuales singulis annis in festo Sancti Remigii, et insuper vindemia predicta vinee adducetur ad pressorium meum de Sevre. Si vero habitatores predicti loci, videlicet Portus Regis, fecerint quod liceat dictis monialibus in territorio de Sevra pressorium facere, ego dicta Odelina concedo illis vindemiam ejusdem vinee sibi elemosinate territorio Sevre ad pressorium ducere et ibi pertinere quiete et libere. Hanc autem donationem laudaverunt filii mei Gervasius primogenitus, Rogerus et Symon ad quos jure hereditario donatio pertinebat et mecum fecerant tam ego quam ipsi donationem obtulimus cum libro super altare Portus Regis. In cujus testimonium ego Odelina cum predicti filii G. R. et Symon, nondum milites erant, necdum sigilla habebant, de voluntate eorum presentem cartam sigilli mei munimine roboravi. Actum anno Domini millesimo ducentesimo vicesimo octavo.

(Cartul., I, n° 120.)

XCIX

Simon des Loges et Nicolas de Moustiers donnent une dîme à Montigny.

[Mai (?) 1228.]

Noverint universi quod nos Simon de Logiis et Nicholaus de Monasteriis, milites, de voluntate et assensu uxorum nostrarum Aales et Juliana, donavimus in puram et perpetuam elemosinam domui Portus Regis, pro salute nostra et sororum nostrarum et maxime pro salute et amore Sanceline matertere nostre, qui in eadem domo habitum religionis sumpserat, totam decimam quam nos comparavimus a Matilde de Monasterio, et sita est in territorio Montingniaci, jure perpetuo possidendam. Quod utratum in perpetuum habeatur, ego predictus Symon ad voluntatem et petitionem dicti Nickolai qui homo meus erat et sigillum non habebat, presentem cartam sigilli mei munimine roboravi. Actum anno Domini millesino ducentesimo vicesimo octavo, mense marcio (mense maio?).

(CARTUL., I, n° 46.)

Il faut probablement lire *mense maio*, ce don ayant été confirmé par l'évêque de Chartres, en juillet 1228.

C

Renaud de Montigny confirme l'acte précédent.

(Mai? 1228.)

Noverint universi quod ego Reginaldus, miles de Montingniaco, laudavi, volui et concessi elemosinam quam Symon de Logiis et Nicholaus de Monasteriis, milites fecerunt domui Portus Regis de decima quam comparaverant a Matilde de Monasterio, que sita est in territorio Montigniaci et est in feodo meo, jure perpetuo possidendam. Quod ut ratum in perpetuum habeatur, presentem cartam sigilli mei munimine roboravi. Actum anno Domini millesimo ducentesimo vicesimo octavo, mense marcio (mense maio?).

(CARTUL., I, n° 47.)

La confirmation de l'évêque de Chartres, en juillet 1228, donne à croire que l'acte, comme le précédent, doit être daté du mois de mai précédent.

CI

L'évêque de Chartres confirme les dons de dimes faits par Simon et Neaufle, Simon des Loges et Nicolas de Moustiers.

(Juillet 1228.)

G(alterus) divina miseratione Carnotensis ecclesie minister humilis, omnibus presentes litteras inspecturis, saluten in Domino. Noverit universitas vestra quod nos concessimus et confirmavimus dilectis in Christo filiabus abbatisse et conventui Portus Regis decimam quam eis donavit Symon, castellanus de Nealpha, sitam in parrochiam Sancti Remigii sitam juxta Altam Brueriam et decimam quam Simon de Logiis et Nicholaus de Monasteriis, milites, donaverunt eisdem, sitam in parrochia de Montigniaci prope abbatiam monialium eorumdem. In cujus rei testimonium et munimen presentes litteras sigillo nostro fecimus roborari. Actum anno gratie millesimo ducentesimo vicesimo octavo, mense julio.

(CARTUL., I, n° 45.)

CII

Pierre de Voisins confirme le don de sa sœur Sibille de 10 setiers de blé sur la dime de Maule.

(Juillet 1228.)

Universis Christo fidelibus ad quos presentes litteras pervenerint, ego Petrus de Vicinis, miles, in Domino salutem. Noverit universitas vestra quod donum decem sextariorum bladi in decima Manlie quos dilecta soror mea Sibilla dedit in elemosinam domui de Porrois ratum et gratum habeo et per meas litteras presentes concedo et confirmo donum predictum, sigilli mei roboratas. Actum anno Domini millesimo ducentesimo vicesimo octavo, mense julio.

(Cartul., I, n° 34.)

CIII

L'évêque de Chartres confirme le don d'Eudes Pelu d'une dime à Bailly et celui de 10 setiers de blé de rente sur la dime de Maule fait par Tiduin de Balemont.

(Août 1228.)

G.(alterus) divina miseratione Carnotensis ecclesie minister humilis, omnibus presentes litteras inspecturis salutem in Domino. Noverit universitos vertra quod nos concessimus et confirmavimus dilectis in Christo filiabus monialibus Portus Regis decimam quam eis donaverunt bone memorie dominus Odo, cognomento Pelu et domina Odelina, uxor ejus, sitam in parrochia de Baalli ; et decem sextarios bladi quos dederunt eisdem monialibus bone memorie dominus Tiduinus de Balemont [1] et domina Sibilla, uxor ejus, in decima Maulie. In cujus testimonium et munimen presentes litteras sigillo nostro fecimus roborari. Actum anno gracie millesimo ducentesimo vicesimo octavo, mense augusto.

(CARTUL., I, n° 33.)

1. Peut-être Basemont ?

CIV

Accord entre Marguerite, abbesse de Porrois, et Nicolas, prieur de Chevreuse.

(Novembre 1228.)

(CARTUL., 1, fol. 74 v°.)

Copié dans le manuscrit des chartes de Chevreuse, à Rambouillet.

CV

Simon de Sèvres confirme tous les biens que l'abbaye possède dans son fief.

(Février 1228-1229.)

Noverint universi quod ego Symon de Severa et assensu et voluntate Clementie, uxoris mee, et Hugonis, filii mei primogeniti, laude, volo et concedo omnia quecumque moniales Portus Regis acquierunt apud Severam et ad me pertinent, sive per censivam, sive per feodos, usque ad presens tempus, et ut possideant jure perpetuo, salvis redditibus meis. Actum anno Domini M°CC°XX°VIII°, mense februario.

(CARTUL., I, n° 116.)

CVI

Pierre de Clagny[1] approuve le don de la vigne de la Pointe fait à Porrois par Guillaume Point-l'Asne[2].

(Janvier 1227-1228.)

Noverint universi ego Petrus de Claeneio, de voluntate et assensu Roberti, fratris mei, et sororum mearum Odeline et Aaliz, volui et concessi quod moniales Portus Regis teneant et possideant in perpetuum sine omni contradictione vineam que dicitur La Pointe, que est de censiva mea, quam vineam dedit eisdem monialibus Guillelmus, cognomento Point-l'Asne; tali tamen conditione quod ego dictus Petrus retinui totam decimam vinee et pressoragium ita quod vindemia dicte vinee singulis annis adducetur ad pressorium apud Floreium[3]. Et insuper dicte moniales reddent mihi et heredibus meis singulis annis in festo Sancti Remigii sex solidos parisiensium censuales pro eadem vinea. Et ut hoc ratum in perpetuum habeatur sigilli mei munimine roboravi. Actum anno Domini millesimo ducentesimo vigesimo septimo, mense januarii.

(CARTUL., I, 131.)

1. Clagny, faubourg de Versailles.
2. Le fief de la Cour-Point-l'Asne était à Charonne. En 1228, Guillaume Point-l'Asne, riche bourgeois de Paris, fonda, dans l'église Saint-Eustache de Paris, la chapellenie Saint-André, fief dont dépendaient trois rues (Lebeuf, I, 61).

CVII

Confirmation par l'évêque de Paris de l'acte précédent.

(Février 1228-1229.)

Guillelmus, Dei Parisiensis episcopus..... Notum vobis facimus quod nos litteris dⁿⁱ Petri de Claeneio, sigillo suo sigillatus vidimus in hec verba. Noverint, etc..... Insuper dictus Guillelmus Pointlane confessus est coram nobis se donavisse in puram elemosinam predictis monialibus predictam vineam. Nos autem in hujus rei memoriam et confirmationem, presentibus litteris sigilli nostri munimine fecimus roborari. Actum anno Dⁿⁱ millesimo ducentesimo octavo, mense februario.

(CARTUL., n° 133.)

CVIII

Mathieu de Marly confirme la donation de Thomas, maire de Verneuil.

(Avril 1228-1229.)

Ego Matheus de Malliaco, miles, notum facio presentibus et futuris presentes litteras inspecturis quod Thomas, major de Vernolio et Richeudis, uxor ejus, dederunt et concesserunt in puram et perpetuam elemosinam domui monialium

Portus regii, cisterciensis ordinis, dimidium arpentum vinee in territorio Vernolii prope Rollart et in censiva nostra site, quam vineam dicti Thomas et Richeudis de puro conquestu suo acquirentes emerunt. Quod ut ratum permaneat et firmum perseveret presentes litteras sigilli mei munimine roboravi. Actum anno Domini millesimo ducentesimo vicesimo octavo, mense aprili.

(CARTUL., I, n° 76.)

CIX

Nicolas d'Andresi confirme le don de Galeran de Mézy.

(Avril 1228-1229.)

Noverint universi quod ego Nicolaus de Andresi, miles, laudavi et concessi quod conventus Portus Regis jure perpetuo possideat elemosinam quam dedit ei Galeranus de Meriaco; videlicet quamdam domum sitam apud Vernoliam, cum porprisio et omnibus rebus appendentibus, redditu, terra, vinea, pro quibus dictus conventus reddet mihi singulis annis decem solidos censuales in festo Beati Martini hyemalis. Et hoc ratum in perpetuum habeatur, presens scriptum sigilli mei munimine roboravi. Actum anno Domini millesimo ducentesimo vicesimo octavo, mense aprilis.

(CARTUL., I, n° 74.)

CX

Mathieu de Marly confirme, après Nicolas d'Andresi et Dreux de Hanches, le don fait par Galeran de Mézy.

(Avril 1228-1229.)

Nos Matheus de Malliaco notum fecimus universis quod Galeranus de Mesiaco donavit in puram et perpetuam elemosinam domus Portus Regis pro salute sua et bone memorie Guiburgis, uxoris ejus, quamdam domum apud Vernolium cum omni proprisia sua et omnibus rebus appendentibus, videlicet redditu, terra vinea, que omnia dicti Galeranus et Guiburgis habebant de proprio conquestu. Hanc donationem concesserunt dominus Nicholaus de Andresi de cujus censiva predicta domus erat, et dominus Droco de Hanchis de cujus feodo omnia predicta erant. Nos vero dictus Matheus qui capitalis et superior dominus eramus, et de quo predicta omnia capitaliter movebant predictam donationem concessimus predicti domui jure perpetuo possidendam. Et ut hec omnia ratum in perpetuum habeantur, presentem cartam sigilli nostri munimine roboramus. Actum anno D^{ni} millesimo ducentesimo vicesimo octavo, mense aprili.

(Cartul., I, n° 73.)

CXI

Germond des Pastis donne une rente de 20 sous chartrains.

(Mai 1229.)

Noverint universi quod ego Germundus de Pasticiis, miles, de voluntate et assensu Ade, uxoris mee et Johannis, filii mei primogeniti, pro salute amine mee et predictorum Ade et Johannis et omnium amicorum meorum, donavi in puram et perpetuam elemosinam conventui Portus Regis viginti solidos carnotensium, percipiendos singulis annis in octabis Sancti Remigii, in proventibus terre mee. Et ego dictus Germundus mando et precipio quantum possum ballivo meo cui ego commisi curam et custodiam terre mee quatinus ipse reddat predictos viginti solidos termino supra scripto, nuncio predicti conventus, sine contradictione et dilatione, donec ego fecerim certam assignationem de predictos viginti solidos in aliquo redditu vel certo loco. Et ut hoc ratum habentat in perpetuum, presentem cartam sigilli mei munimine roboravi. Actum anno Domini millesimo ducentesimo vicesimo nono, mense maio.

(CARTUL., 1, n° 48.)

En 1230, Guillaume du Paty, *de Pasticio*, tient sa maison à Hanches, du comté de Montfort.

CXII

Jean d'Auneau garantit le bail de 2 bovées de terre à Voise, données par lui à Port-Royal.

(Juillet 1229.)

Ego Johannes de Alneolo, miles, notum facio tam presentibus quam futuris quod Margarita, abbatissa Portus Regii, totusque ejusdem conventus, exitus et redditus duarum bovetarum terre que site sunt in territorio de Voisia quas ego dederam eisdem monialibus in perpetuam elemosinam, Balduino de Proevilla et Vincentio majori de Blonvilla tradiderunt pro centum solidis carnotensium singulis annis in festo Sancti Dyonisii dictis monialibus vel eorum nuncio persolvendis. Ita tamen quod uterque illorum pro sua boveta quinquaginta solidos dicto termino reddere tenebitur, tali conditione quod si alter vel ambo defecerent in reddendo termino supradicto, ille per quem defectus evenerit, vel ambo, si ambo defecerint, servienti monialium quamdiu defectus redditionis durabit pro expensis singulis diebus sex denarios carnotenses reddere tenebantur. Quia vero ego Johannes mihi et heredibus meis, de assensu monialium in predictis rebus retineo dominationem totam, videlicet justiciam, revocationes, venditiones, tam ego quam heredes mei, si quid fuerit defectus in redditione dicte pecunie jam dictis monialibus restituere tenebimur, et perficere quod fuerit imperfectum. In cujus rei testimonium et perpetuam firmitatem presentes litteras feci sigilli mei munimine roborari. Actum anno gracie millesimo ducentesimo vicesimo nono, mense julio.

(CARTUL., 1, n° 23.)

CXIII

Vidimus par l'évêque de Chartres, en avril 1232, de la charte précédente.

Galterus, divina miseratione Carnotensis ecclesie minister humilis omn. pr. litt. inspecturis salutem in Domino. Novaritis quod nos cartam domini Johannis de Alneolo, sigillo ipsius sigillatam vidimus in hec verba. Johannes de Alneolo, miles, etc. (Comme dessus.)..... M° CCC° vicesimo nono, mense julio.

Insuper dictus Johannes et filii ipsius Johannes et Joscelinus, nec non et predicti Balduinus de Proevilla et Vincentius, major de Blouvilla, in presentia nostra constituti, fide interposita promiserunt quod nulli modo venient de cetero contra ista, sed omnia sicut scripta sunt bona fide firmiter observabant. Nos igitur ad petitionem illorum presentes litteras in testimonium et munimen sigilli nostri appensione roboravimus. Actum anno gracie millesimo ducentesimo tricesimo secundo, mense aprilis.

(CARTUL., I, n° 24.)

CXIV

Bulle du pape Grégoire IX.

(Juillet 1229.)

Gregorius[1] episcopus, servus servorum Dei, dilectis in Christo filiabus abbatisse et conventui monasterii Portus-Regii Cisterciensis ordinis salutem et apostolicam benedictionem. Cum a nobis petitur, quod justum est et honestum, tam vigor equitatis quam ordo exigit rationis, ut id per sollicitudinem officii nostri ad debitu perducatur effectum, ea propter, dilecte in Christo filie, vestris justis postulationibus grato concurrentes assensu personas vestras et monasterium in quo divino estis obsequio mancipite cum omnibus bonis que in presenti rationabiliter possidetis, aut in futurum justis modis prestante Domino potueritis adipisci, sub beati Petri et nostra protectione suscipimus, specialiter autem terras, possessiones, redditus et alia bona vestra, sicut ea omnia juste ac pacifice possidetis, vobis et per vos dicto monasterio *(fol. 109)* vestro auctoritate apostolica confirmamus et presentis scripti patrocinio communimus, dictrictius inhibentes ne quis de terris ante generale concilium acquisitis vel de novalibus quas propriis manibus aut sumptibus colitis seu de vestrorum animalium nutrimentis decimas a vobis exigere vel extorquere presumat. Nulli ergo omnino hominum liceat hanc paginam nostre confirmationis infringere vel ei ausu temerario contraire. Si quis autem hoc attemptare presumpserit, indignationem Dei omnipotentis et Beatorum Petri et Pauli apostolorum ejus se noverit incursurum. Datum Pirusii nonas Julii, pontificatus nostri anno III°.

1. Grégoire IX, élu le 19 mars 1227. (Cartul., 1, fol. 108.)

CXV

Marguerite, abbesse de Porrois, reconnait devoir au prieuré de Breteucourt 2 setiers de blé sur la dime de Mefhen- Mes *debout du don de feu Hugues de Saint-Hilarion.*

(Mars 1229-1230.)

Noverint universi quod nos Marguarita abbatissa[1] et conventus Portus regis tenemur reddere singulis annis ecclesie Beati Martini de Bertodicuria duos sextarios bladi in decima nostra de Mehendebot de helemosina beate memorie Hugonis de Sancto Hilario. Et ut hoc ratum habeatur presentem paginam sigillo nostro roboramus. Actum anno Domini M° CC° XX° IX°, mense marcio.

Archives d'Eure-et-Loir. Original 8 × 4 centimètres. Lacs de parchemin. Sceau en cire blanche. Abbesse debout, légende fruste (Copie de M. A. Moutié). Aux mêmes archives, autre copie dans les mêmes termes, avec la variante : Johanne de sancto Hilario.

M. Montié donne, dans son *Atlas des Vaux-de-Cernay* (pl. IV, n° 8), un sceau de Port-Royal qui est peut-être le même et qui pend à un acte de 1239, donné p. 358 du *Cartulaire des Vaux-de-Cernay*. Il est en cire verte sur lacs de soie verte et rouge. L'abbesse debout tient sa crosse et un livre. Légende : S. ABBATISSE DE PORTUREGIO.

Quoique fort semblable, il ne peut être confondu avec

celui donné dans l'*Inventaire des Sceaux des Archives nationales*, sous le numéro 9251 appendu à un acte de 1265, dont la légende est différente et qui présente un contre-sceau à l'aigle héraldique avec la légende *Castrasigillum abbatie de Porrois*.

1. Marguerite succéda, en 1227, à Eremburge, assista en 1230 à la consécration de l'église du monastère et mourut vers 1245.

CXVI

L'évêque de Chartres confirme le don fait par Eudes de Tiverval de 2 muids de blé de rente sur Jouy-sur-Eure et celui d'une dîme à Obville, par Germond du Pastis.

(Avril 1229-1230.)

G.(alterus) divina miseratione Carnotensis ecclesie minister humilis, omnibus presentes litteras inspecturis salutem in Domino. Noverit universitas vestra quod nos concessimus et confirmamus dilectis filiabus in Christo nostris, abbatisse et conventui Portus Regis duos modios bladi, unum hybernagii et unum avene quos donaverunt eis Odo de Tiverval et Tecla, uxor ejus, in decima sua que sita est in parrochia Joiaci, nec non et decimam quam donavit eis Germundus de Pasticiis, miles, apud Albam villam[1] et in Mansis[2]. In cujus concessionis et confirmationis testimonium et munimen presentem cartam sigillo nostro fecimus roboravi. Actum anno Domini millesimo ducentesimo vicesimo nono, mense aprili.

(Cartul., I, n° 49.)

1. Obville, hameau d'Allainville (Seine-et-Oise).
2. Peut-être Maisons-en-Beauce.

CXVIII

Échange de Porrois avec Guy de Chevreuse.

(Avril 1230.)

Gui de Chevreuse donne divers biens à Porrois en échange d'un muid d'hibernage sur la Barre, près Chevreuse, qui leur avait été donné par sa sœur Cécile, dame d'Aunay-les-Bondy, veuve de Robert Mauvoisin.

(Copie : Manuscrit sur Chevreuse.)

Cécile avait reçu en dot de son frère 40 livres de rente sur Francourville (canton d'Auneau, Eure) qu'elle échangea avec lui, en novembre 1208, contre ce qu'il avait à la Barre, et 28 livres sur la prévôté de Chevreuse, dont elle partage 10 livres entre divers monastères, sur lesquelles, en 1216, elle attribue 20 sous à Porrois.

CXIX

Mort de Frère Guérin, évêque de Senlis,
pour lequel fut bâtie la chapelle de notre infirmerie.

(17 avril 1230.)

(*Nécrologe*, 163.)

CXX

Devant l'évêque de Paris, Robert San-Nape approuve le don de Jeanne d'Orsigny.

(Mai 1230.)

Willelmus divina permissione Parisiensis ecclesie minister indignus, universis presentes litteras inspecturis in Domino salutem. Noverit universitas vestra quod Robertus Sinenapis, miles, in nostra presentia constitutus, concessit pariter et laudavit donationem quam fecerat... filia Rolandi de Ossenies defuncti, abbatie monalium de Porresio Cistertiensis ordinis et quod contra donationem ipsam et laudationem suam, per se, vel per alium, nunquam veniret, in manu nostra fidem prestitit corporalem. De hoc etiam tenendo et firmiter observando Margarita, uxor dicti Roberti militis, fidem dedit corparalem in manu B. presbyteri de Sarcleio, ad hoc a nobis specialiter missi, sicut idem presbyter nobis per litteras suas intimavit. In cujus rei memoriam et testimonium presentes litteras sigilli nostri impressione fecimus muniri. Actum anno Domini M°CC° tricesimo, mense maio.

(Arch. Nat., S., 4526, n° 16, orig., double queue, traces de sceau.)

1. Guillaume d'Auvergne, évêque de Paris de 1227 à 1249.
Robertus Sinenapis de Sancto-Ciryaco était vassal de Philippe-Auguste pour la moitié des Loges-sous-Rochefort, etc., et devait deux mois de garde à Montlhéry (*Hist. de Fr.*, XXIII, 673).

CXXI

Accord sur les dimes de Chagny avec le curé d'Escrones.

(Juin 1230.)

Omnibus presentes litteras inspecturis G... decanus et H... Blesensis archidiaconus Carnotenses, salutem in Domino. Noverint omnes quod cum Milo, presbiter de Scronis, traxisset in causam, auctoritate apostolico, coram nobis, abbatissam et conventam de Porregio petens ab eis nomine ecclesie sue decimas terrarum quas ipse possident in territorio de Chahengnai sibi reddi, jure parrochiali cum dicte terre novalia essent site infra metus parrochie de Scronis; et dicte moniales responderent quod cum sint Cistercienses privilegiatos sunt in hoc quod de hiis que propriis manibus vel sumptibus excolunt, decimas solvere non tenentur, et ipse dictas terras propiis sumptibus ad culturam redigi faciunt; quare dicto presbytero dictas decimas reddere non tenebantur. Ad quod dictus presbiter replicando dicebat quod dicte abbatissa et conventus dictas terras a nobili viro Buchardo de Malliaco bone memorie reciperant; ipse Buchardus ante translationem domini al culturam redegit usque ad septem modios et dimidium semeure, et petebat quod saltem de terris illis sibi decime redderentur, et ad hoc probandum testes produxit. Tandem de bonorum virorum consilio talis pax fuit inter eos reparata quod dicte a. et c. dicto presbitero et suis successoribus dederint septem arpenta terre ad Beate Marie in perpetuum nomine ecclesie de Scronis possidenda; et dictus presbites dictam abbatiam quitavit a decimis quas a dictis reclamabat, quoniam diu propriis sumptibus terras supradictas coluerent. Reverendo patre ac domino G... Carnotensi episcopo, et venerabili viro Stephano Carnotensi archidiacono et patrono dicte ecclesie, approbantibus pacem istam. Et cujus rei noticiam et testimonium, ad instanciam utriusque partis, presentes litteras notari fecimus et sigillorum nostrorum munimine roborari. Actum anno Domini millesimo ducentesimo tricesimo, mense junio.

(CARTUL., I, n° 12.)

Guill. de la Ferté, doyen 1224, évêque 1234, nommé évêque 1218, mais refusé par Honorius III comme trop ignorant ; doyen intérimaire ? Henri de Grés, archevêque de Blois, mentionné 1131 (Merlet, *Dignitaires du chapitre*).

CXXII

Consécration de l'église de Porrois.

(25 juin 1230.)

Grégoire IX, élu pape le 19 mars 1227, donne, en juillet 1229, une bulle en faveur de Porrois et une seconde accordant des indulgences pour la dédicace de l'église.

(*Nécrologe*, p. 345.)

CXXIII

Amaury, comte de Montfort, confirme le don de son père, Simon, à Porrois.

(1230 à 1240.)

Cette confirmation est mentionnée dans l'acte de 1248, où son fils Jean donne le domaine du Petit-Porrois ou de Pourras aux Brevières en échange du don fait par son père et son grand-père.

CXXV

Royer de Ville-d'Avray confirme le don de la vigne de Neffliers par Adam Roussel.

(Février 1230-1231.)

Ego Rogerius de Villa d'Avrai, miles, universis presentes litteras inspecturis notum fieri volo quod de voluntate et assensu B..., uxoris mee, volo et concedo quod moniales de Portu Regis teneant libere vineam de Nefliers in territorio de Sevre, quem dedit eis Adam Rossel. Dicte autem moniales reddent mihi et heredibus meis singulis annis in festo Sancti Remigii pro eodem vinea XII denarios censuales et tres denarios et unum obolem pro custodia et unum obolem pro tortello, salvis consuetudinibus quas dictus Adam mihi pro dicta vinea solebat reddere. Ego autem et heredes mei eamdem vineam dictis monialibus tenemur garandire. Et ut hoc ratum et stabile in perpetuum perseveret, presentem cartam sigilli mei munimine roboravi. Actum anno Domini M° CC° XXX°, mense februario.

(CARTUL., I, n° 177.)

Cette charte est cancellée comme n'ayant plus d'intérêt.

CXXVI

Philippe de Montfort donne à Porrois 15 livres de rente sur la Ferté-Aleps.

(Mars 1230-1231.)

Noverint universi presentes pariter et futuri quod ego Philippus de Monteforti, contuli et concessi De et domui Porregii et sanctimonialibus Deo ibidem servientibus quindecim libratas redditus monete parisiensis quas assideo predictis sanctimonialibus in prepositura mea de Feritate-Aales percipiendos annatim per manus prepositi quicumque fuerit; scilicet centum solidos ad dominicam Brandonum, et decem libros ad nativitatem Beati Johannis Baptiste; tali scilicet conditione quod prepositus ejusdem ville quicumque fuerit pro tempore persolvet de suo proprio quinque solidos ejusdem monete pro pena monialibus, pro quocumque die dictos denarios dettinuerit ultra terminos pretaxatos. Actum Pomer[1] anno Domini MM° CC° XXX° primo, mense marcio.

(CARTUL., I, 255.)

1. Probablement à la Pommeraie près Rambouillet.

CXXVII

Jean Le Roy de Rambouillet donne en gage sa dime de Sainte-Escobille.

(Mai 1231.)

Omnibus presentes litteras inspecturis G (alterus) divina permissione Carnotensis minister humilis, salutem in Domino. Noveritis quod constitutus in nostra presentia, Johannes, dictus rex de Rambouilleto, fide data, pignori obligavit ecclesie de Porrois, pro quinquaginta quinque libris parisiensium totam decimam suam de Sancto Scubiculo, ab eadem ecclesia quandiu pignus duraverit percipiendam pacifice et habendam de marcio in marcium ad petitionen partis quam primo poterit redimendam. Hanc autem in pignorationem Germundus de Marolio, miles, de cujus feodo predicta movet decima, fide data coram nobis laudavit et concessit et super hoc plegium se constituit et garantizatorem de hac impignoratione tenenda. Robertus de Praella, Joucelinus, frater ejus, Albinus de Botiniaco, et Symon de Assidii, milites, coram nobis, fide data, se constituerunt plegios quilibet in solidum. In cujus rei testimonim presentes litteras sigilli nostri fecimus impressione muniri. Datum anno domini millesimo ducentesimo tricesimo primo, mense maio.

(CARTUL., I, n° 56.)

CXXVIII

Amaury, comte de Montfort, confirme le don de Philippe de Montfort sur la Ferte-Alais.

(Juillet 1231.)

Nos Amauricus, comes Montisfortis, Francie constabularius, notum fecimus presentibus et futuris quod nos litteras dilecti ac fidelis nostri Philippi de Monteforti, consanguinei nostri perpeximus et vidimus in his verbis : Noverint universi, etc..... (Comme au n° 126.)

Nos autem hanc elemosinam laudamus, volumus, et per appositionem sigilli nostri confirmamus. Actum anno Domini M° CC° XXX° primo, mense julio.

(CARTUL., I, 254.)

CXXIX

Bouchard, seigneur de Montmorency, donne une confirmation générale des dons faits à Porrois par sa famille.

(1231.)

Cette confirmation est identique à celle donnée par son père Mathieu, le connétable, en décembre 1227, et donnée ci-devant n° 95.

(Arch. nat., K., 181, n° 206.)

CXXX

Aimery, vicomte de Narbonne, confirme le don d'une rente de 100 sous faite par feu Marguerite de Marly, sa femme, et la remise d'un cens de 60 sous pour l'entrée aux couvent de Marguerite, sa filleule.

(Janvier 1231-1232.)

Ego Americus, Dei gratia vicecomes Narbone, notum facio omnibus presentes litteras inspecturis quod ego et felicis memorie Margareta, quondam uxor mea, dedimus in puram et perpetuam elemosinam monialibus Porregii C solidos parisiensium annui redditus in censu quem habemus apud Quarrerias ex parte dicte Margarete in festo Sancti Remigii annuatim percipiendos. Preterea dedimus dictis monialibus pro Margareta, nepte Roberti de Essenviller, militis, que erat filiola dicte Margarete, uxoris nostre, LX solidos parisiensium pro quibus dicte moniales tenent quandam vineam apud Malliacum que vocatur La Crote. Et hoc factum fuit postquam recepte fuerant in moniales et sorores filia nostra Aelisis et Margareta filiola uxoris nostre. Actum anno Domini M° CC° XXX°I°, mense januario.

(CARTUL., l. n° 98.)

CXXXI

Simon des Loges donne 1 muid de méteil sur sa grange de Montigny, à l'abbaye des Vaux-de-Cernay.

(2 février 1231-1232.)

Noverint universi presentes pariter et futuri quod ego Simon de Logiis, miles, pro salute anime mee et antecessorum et omnium amicorum meorum, de voluntate et assensu Aales, uxoris mee, Willelmi et Nicolai, fratrum meorum, dedi in puram et perpetuam elemosinam monachis Vallium Sarnaii, ad faciendam pitanciam singulis annis, unum modium boni mistolii in grangia mea de Montigigniaco percipiendum. Quod ut ratum in perpetuum et stabile permaneat, feci presentes litteras annotari et sigilli mei munimine robarari. Actum die Purificationis Beate Marie, anno Domini M° CC° XXX° primo.

(Cartul., t. II, n° 32.)

CXXXII

Étienne de Meudon approuve le don de Jeanne d'Orsigny.

(1232.)

Ego Stephanus de Meuduno, miles, notum facio omnibus presentem cartam inspecturis quod donationem quam fecit domui Portus-Regis Johanna filia defuncti Roulandi de Orsegnies de quindecim arpentis terre apud Orsignies in feodo meo volui et concessi. Maria etiam uxor mea donationem hanc voluit et laudavit. In cujus rei testimonium presentem cartam sigillo meo roborari feci. Actum anno Domini M°CC° tricesimo secundo.

(Arch. Nat., S., 4526, n° 15. Orig., traces de double queue. Fort parchemin 12 × 12 centimètres.)

En mars 1231-1232, Amaury d'Issy avait vendu, pour 100 livres, à l'abbaye de Saint-Germain-des-Prés, la mouvance du fief de Meudon, et, en 1232, son vassal Etienne de Meudon avait consenti à ce changement de seigneur (*Mém. Soc. hist. de Paris*, XX, p. 51).

CXXXIII

L'abbé de Bourgueil accense un pré à l'abbaye de Porrois.

(30 juin 1332.)

Hubertus, Dei permissione abbas Bargulii et ejusdem loci conventus, omnibus presentes litteras inspecturis, salutem in Domino sempiternam. Noveritis nos unanimi voluntate concessisse conventui Portus Regis quod in perpetuum teneant de nobis pratum G. de Moncellis situm prope dictam abbatiam, ad quatuor denarios et unam obolem annui censu reddendis singulis annis priori nostro de Castroforti ad festum Sancti Christophori apud Castrumforte quod ut ratum et stabile habeatur dictis monialibus presentes litteras nostris roboratas sigillis, contulimus in testimonium et munimen. Datum in capitulo generali nostro in crastino sanctorum apostolorum Petri et Pauli, anno Domini millesimo ducentesimo tricesimo secundo.

(Cartul., I, n° 190.)

CXXXIV

Étienne de Meudon donne la vigne du Poirier.

(Février 1232-1233.)

Omnibus presentes litteras inspecturis, ego Stephanus de Meduno, miles, notum facio quod de voluntate et assensu Marie, uxoris mee dedi et concessi, proremedio anime mee et antecessorum meorum, abbacie Portus Regis et monialibus ibidem Deo servientibus totam vineam meam sitam in territorio de Pireto quam tenebam ad undecim denarios censuales et unum obolum de domino Johanne de Villa Davrais, in festo Sancti Remigii, annis singulis, persolvendos, predictis abbatisse et monialibus, libere et quiete, in puram et perpetuam elemosinam ad censum duodecim denariorum censualium et unum obolum tenendam amodo et pacifice possidendam. In cujus rei memoriam et testimonium presentes litteras sigilli mei munimine duxi roborandas. Actum anno gracie M° CC° XXX° II°, mense fabruarii.

(Cartul., I, n° 128.)

CXXXV

*Guillaume d'Ormoi abandonne ses droits sur une dime
à Toussus donnée par Nivelon de Buc.*

(Mars 1232-1233.)

Omnibus presentes litteras inspecturis, officialis Curie Parisiensis, salutem in Domino. Notum facimus quod in nostra presentia constitutus, Guillelmus de Urmeio, armiger, recognoscens moniales de Porregio habere ex elemosina defuncti Nivelonis de Buc, militis, quandam decimam bladi apud Toussues, que quidem decima de feodo ipsius Guillelmi movere dicitur quidquid juris habebat in illa decima, seu in totali donatione facta dictis monialibus a dicto Nivelone, dictis monialibus quitavit in perpetuum, fide prestita ab eisdem monialibus in manu mortua perpetuo possidendam. Matildis, uxor Guillelmi, omnia predicta voluit, et quidquid ibidem habebat dotalicio vel alio modo quitavit in perpetuum fide data. Quod ut ratum permaneat presentes litteras ad petitionem dicti Guillelmi et ejus uxoris, sigillo Curie Parisiensis fecimus sigillari. Datum anno Domini millesimo ducentesimo tricesimo secundo, mense marcio.

(CARTUL , I, n° 160.)

CXXXVI

Guillaume de Gisors confirme les dons faits dans son fief de Meulan par Mathieu de Montmorency et ses fils Bouchard et Mathieu de Marly.

(Avril 1232-1233.)

Noverint universi presentes et futuri quod ego Guillelmus de Gisorcio, bono animo concessi elemosinas quas bone memorie Matheus de Montemorenciaco et karissimi nostri Buchardus et Matheus de Malliaco, filii ejusdem Mathei, fecerunt in feodo nostro de Mellento sicut in litteris ipsorum confectis super hoc continetur, videlicet quinquaginta libras parisiensium. Et ut hoc ratum habeatur in perpetuum, sigilli mei munimine roboravi. Actum anno Domini millesimo ducentesimo tricesimo secundo, mense aprilis.

(Cartul., I, n° 67.)

CXXXVII

Gautier, évêque de Chartres, confirme le don de Jean d'Auneau.

(Avril 1232-1233.)

Galterius, divina miseratione Carnotensis ecclesie minister humilis, omnibus presentes litteras inspecturis salutem in Domino. Noveritis quod nos cartam domini Johannis de

Alneolo sigillo ipsius sigillatam vidimus et inspeximus in
hec verba. Ego Johannes de Alneolo, miles, notum facio
omnibus tam presentibus quam futuris quod Margareta
abbatissa Portus Regii, totusque ejusdem loci conventus,
exitus et redditus duarum bovetarum terre que site sunt in
territorio de Voisia quas ego dederam eisdem monialibus in
perpetuam elemosinam, Balduino de Proevilla et Vicencio,
majori de Blonvilla tradiderunt pro centum solidis carnotensium, singulis annis in festo Sancti Dyonisii dictis monialibus vel eorum nuncio persolvendis, ita tamen quod
uterque eorum pro sua boveta quinquaginta solidos dicto
termino tenebitur reddere annuatim, tali tamen conditione quod si alter eorum vel ambo defecerint in reddendo,
termino supradicto, ille per quem defectus redditionis evenerit vel ambo, si ambo defecerint, servienti monialium
quamdiu defectus redditionis durabit, pro expensa singulis
diebus sex denarios carnotenses reddere tenebuntur. Quia
ego vero dictus Johannes mihi et heredibus meis de assensu
et voluntate earumdem monialium retineo dominacionem,
justiciam, revesticiones, venditiones, tam ego quam heredes
mei si quis fuerit defectus in redditione dicte pecunie jam
dictis monialibus, fide prestita corporaliter restituere tene-
bimus et perficere quod fuerit imperfectum. In cujus rei
testimonium et perpetuam firmitatem presentes litteras
feci sigillo meo roboravi. Actum anno gracie millesimo
ducentesimo vicesimo nono, mense Julio. Insuper dictus
Johannes et filii ipsius Johannis et Joscelinus, necnon
et predicti Balduinus de Proevilla et Vincentius major de
Blonvilla, in presencia nostra constituti, fide interposita
corporali, promiserunt quod ipsi nullo modo venient de
cetero contra ista, neque per se neque per aliam personam.
Sed ista omnia sicut suprascripta sunt, jure perpetuo, bona
fide, firmiter observabunt. Nos igitur ad petitionem illorum
has presentes litteras in testimonium et munimen sigilli

nostri appensione roboravimus. Actum anno gracie millesimo ducentesimo tricesimo secundo, mense aprilis.

(CARTUL., I, n° 24.)

CXXXVIII

Guillaume de Saint-Julien engage sa dime de Saint-Escobille.

(Avril 1233, après Pâques.)

G.(alterus) divina permissione Carnotensis ecclesia minister humilis, omn. pr. litt. inspecturis salutem in Domino. Notum facimus quod Guillelmus de Sancto Juliano, miles, in nostra presencia constitutus, recognovit se pignori obligasse totam decimam quam percipiebat in parrochia Sancti Scubiculi, abbatisse et conventui de Porrois cisterciensis ordinis, pro sexaginta quinque libris parisiensium, ab eisdem quiete possidendam donec redimatur. Fide in manu nostra prestita quod dictam decimam durante impignoratione eisdem garantizabit bona fide et easdem super hoc indempnes conservabit. Maria eciam, uxor ejus, de cujus conquesta esse dinoscitur decima dicta, in nostra presencia impignorationem de bona voluntate sua voluit et conceesit, fide in manu nostra data quod contra eandem de cetero, per se vel per alium, non veniet, sed eam dictis monialibus, bona fide proposse suo tenebit et eas super hoc indempnes conservabit. Germundus vero de Marolio de cujus feodo decima movet, dictam impignorationem, in nostra presentia voluit et laudavit et garantizandam dictis monialibus, fide data promisit. Item Germundus et Guillelmus de Valle Sancti Germani, milites, Stephanus de Jerra et Johannes de Valle Sancti Germani, armigeri, se plegios constituerant, fide in manu nostra data, promittentes se apud Sanctum Arnulfum prisionem tenere, nec inde exire donec predictis monialibus de dampnis et de perditis et etiam de tota pecunia supradicta esset satisfactum, si aliquis eas supra hoc durante impignoratione molestaret. Nos igitur istam impignorationem approbantes, ad petitionem prefati Guillelmi, militis, et Marie, uxoris ejus, presentes litteras inde factas sigilli nostri munimine duximus roborandas. Actum anno gracie millesimo ducentesimo tricesimo tertio, mense aprili.

(CARTUL., I, n° 42.)

CXXXIX

Renaud, maire de Saint-Arnould, approuve l'engagement qui précède.

(Mai 1233.)

Constitutus in jure coram nobis (probablement l'official de Chartres) Raginaldus de Sancto Arnulfo major, de cujus feodo movet decima quam Güillelmus de Sancto Juliano, miles, impignoravit monialibus de Porrois, pro sexaginta quinque libris sicut in litteris domini episcopi vidimus contineri, dictam obligationem voluit et concessit et prefatis monialibus tanquam dominus feodi garantire fide media manucepit. Actum anno Domini millesimo ducentesimo tricesimo tercio, mense maio.

(CARTUL., I, n° 43.)

CXL

*Pierre, seigneur de Marly, confirme les dons
de ses prédécesseurs.*

(Mai 1233.)

Noverint universi presentes litteras inspecturi quod ego Petrus, dominus Malliaci, bono animo, concedo elemosinas quas fecerunt in redditu suo de Mellento bone memorie dominus Matheus de Montemorenciaco, avus meus, et dominus Buchardus, Karissimus pater meus, et dominus Matheus de Malliaco, avunculus meus, sicut in litteris eorum confectis super hoc continetur usque ad quinquaginta libras parisensium. Et ut ratum in perpetuum habeatur, sigilli nostri munimine roboravimus. Actum anno Domini millesimo ducentesimo tricesimo tercio, mense maio.

(Cartul., I, n° 68.)

CXLI

Robert de Claencourt donne une rente.

(Août 1233.)

Noverint universis presentes litteras inspecturis quod ego Robertus de Cleencort, miles, dedi ecclesie Portus Regis, cisterciensis ordinis, pro salute anime mee, tres solidos et dimidium paris. de annuo censu in puram et perpetuam elemosinam, singulis annis, in festo S⁰ Remigii, à Johanne Esquier et heredibus suis percipiendis de insula Tenel quam tenet de me et heredibus meis. Hanc autem donationem feci de voluntate et assensu Reginaldi, primogeniti mei et omnium filiorum meorum; insuper et de assensu Galeti de Cleencort de cujus feodo movet hec donatio. In cujus rei testimonium et munimen presentes litteras sigillo meo roboravi. Actum anno ab incartione Domini M° CC° XXX° III°, mense augusti.

(CARTUL., I, n° 95.)

CXLII

Mathieu de Marly confirme l'acte précédent.

(Septembre 1233.)

Ego Matheus de Malliaco, miles, notum facio omnibus presentes litteras inspecturis quod Robertus de Cleencort, miles, contulit ecclesie Beate Marie Portus Regis, tres solidos et dimidium parisiensium quos tenet de Galerando de Claencuria in puram et perpetuam elemosinam sicut vidi contineri in litteris prefati Roberti, militis. Ad petitionem vero memorati Galerandi qui de feodo meo tenet illud de quo movet hec donatio, in testimonium hujus rei et munimen presentes litteras sigillo meo roboravi. Actum anno Domini M° CC° XXX° III° mense septembri.

(CARTUL., I, n° 96.)

CXLIII

Bouchard de Marly assigne 26 sous sur Galardon, outre les 24 sous qu'il devait pour sa part dans le rachat du moulin de Richebourg, pour un cierge.

(Septembre 1233.)

Ego Buchardus de Malliaco, miles, de voluntate et assensu Agnetis, uxoris mee, assignavi abbatie Portus Regis et monialibus ibidem Deo servientibus, viginti quatuor solidos carnotensis monete annuatim percipiendos in prefectura mea de Galardone pro viginti solidis parisiensium annui redditus quos eisdem debebam pro parte mea centum solidorum quas bone memorie Buchardus, pater meus, quondum dominus Malliaci, dictis monialibus donavit pro excambio molendini de Diviteburgo. Dedi etiam dicte abbatie pro remedio anime mee et Agnetis, uxoris mee, et patris mei et antecessorum meorum, viginti sex solidos carnotensium, pro quodam cereo quod constitui ad cremendum semper super altare Beate Marie in choro dictatam monialium. Volo etiam quod dicti viginti sex solidi, quos eisdem prebui pro dicto cereo, singulis annis percipiatur ubi prefati viginti quatuor solidi assignantur, scilicet in prepositura mea de Galardone in octabis Omnium Sanctorum per manum prepositi de Galardone quincumque fuerit ille. Volo etiam quod dictus prepositus tenetur persolvere dicte abbacie duodecim denarios carnotensium de emenda pro singulis diebus si forte dictam pecunie summam ad terminum prenotatum differre presumpserit. Actum anno gratie millesimo ducentesimo tricesimo tertio, mense septembri.

(Cartul., I, n° 13.)

CXLIV

Estimation des biens de Porrois.

(Novembre 1233.)

Par ordre du chapitre général de Citeaux, Étienne, abbé de Savigny-en-Avranchin, fait l'estimation des biens de l'abbaye, qui sont reconnus suffisants pour entretenir soixante religieuses.

(Fisquet., *Dioc. de Paris*, II, 551.)

CXLV

Pierre d'Escrones réduit de 15 sous à 1 le cens de la terre de Chagny.

(Décembre 1233.)

Noverint universi presentes litteras inspecturi quod ego Petrus de Escrones, miles, dedi et concessi sanctimonialibus Portus Regis de quindecim solidis censualibus quas debebant mihi singulis annis in festo Sancti Remigii pro *terra que jungit terre domini Ade de Galardone et terre domini Petri de Richiervilla apud Chahengnai*, quatuordecim solidos in puram et perpetuam elemosinam, de assensu Marie, uxoris mee. Predicte vero sanctimoniales reddent mihi et heredibus meis singulis annis in festo supradicto duodecim denarios tantummodo in recognitionem pro dicta terra. Et ego Petrus et heredes mei garantizabimus predictum elemosinam memoratis sanctimonialibus in perpetuum. In cujus rei testimonium et munimen presentes litteras sigillo meo roboravi. Actum anno Verbi incarnati millesimo ducentesimo tricesimo tertio, mense decembri.

(CARTUL., I, n° 5.)

Le numéro 4 du même cartulaire était une copie du même acte où le passage souligné avait été omis et remplacé par les mots : *in territorio Chahengnai.*

CXLVI

Roger de Ville-d'Avray et Odeline de Sèvres confirment le legs de Simon de Sèvres, leur frère, chanoine de Paris.

(1234.)

Nos Rogerius de Villadavrai et Odelina de Separa notum facimus universis quod magister Symon, frater noster, canonicus Parisiensis, agens in extremis, dedit conventui Portus Regis in perpetuum elemosinam X solidos parisiensium percipiendos annis singulis in censu de Gif in festo Sancti Remigii. Idem etiam Symon legavit in perpetuam elemosinam XX^i V^e solidos par. percipiendos in predicto censu assignandos ad dispositionem gageriorum suorum, videlicet magistri Herberti, domini Guillermi de Varziaco, magistri Hugonis cognomento Aculei, canonicorum et nostram, cui loco vel quibus personis nos vellemus dictos XXV solidos assignare. Nos vero omnes quinque pariter communi assensu laudavinus, approbavimus et voluimus ut dicti viginti quinque solidi cum supra dictis decem solidis in perpetuam elemosinam darentur predicto conventui Portus Regis percipiendos similiter cum dictis X solidis, in predicto censu de Gif annis singulis in festo S^{ti} Remigii; ita quod predictus conventus Portus Regis, vel nuncius ejusdem percipiet simul triginta quinque solidos parisiensium in eodem censu et in eodem festo, et de eisdem reddet annis singulis ecclesie Sancti Albini duos solidos et presbitero ejusdem loci duos solidos pro faciendo anniversario predicti magistri Symonis. Retinuimus etiam nobis in predicto censu justiciam nostram, et quod predictus conventus habebit tantummodo simplicem elemosinam sibi superius assignatam. In cujus rei testimonium et munimen, nos Rogerius et Odelina presentes litteras sigillis nostris dignum duximus roborandas. Actum anno Domini M° CC° XXX° quarto.

(CARTUL., I, n° 108.)

CXLVII

Dans le compte du prévôt de Paris pour le terme de l'Ascension, 1234, on lit : Villare et Porrois XXXIII l. XV s.

(Bouquet, XXII, 566.)

La rente de 2 sous 6 deniers par jour donnée par Louis VIII produisait 91 livres 5 sous, dont le tiers, 30 livres 8 sous, fait la plus forte partie de la somme indiquée.

CXLVIII

Échange avec l'abbaye de Sainte-Geneviève.

(1234.)

Omnibus presentes litteras inspecturis H(erbertus) Dei permissione Beate Genovefe Parisiensis humilis abbas, totiusque ejusdem loci conventus, salutem in Domino. Noverit universitas vestra quod cum bone memorie Margareta, vice-comitissa Narbonensis, dedisset, assensu Hamerici, mariti sui, in puram et perpetuam elemosinam conventui Portus Regis, cisterciensis ordinis quindecim libros turonensium annui redditus que erant de maritagio suo in civitate Parisiensi, videlicet decem libras Turonensium in clauso Malivicini, in censiva nostra, et in precio centum solidorum turonensium, totum redditum salis quem percipiebat dicta Margareta Parisius in portu Sequane subtus magnum pontem, videlicet unum sextarium salis percipiendum in singulis navibus que invente erant vel veniebant ibidem a festo Sancti Andree usque ad Natale Domini, Margareta abbatissa Portus Regis et conventus dicti loci tradiderunt nobis dictum redditum decem librarum turonensium et redditum salis, assensu et voluntate abbatis Vallium Sarnaii, patris sui et conventus ejusdem loci, pro duodecim libris parisiensium quas nos tenemur pro excambio quindecim librarum turonensium supradictarum, dictis abbatisse et conventui Portus Regis reddere singulis annis Parisius apud sanctam Genovefam, in octabis Omnium Sanctorum quatuor libras, in octabis nativitatis Domini, quatuor libras, et alias quatuor libras in octabis

Pasche. Quod ut ratum et firmum permaneat, presentes litteras sigillorum nostrorum munimine roboravimus. Actum anno Domini millesimo ducentesimo tricesimo quarto.

(CARTUL., I, n° 136.)

Publié : Duchesne, *Hist. de Montmorency, Preuves*, p. 408.
L'acte correspondant de Marguerite, abbesse de Porrois, se trouve dans le *Cartulaire de l'abbaye de Sainte-Geneviève*, à la Bibliothèque Sainte-Geneviève, E. b., n° 25).

CXLIX

Bouchard de Marly approuve l'échange entre Porrois et Sainte-Geneviève des biens donnés par Marguerite de Narbonne.

(Septembre 1234.)

(CARTUL., I, n° 134.)

CL

Guillaume d'Issy vend à l'abbaye 11 arpents à Saclay, du consentement de ses seigneurs Jean Estricart et Simon de Saint-Médard.

(Novembre 1234.)

Omnibus presentes litteras inspecturis, Officialis Curie Parisiensis in Domino salutem. Notum facimus quod in nostra presentia constituti Guillelmus de Yssiaco, miles, et Sedilia, ejus uxor, asseruerunt quod habebant quandam peciam terre in parrochia de Sarcleio, in loco qui appellatur

Frigidus Bos, qui continet undecim arpentos terre vel plus. Quam recognoverunt se vendidisse monialibus de Porregio quemlibet arpentum pro decem libris parisiensium, nichil juris in dicta pecia terre sibi vel heredibus suis retinendo. Promittentes, fide data, quod contra dictam venditionem non venient in futurum, et quod dictam peciam terre tenendam in manu mortua tenendam dictis monialibus contra omnes garantizabant ad usus et consuetudines Francie. Predicta autem Sedilia, uxor Guillelmi quitavit expresse quidquid in dicta pecia terre habebat ratione dotalicii, spontanea, non coacta, fide prestita corporali. Et insuper Johannes Estriquart, miles de cujus feodo primo et Simon de Sancto Medardo de cujus feodo secunda pecia terre movere dicitur, in nostra presentia constituti, dictam venditionem voluerunt et concesserunt fides prestita. Preterea cum dubitaretur an Johannes Estriquart esset primus Dominus feodi et Simon de Sancto Medardo secundus, predicti Guillelmus et ejus uxor, promiserunt quod si aliqui venirent qui dicerent se esse primus aut secundus dominus dicte terre, ipsi conservarent dictas moniales indempnes et ei restituerent omnia dampna que ex hoc haberent et deperdita. Et de predictus tenendis et firmiter observandis, Johannes frater Guillelmi, et Petrus de Marillio, miles, coram nobis se fidejussores constituerunt, uterque in solidum. Isabellis vero, uxor Johannis Estriquart, militis, dictam venditionem voluit et quitavit quidquid juris habebat in dicta terra, ratione dotalicii seu alio modo, fide data in manu presbiteri de Bevra, ad hoc a nobis specialiter destinato, ut idem presbiter per suas litteras patentes nobis certificatus est. Datum anno Domini millesimo ducentesimo tricesimo quarto, mense novembri.

(CARTUL., I, n° 135.)

CLI

*L'abbaye achète à Sèvres pour 70 livres la maison
de Simon de Sèvres, sur la Seine.*

(Janvier 1234-1235.)

Omnibus presentes litteras inspecturis, officialis Curie Parisiensis in Domino salutem. Notum facimus quod Clemencia relicta defuncti Symonis de Separa et Hugo, filius ejus, in nostra presentia constituti, recognoverunt quod ipsi et dictus Symon defunctus, vendiderant abbatisse et conventus Portus Regis quandam domum apud Separam super rivum cum toto ejus proprisio in censiva domini Gervasii de Separa, militis, Symonis et Rogeri, fratrum ejus, pro sexaginta et decem libris parisiensium, de quibus dicta Clementia et Hugo, filius ejus, recognoverunt sibi fuisse satisfactum in pecunia numerata, promittentes fide media, quod contra venditionem istam non venient in futurum et quod dictam domum cum toto ejus proprisio predictis abbatisse et conventui, ad usus et consuetudines Francie garantizabant contra omnes. Predictus autem Gervasius de Separa, Symon, clericus et Rogerus, fratres ejus, in quorum censiva dicta domus sita est, venditionem voluerunt pariter et concesserunt et se garantizatores erga dominos a quibus tenent feodum constituerunt coram nobis, quilibet in solidum ; et per fidem voluerunt quod a. et c. predicti teneant prefatam domum in manu mortua ad duos solidos parisiensium censuales quos a. et c. predicti predicto Gervasio et heredibus suis in festo Beati Remigii annuatim solvere tenebantur. Voluerunt etiam dicti fratres, sub prestita fidei religione, quod liceat dictis a. et c. dictam domum claudere dummodo non noceant in aliquo rivo antedicto, et quod in proprisio domus torcular valeant constituere, ad quod vindemiam vinearum suarum quas in presenti possident, vinee de Clauso, vinee de Trelliis, vinee de Veteribus Plantis, vinee Reginaldi Ridel, site in territorio de Gres, et vinee de Juxta Viam poterunt ducere libere et pacifice. Prefate vero a. et c. nullam alienam vindemiam ad torcular poterunt accipere nisi de assensu dominorum predictorum. Ysabellis vero, uxor dicti Gervasii, militis, omnia supradicta voluit et concessit, fide corporaliter prestita in manu Jordani, presbiteri de Separa, pro ut nobis retulit viva voce. Pro ante dicta concessione facienda Gervasius et fratres ejus recognoverunt se recepisse ab abbatissa et conventu XXX^a libras parisiensium in pecunia numerata. Quod ut ratum permaneat, presentes litteras ad petitionem partium, sigillo Curie Parisiensis fecimus sigillari. Actum anno Domini millesimo ducentesimo tricesimo quarto, mense januario.

(Cartul., I, n° 112 ; — Original, Arch. nat., S., 4526, I, n° 5, 25 × 25 centimètres.)

CLII

Gervais de Sèvres confirme la vente qui précède.

(Janvier 1234-1235.)

Ego Gervasius de Separa, miles, notum facio universis,..... quod cum defunctus Symon de Separa, armiger, Clemencia, ejus uxor, et Hugo, eorum filius, vendidissent olim abbatisse et conventui Portus Regis quandam domum apud Separam super rivam cum toto proprisio in censiva mea et Symonis, clerici, et Rogeri, fratrum meorum, ego dictam venditionem volui..... quod predicte abbatisse et conventus domum cum proprisio teneant..... ad duas solidos censuales..... concedens ut jam dictis liceat domum claudere dummodo rivo non noceant et quod in proprisio valeant torcular constituere et ad illud vindemiam vinearum suarum solummodo quas in censiva mea et fratrum meorum in prasenti possident, videlicet vinee de Clauso..... Hec autem omnia Ysabellis, uxor mea, voluit..... Prefati fratres mei Symon et Rogerus omnia antedicta concesserunt..... Pro hac quitatione facienda, recepimus ego et patres mei XXX^{ta} libras parisiensium ab abbatissa et conventu prenotatis. In cujus rei memoriam presentes litteras de voluntate et assensu fratrum meorum et Ysabellis, uxoris mee, sigilli mei dignum duxi roborandas. Actum anno M°CC°XXX°IIII°, mense januario.

(Cartul., I, n° 111.)

CLII

Jean de Chaumont confirme la même vente.

(1234-1235.)

Universis..... ego Johannes de Chaumont, miles, notum facio quod emptionem apud Separam quam abbatissa et conventus Portus Regis cisterciensis ordinis, fecerunt a Symone de Separa et uxore ejus, in censiva domini Gervasii de Separa, militis, quam tenet de me, ego volo, laudo, approbo et concedo prefatis a. et c. Portus Regis perpetue et pacifice possidendam, sicut continetur in litteris domini Gervasii supradicti, quas habent a. et c. prenotate. Ad petitionem dicti Gervasii presentes litteras in testimonium hujus rei et munimen sigillo meo roboravi. Actum anno Domini M°CC°XXX° IIII°, mense januario.

(Cartul., I, n° 140; — Original, S., 456, 12 × 12 centimètres.)

CLIV

Pierre de Marly approuve le don de la terre de Broissy et de 100 sous de rente fait par son père à Porrois pour le rachat de la rente de blé sur les moulins de Galardon.

(1235.)

Ego Petrus, Dominus Marliaci, notum facio universis quod bone memorie dominus Buchardus, pater meus, quondam dominus Marliaci excambiavit, assensu matris mei, et meo, conventui Portus Regis, contra terram de Broissin et contra centum solidos parisienses, pro decem modios bladi in molendinis suis de Galardone dictus autem conventus assignationem dicte terre de Broissin acceperat et etiam nunc possidet; sed quoniam assignationem predictorum centum solidorum nondum acceperat ego Petrus, dominus Marliaci, assigno dicto conventui, pro me et Matilde, matre mea, et Bucardo, fratre meo, eosdem solidos percipiendos amortisatos, singulis annis in festo sancti Dionisii, in censibus meis de Malliaco. Predicta vero mater mea et predictus Bucardus, frater meus, fecerant mihi tantam et sufficientem assignationem pro partibus dictorum centum solidorum sibi competentibus, quas partes ipsi pro predicto excambis reddere sicut ego predicto conventui tenebantur. Set ego ipsi pro easdem partes sicut super dictum est, eodem conventui assignavi. In cujus rei testimonium presentes litteras sigilli mei munimine roboravi. Actum anno Domini millesimo ducentesimo tricesimo quinto.

(Original sur parchemin avec débris de sceau et copie ancienne sur papier. — Arch. nat., S., 4527, dossier 1, n° 10.)

CLV

Mathilde, dame de Marly, donne à l'abbaye de la Rouche 100 sous de rente sur le comté de Chartres.

(25 juin 1235.)

Ego Mathildis, domina Malliaci, intuitu caritatis, pro remedio anime mee et patris et matris mee ac bone memorie Buchardi de Malliaco, quondam mariti mei[1], in puram elemosinam super quintum meum, de triginta libris carnotensibus quos mihi debet de redditu nobilis vir comes Carnotensis[2] pro excambio molendini de Turre, quod spectabat ad hereditatem meam, assignavi centum solidos annui redditus abbatie de Roscha singulis annis post decessum meum percipiendos. In cujus rei testimonium presentes litteras sigilli mei munimine dicte abbatie concessi roboratas. Actum anno Domini M° CC° XXX° quinto, in crastino Sancti Johannis Baptiste.

(Bibl. nationale ; — Publié A. Moutié, *Cartul. de Notre-Dame-de-la-Roche*, n° XXVI.)

1. Mathide de Châteaufort, veuve de Bouchard, mort le 12 septembre 1226, après le siège d'Avignon, mourut vers 1260. Moutié donne son sceau (*Atlas du « Cartulaire des Vaux-de-Cernay »*, pl. IX, n° 5).
2. Jean de Châtillon.

CLVI

Guillaume de Chateron confirme la vente d'une terre à Villetain faite à l'abbaye de Porrois par Guillaume d'Issy.

(Juillet 1235.)

Omnibus presentes litteras inspecturis, officialis Curie Parisiensis, salutem in Domino. Notum facimus quod in nostra presentia constitutus, Guillelmus de Chateron, miles, voluit et concessit venditionem cujusdam terre site apud Villetein quam Guillelmus de Yssiaco, miles et Sedilia, uxor ejus, dicuntur fecisse monialibus de Porrois, promittens, fide data, quod contra, per se vel per alium non veniet in futurum. Odelina vero, uxor dicti militis de Chateron, eamdem venditionem laudavit, voluit pariter et concessit et de non veniendo contra in posterum fidem in manu Thome de Athies prestitit, sicut in litteris ejusdem prioris vidimus contineri. Datum Domini millesimo ducentesimo tricesimo quinto, mense julio.

(Cartul., n° 155. — Cette charte est cancellée comme devenue inutile.)

CLVII

Anseau de l'Ile-Adam donne une rente de 30 sous sur Valmondois pour augmenter la pitance le jour de l'anniversaire de Bouchard de Marly.

(Octobre 1235.)

Omnibus presentes litteras inspecturis ego Ansellus de Insula, miles, pro salute anime mee et patris mei et matris mee et antecessorum dedi intuitu pietatis et concessi assensu et voluntate Johannis, filii mei, et omnium amicorum meorum, triginta solidos parisiensium annui redditus sanctimonialibus de Porrois, in perpetuum reddendos in censibus meis apud Vallemonda in crastino sancti Dyonissii annuatim. Ego dictus Ansellus constitui dictos denarios ad pitanciam nominatam in die anniversarii domini Buchardi defuncti. Dedi hoc sanctimonialibus tenendum de me in perpetuum et heredum meorum libere quiete et pacifice possidendum. Quod autem hoc sit firmum et stabile, nec possit in posterum permutari, ego Ansellus de Insula, miles, has litteras sigilli mei munimine roboravi. Datum anno Domini millesimo ducentesimo tricesimo quinto, mense octobri.

(CARTUL., 1, 137.)

CLVIII

Jean de Ville-d'Avray confirme le don d'Étienne de Meudon

(Avril 1235-1236.)

Omnibus presentes litteras inspecturis, officialis Curie Parisiensis, in Domino salutem. Notum facimus quod in nostra presencia constitutus, Johannes de Villadavrei asseruit quod Stephanus de Meudon, miles, dederat et concesserat in perpetuam elemosinam Deo et ecclesie monialium de Porrois, cisterciensis ordinis, quandam vineam sitam apud Meudon, in loco qui vulgariter appellatur Le Perier, que vinea movebat de feodo suo, quam donationem voluit et concessit. Voluit etiam et concessit quod dicta ecclesia teneat de cetero dictam vineam in manu mortua absque conditione venditionis, salvo tamen sibi et heredibus suis censu suo capitali. Promittens, fide in manu nostra corporali prestita, quod contra istam concessionem per se vel per alium non veniet in futurum. Quod autem audivimus hoc testamur, salvo jure cujuslibet alterius. Datum anno Domini M°CC°XXX°V°, mense aprili.

(CARTUL., I., n° 129.)

Voir n° 135.

CLIX

Adam, curé du Perray, vend une maison et dépendances à Marly.

(Mai 1236.)

Omnibus presentes litteras inspecturis R. ecclesie Parisiensis archidiaconus, eternam in Domino salutem. Notum facimus quod in nostra presentia constitutus, Adam presbiter de Perreto recognovit se vendidisse pro sexagenta libris parisiensium, abbatie de Portu Regio, domum quandam cum appendiciis suis sitam in castello de Malliaco, in censiva dominorum de Maillaco, promittens fide media quod venditionem istam dicte abbatie contra omnes garantizabit. Ad hoc sciendum est quod sicut Guido, decanus de Castroforti, nostri archidiaconatus, quem ad hoc specialiter destinavimus, nobis viva voce testificatus est Ebelina, mater Ade presbiteri, dictam venditionem laudavit et concessit, fide in manu eju prestita corporali. Insuper dictus decanus nobis asseruit quod Nicholaus, frater Ade presbiteri, Petrus Tyol et Odelina ejus uxor, Michael, clericus, Guillelmus Baudrici, Petrus Renerii, Droco, filius Gazonis, Stephanus de Noisiaco et Thomas de Abbacia, dictam venditionem voluerunt et contra omnes ad usus et consuetudines Francie se garantizaturos fide media promiserunt. Preterea dictus presbiter se obligavit ad solvendum XX libras pro pena abbacie antedicte si dictam venditionem retrahi contingerit ab aliquibus sive ab aliqua parentela dicti presbiteri, aliis ab ipsis quorum nomina in presentibus litteris superius sunt expressa. Actum anno Domini millesimo ducentesimo tricesimo sexto, mense maio.

(Contenu dans le vidimus qui suit.)

CLX

Vidimus de l'acte précédent par l'évêque de Paris.

(Juillet 1236.)

Willelmus, permissione divina Parisiensis minister indignus, univ. pr. litt. inspecturis, salutem in Domino. Noveritis nos litteras charissimi ac fidelis nostri R. ecclesie Parisiensis archidiaconi, vidisse sub hac forma. Omnibus, etc. (Comme dessus.)

Postea autem dictus presbiter in nostra presencia constitutus, omnia predicta recognovit et de eis firmiter tenendis fidem in manu nostra prestitit corporalem. Actum anno Domini millesimo ducentesimo tricesimo sexto, mense julio.

(Cartul., I, n° 91.)

CLXI

Barthélemy et Guillaume le Rouillé approuvent l'achat de la maison du curé Adam à Marly.

(1236.)

Omnibus presentes litteras inspecturis Bartholomeus et Guillermus le Roillie, milites, salutem in Domino. Noveritis nos concessisse et quitasse in perpetuum abbacie monialium Portus Regis quandam domum apud Marliacum cum appendenti vinea, quam dicte moniales ab Adam, presbitero, privigno [1] Petri de Villaperor acquiesierunt. Pressorium etiam quod ibidem de nostro dominio habebamus, tam ex parte nostra quam ex parte uxorum nostrarum, eisdem monialibus quitavimus in perpetuum cum omnibus consuetudinibus et redibenciis ad dictum pressorium pertinentibus, tali modo quod dicte moniales nobis et heredibus nostris in festo Sancti Dyonisii, singulis annis, quadraginta solidos parisiensium censuales pro quittatione dictarum rerum reddere tenebuntur. Volumus etiam quod in dicto pressorio habeant quidquid juris habebamus in eo, videlicet quod censarii nostri ad dictam pressorium veniant pressare, et quod si aliquis deficere vel non venire ad illud contingerit, illius defectum ad usus et consuetudines de Marliaco, dictis monialibus, vel eorum mandato, faceremus per nostram justiciam emendari. Verumtamen census nostros quos habemus in villa recipiemus ut prius, super quibus in nullo tenemur dictis monialibus, maxime quod dicti census ad domum predictam vel pressorium in nullo pertineant. In.

cujus rei testimonium presentes litteras sigilli nostri impressionne confirmamus. Actum anno Domini millesimo ducentesimo tricesimo sexto.

(CARTUL., 1, n° 89.)

1. *Privignus*, né d'un premier mariage de la femme de Pierre de Villepreux.

CLXII

Barthélemy Pelu et Guillaume le Rouillé, confirment, devant l'archidiacre de Chartres et Poissy la vente du curé Adam.

(Octobre 1236.)

Omnibus presentes litteras inspecturis, Guillermus, ecclesie Carnotensis et Pissiacensis archidiaconus salutem in Domino. Noveritis quod Guillermus Roillie, miles et Theophania, ejus uxor, et Bartholomens Pelu, miles, et Agnes, uxor sua, in nostra presentia constituti, concesserunt et quitaverunt in perpetuum, abbacie et monialibus Porregii, cisterciensis ordinis quandam domum cum appendenti vinea quam emerunt ab Adam presbitero apud Malliacum similiter pressorium quod ibi erat cum omnibus consuetudinibus et redibentiis tali modo quod dicti milites et heredes eorum singulis annis in feste Sancti Dyonisii recipient quadraginta solidos parisiensium a dictis monialibus. Ipsi autem et eorum uxores fidem in manu nostra prestiterunt corporalem quod in predicta domo et appendenti vinea et pressorio nihil juris, ratione hereditatis vel dotolicii de cetero reclamabunt. Actum anno Domini millesimo ducentesimo tricesimo sexto, mense octobri.

(CARTUL., 1, n° 88.)

CLXIII

Gervais de Sèvres, sa mère et ses frères, confirment la vente d'une vigne à Porrois.

(Décembre 1236.)

Universis... Officialis Curie Parisiensis..... Notum facimus quod in nostru presentia constitutus Gervasius de Separa, miles, recognovit quod ipse vendiderat monialibus de Porregio pro LX libris parisiensium, jam sibi solutis, de consensu domine Odelina, matris ipsius, quidquid mater ejus tenebat ratione dotalicii in quadam pecia vinee sita apud Separam. Quam dictus miles et ejus mater, ac Symon et Rogerus, fratres ejus quondam contulerant in elemosinam monialibus ante dictis, excepto dotalicio predicto, tenendam in manu mortua ad quatuor denarios censuales, sine alio censu, costuma vel droitura. Et promisit fide prestita corporaliter quod contra vinditionem eamdem non veniet in futurum sed eam dictis monialibus garantizabit in manu mortua ad usus et consuetudines Francie contra omnes. Et hoc Odelina mater, et Symon et Rogerus fratres prefatam venditionem voluerunt et quitaverunt et promiserunt. Nichilominus promittens sub prestita fide mater ante dicta se in dicta venditione nichil de cetero ratione juris quod ibidem habebat nomine dotalicii reclamaturam. Insuper dominus Gervasius le Veaultre, miles, de cujus feodo res vendita movere dicitur, coram nobis, dictam venditionem voluit, concessit, promittens..... Supradicti Gervasius de Separa, Symon et Rogerus, fratres, concesserunt predictis monialibus quod omnes illi qui voluerint ire ad pressorium dictarum monialium, ad premendum vinum suum ibidem libere possint ire, salvo jure fratrum eorumden. Actum anno gratie M° CC° XXX° VI°, mense decembri.

(Cartul., I, n° 114.)

CLXIV

Isabelle, femme de Gervais de Sèvres, approuve l'acte de son mari.

(Mars 1236-1237.)

Universis..... Officialis curie Parisiensis..... Notum facimus quod Ysabellis, uxor domini Gervasii de Separa, in nostra presentia constituta, asseruit quod dictus Gervasius vendiderat monialibus de Portu-Regis quandam vineam sitam apud Separam..... Asseruit etiam quod dictus Gervasius concesserat jam dictus monialibus ut omnes qui vellent ire ad pressorium monialium, ad vineum suum premendum qued ad illud libere valeant accedere, salva jure alieno. Quam venditionem dicta Ysabellis voluit, laudavit..... Actum anno D⁰ⁱ M° CC° XXX° VI°, mense marcio.

(Cartul., I, n° 115.)

CLXV

Pierre Gautier d'Escrones confirme la vente par sa sœur Jeanne de Gachonville d'une terre à Beauvoir.

(Février 1236-1237.)

Ego Petrus Galteri de Escrones, miles. Notum facio universis presentes litteras inspecturis quod domina Johanna de Gachonvilla de voluntate et assensu liberorum suorum vendidit abbatisse et conventui de Portu Regis pro quindecim libris carnotensium quandam terram sitam retro granchiam de Bellovidere sicut predicta Johanna eam possidebat. Ego Petrus d'Escronis, prenominatus frater predicte Johanne, predictam venditionem laudavi, volui et concessi et eam tanquam dominus feodi manucepi garandire. Quod ut ratum et stabile permaneat, ad petitionem partium, presentes litteras sigilli mei munimine confirmavi. Actum anno Domini millesimo ducentesimo tricesimo sexto, mense februario.

(Cartul., I, n° 11.)

CLXVI

Gautier Beccard, seigneur dominant, approuve la confirmation par Barthélemy Le Pelu et Guillaume Le Rouillé de la vente du curé Adam d'une maison à Marly.

(1237.)

Omnibus presentes litteras inspecturis Galterus Beccart, miles, salutem in Domino. Notum facimus quod cum Bartholomeus Pilosus et Guillermus le Roillee, milites, concessissent monialibus Portus Regis quandam domum apud Malliacum, cum appendenti vinea quam domum dicte moniales ab Adam presbitero, privigno Petri de Villaperor, acquiesierant et pressorium quod ibidem habebant dicti milites cum omnibus reddibenciis. Ego dominus feodi, de assensu et voluntate Ysavie, uxoris mee, istam quitacionem volo, et concedo et presentibus litteris sigillo meo sigillatis confirmo. Actum anno Domini ducentesimo tricesimo septimo.

(CARTUL., I, n° 87.)

CLXVIII

Guillaume et Mathieu de Bujanville confirment la vente de la maison du curé Adam.

(1237.)

Omnibus presentes litteras inspecturis Guillermus de Bujanvilla, miles, et Matheus, frater ejus armiger, salutem. Notum facimus quod nos quitavimus et concessimus monialibus Portus Regis, tamquam domini capitales ut teneant pacifice domum apud Marliacum quam quittaverunt et concesserunt eisdem Bartholomeus Pilosus et Guillermus Le Roillee, milites, et pressorium eum redibenciis suis. In cujus rei testimonium presentes litteras dedimus eisdem sigillorum nostrorum impressionibus munitas. Actum anno Domini millesimo ducentesimo tricesimo septimo.

(Cartul., I, n° 90.)

CLXVIII

Étienne et Jean, fils de feu Lambert le Maréchal de Chevreuse, vendent à Guillaume Girold de Chevreuse pour 32 livres parisis 10 arpents de terre à la Brosse.

(1237.)

(*Cartul. de Port-Royal*, fol. XXVII. — *Preuves de l'Histoire de Chevreuse*, n° 111.)

CLXIX

Adam de Galardon et ses frères donnent à l'abbaye les 6 livres de rente viagère que recevait leur sœur Amicie.

(Juin 1237.)

Universis presentes litteras inspecturis, Adam, dominus Galardonis, Herveus, miles et Philippus, fratres, salutem in Domino. Noverint universi quod nos de spontanea voluntate uxorum nostrarum, videlicet Agnete et Margarete, dedimus et concessimus in puram et perpetuam elemosinam monialibus de Porregio sex libras carnotensium quas soror nostra Amicia ejusdem loci monialis, annuatim quamdiu viveret, in nostra prefectura de Galardone, quindena Nativitatis Domini percipere debebat, a dictis monialibus vel eorum mandato, annuatim in dicto termino similiter in perpetuum percipiendas. Quod ut ratum et stabile perseveret in posterum, ad petitionem dictorum Hervei, militis et Philippi fratrum meorum, ego Adam presentes litteras sigilli mei munimine confirmavi. Actum anno domini millesimo ducentesimo tricesimo septimo, mense junio.

(Cartul., n° 15.)

CLXX

Jean et Nicolas Paalé échangent à Porrois 14 arpens de terre près les Granges pour une vente de 7 livres moins 2 sous sur une maison rue de la Trinité, à Paris.

(Janvier 1237-1238.)

Omnibus presentes litteras inspecturis, officialis Curie Parisiensis, salutem in Domino. Notum fecimus quod in nostra presentia constituti, frater Guillelmus, procurator ecclesie Beate Marie de Portu Regis, ex una parte, et Johannes dictus Paalee, clericus et Nicholaus, frater ejus ex altera; asseruerunt quod dicti fratres habebant quatuordecim arpenta terre arabilis inter Montigniacum et Grangiam de Portu Regis, et dicta ecclesia septem libras censuales, duobus solidis minus super domum defuncti Johannis Paalee et Marie, ejus uxoris, site in vico Trinitatis. De quibus terra et censu recognoverunt dicti Nicholaus et Johannes et dictus frater Guillelmus, nomine dicte ecclesia, se permutationem fecisse. Promittentes, etc. Actum anno Domini M° CC° trigesimo septimo, mense januarii.

(Arch. nat., S., 4520, dossier 5; —
Original sur parchemin et copie sur papier.)

CLXXI

Pierre, seigneur de Marly, confirme l'achat à Marly de la maison du curé Adam.

(1234.)

Omnibus presentes litteras inspecturis, Petrus, dominus Maliaci, salutem in Domino. Noverint universi quod nos voluimus et concessimus quod moniales de Portu Regio quamdam domum apud Malliacum sitam quam emerunt ab Adam presbytero, privigno Petri de Villa Petrosa, teneant in perpetuum quitam et liberam ab omni consuetudine et redibentia de collecta sua. Voluimus etiam et concessimus quod dicta domus intra proprisium tantam habeat in omnibus libertatem quantam domus de Vallibus Sarnaii apud Malliacum sita dinoscitur obtinere. Ad cujus rei confirmationem presentem cartam sigilli nostri fecimus munimine roboravi. Actum anno D⁰ M⁰ CC⁰ XXX⁰ VIII⁰.

(CARTUL, I, n° 92.)

CLXXII

Gui de Chevreuse et Pierre d'Aunay confirment le don fait par Philippe de Vaumurier et Eremburge, sa femme, du quint de leurs biens.

(1238.)

Universis Christi fidelibus presentes litteras inspecturis, Guido de Caprosia, miles, salutem in Domine. Noverint universi quod presencia nostra constitutus Petrus de Alneio, miles, voluit et concessit quod moniales de Portu regis in perpetuum libere in manu mortua possideant et quiete totum quintum tenementorum et possessionum quas Philippus de Vallemorier et Eremburgis, uxor ejus, legaverunt iisdem monialibus in perpetuam elemosinam promittens, sub prestito fidei sacramento, quod contra concessionem istam per se vel per alium non veniet in futuram. Gatho etiam et Johannes, filii ejusdem, patris concessionem voluerunt et concesserunt in manu nostra, fide prestita corporali. Nos vero de cujus feodo dictum quintum movere dicitur elemosinam factam approbavimus volentes et concedentes quod dicte moniales in perpetuum dictum quintum modo superius annotato. Promisimus etiam quod jam dictam elemosinam sepedictis monialibus pro posse nostro garantizabimus contra omnes. In cujus rei memoriam et testimonium sigillam nostrum presenti pagine dignum duximus apponendum. Actum anno gracie millesimo ducentesimo tricesimo octavo.

(CARTUL., 1, n° 196.)

Voir la donation en 1221 et septembre 1223.

CLXXIII

Guillaume Sans-Avoir confirme un don de vin sur son pressoir de Maule.

(1238.)

Omnibus presentes litteras inspecturis Guillelmus dictus Sanz Avoir, miles, salutem in Domino. Noverint universi quod dominus Simon Sanz Avoir, avunculus noster, recognovit coram nobis se contulisse in elemosinam monialibus de Portu-Regio duos dupplarios vini in pressorio domini Petri de Manlia, annuatim percipiendos, et quamdam vineam sitam apud Manliam juxta magnum rivum, que omnia scilicet vinum et vineam movent de feodo nostro. Quam approbamus volentes et concedentes quod dicte moniales dictam donationem in perpetuum in manu mortua libere possideant et quiete. Promittentes, etc. In cujus rei testimonium presentem paginam sigilli nostri munimine dignum duximus roboravi. Actum anno gratie millesimo ducentesimo tricesimo octavo.

(Cartul., 1, n° 15.)

CLXXIV

*Pierre de Marly confirme l'achat de la maison
du curé Adam à Marly.*

(1238.)

Omnibus..... Petrus, dominus Malliaci, salutem in Domino. Noverint universi quod nos volumus et concedimus quod moniales de Portu Regio quamdam donum apud Malliacum sitam quam emerunt ab Adam presbytero, privigno Petri de Villa Petrosa, teneant in perpetuum quitam et liberam ab omni consuetudine et redibencia de collecta sua. Volumus etiam et concedimus quod dicta domus intra proprisium tantum habeat in omnibus libertatem quantam domus de Vallibus Sarnaii apud Malliacum sita dinoscitur obtinere. Ad cujus rei confirmationem presentem cartam sigilli nostri fecimus munimine roboravi. Actum anno Domini M° CC° XXX° VIII°.

(Cartul., I, n° 92.)

CLXXV

Bouchard de Marly donne 24 sous chartrains de rente sur Galardon pour sa part dans le don de son père Bouchard et ajoute 26 sous pour un cierge dans le chœur des religieuses.

(Septembre 1238.)

Ego Buchardus de Malliaco, miles, notum facio universis presentes litteras inspecturis quod ego de assensu et voluntate Agnetis, uxoris mee, assignavi abbacie Portus Regis et monialibus ibidem Deo servientibus viginti quatuor solidos carnotensis monete annuatim, percipiendos in prefectura mea de Galardone pro viginti solidis parisiensium annui redditus quos eisdem debebam pro parte mea centum solidorum quos bone memorie Buchardus, quondam dominus Malliaci, pater meus, dictis monialibus donavit pro excambio molendini de Diviteburgo. Dedi etiam dicte abbatie in puram et perpetuam elemosinam pro remedio anime mee et A. uxoris mee, et patris mei et antecessorum meorum, viginti solidos carnotensium pro quodam cereo quem constitui ad cremendum semper super altare. Beate Marie in choro dictarum monialium. Volo etiam quod dicti viginti sex solidi quos prebui pro dicto cereo ibi singulis annis percipientur ubi prefati viginti quatuor solidi assignatur, videlicet in prefectura mea de Galardone, in octabis Omnium Sanctorum per manum prepositi de Galardone quicunque fuerit. Volo etiam quod dictus prepositus teneatur persolvere dicte abbacie duodecim denarios carnotensium pro singulis diebus de emenda si forte dictam pecunie summam ad termimum prenotatum differe presumpserit. Actum anno Gratie millesimo ducentesimo octavo, mense septembri.

(CARTUL., I, n° 13.)

CLXXVI

Pierre seigneur de Marly et Bouchard, son frère, confirment le don de leurs prédécesseurs.

(1238.)

Universis Christi fidelibus presentes litteras inspecturis Petrus, dominus Malliaci, et Buchardus, frater ejus, salutem in Domino. Notum facimus universis quod nos ratas habemus et gratas et etiam confirmamus omnes elemosinas quos dederunt bone memorie avus noster Matheus, quondam dominus Malliaci et pater noster Buchardus, filius ejusdem Mathei, et Matheus avunculus noster, monialibus de Portu Regio, necnon et omnes elemosinas quecumque date sunt eisdem monialibus in omni dominio nostro et in omni potestate nostra et in omnibus feodis nostris, volentes et concedentes quod dicte moniales dictas elemosinas in perpetuam libere possideant et quiete. Et ut hec omnia supradicta perpetuam hobeant firmitatem presentem paginam sigillorum nostrorum munimine duximus roborandam. Actum anno Domini M° CC° tricesimo octavo.

(CARTUL., n° 93.)

CLXXVII

Jean de Vélizy confirme la donation de la vigne de Néfliers faite par Adam Le Roux.

(Décembre 1238.)

Ego Johannes de Vilisicao, miles, universis presentem paginam inspecturis notum fieri volo quod ego de voluntate et assensu Haheoisis, uxoris mee, volo et concedo quatinus moniales de Portu Regio teneant et possideant in manu nostra, libere et quiete vineam de Neflariis sita in censiva nostra quam Adam Rufus eisdem monialibus in puram et perpetuam elemosinam donavit. Pro ista quitatione sic facta dicte moniales nobis XL^a solidos parisiensium donaverunt Sepedicte moniales nobis et heredibus nostris pro dicta vinea XII denarios censuales in festo Sancti Remigii, singulis annis solvere tenebuntur. Ego autem et heredes mei eamdem vineam dictis monialibus tenemur garantire. Et ut hoc ratum et stabile in perpetuum perseveret, presentem paginam sigilli mei munimine roboravi. Actum anno Domini $M^o CC^o XXX^o VIII^o$, mense decembri.

(CARTUL., I, n° 118.)

CLXXVIII

*Adam Leroux de Trappes donne la vigne de Neffliers
à Sèvres.*

(Janvier 1238-1239[1].)

Universis presentes litteras inspecturis, Reymundus, ecclesie Parisiensis archidiaconus, salutem in Domino. Notum facimus quod in nostra presencia constituti Adam Rufus de Trapis et Eremburgis, uxor ejus, dederunt et concesserunt in puram et perpetuam elemosinam abbacie de Porrois quandam vineam quam habebant apud Separam que appellatur vinea de Mespelio[2], sita in loco qui dicitur Les Masures, in censiva Johannis de Vilisiaco, militis, ad XII denarios censuales, promittentes, fide media quod contra donationem istam per se vel per alium non venient in futurum. Et predicta Eremburgis, fide media, quitavit doerium suum et totum jus quod habebat in dicta vinea quoquomodo. Datum anno Domini D° CC° XXX° VIII°, mense januario.

(Cartul., I, n° 119.)

1. La confirmation de ce don, en décembre 1238, par Jean de Vélizy, précède ainsi l'acte donné devant l'archidiacre de Paris.
2: *Mespilus* est le nom latin du néflier.

CLXXIX

Milon de l'Étang confirme la rente de 4 setiers de blé donnés à Porrois par Milon et Renaud de Voisins, père et grand-père de sa femme Agnès.

(Janvier 1238-1239.)

Omnibus presentes litteras inspecturis, Officialis Curie Parisiensis, salutem in Domino. Notum facimus quod coram nobis constitutus Milo de Stagno, armiger, asseruit quod defunctus Milo de Vicinis, avus Agnetis, ejusdem Milonis uxoris, et defunctus Reginaldus de Vicinis, pater dicte mulieris legaverent in justam et perpetuam elemosinam ecclesie de Portu Regis quatuor sextarios bladi hybernagii annui redditus percipiendos annuatim ad festune Sancti Remigii super terris suis sitis apud Vicinum quas terras idem Milo possidet prout asseruit coram nobis. Quam elemosinam voluit idem Milo quod dicta ecclesia teneat in perpetuum sine coactione vendendi, et promisit, fide media quod contra per se vel per alium non veniet in futurum. Promisit nichilhominus sub religione prestite fidei, quod dictum bladum, prefate ecclesie, singulis annis persolvet ad festum Sancti Remigii et quantum ad hoc se suosque heredes specialiter obligavit. Datum anno Domini millesimo ducentesimo tricesimo octavo, mense januarii.

(CARTUL., I, n° 194. Cet acte est cancellé.)

CLXXX

Actes dans les mêmes termes donne sous le sceau de R... archidiacre de Paris.

(Avril 1239.)

(Cartul., I, n° 194. Cet acte est également cancellé.)

CLXXXI

Mathieu de Marly donne ordre à ses baillis de payer les rentes sur Meulan aumonées à Port-Royal par son père et son frère.

(Février 1238-1239.)

Matheus de Malliaco, miles, omnibus ballivis suis salutem et dilectionem. Mandamus vobis et districte precipimus quatinus, visis litteris istis, sine dilatione et contradictione reddatis monialibus de Portu-Regio, tam anno presenti quam annis singulis futuris, prima die marcii septem libras et dimidiam parisiensium, prima die junii septem libras et dimidiam par. prima die septembris septem libras et dimidiam pariter prima die decembris septem libras et dimidiam par. qui denarii eis assignati sunt in elemosina felicis memorie Mathei quondam patris mei et Buchardi, quondam fratris mei, et mea, in redditu quod habeo apud Mellentum. Quos etiam denarios dedimus dictis monialibus in perpetuam elemosinam singulis annis, ad dictos terminos in dicto redditu percipiendos. In cujus rei testimonium et confirmationem presentes litteras duximus sigillo nostro confirmendas. Actum anno Domini millesimo ducentesimo tricesimo octavo, mense februarii.

(Cartul., I, n° 70.)

CLXXXII

Eremburge, abbesse de Porrois, fait un echange avec l'abbaye des Vaux-de-Cernay.

(Février 1238-1239.)

Universis presentes litteras inspecturis soror E(remburgis) abbatissa dicta Portus regalis et ejusdem loci conventus, salutem in Domino. Noverit universitas vestra quod nos commutavimus cum viris religiosis et dilectis nostris monachis Vallium Sarnaii quandam vineam apud Rossiacum in censiva eorumdem monachorum sitam ; quam vineam dilectus Symon de Mauveriis, miles, nobis donaverat ob gratiam et amorem filie sue, qui in domo nostra habitum religionis assumpsit. liberam et quietam in perpetuo possidendam, pro quadraginta solidis parisiensibus annui census, quos singulis annis apud Castrum Forte et apud Vetolium recipiebant, videlicet apud Castrum Forte viginti solidos parisienses et apud Vetolium viginti solidos parisienses. Et ut ista commutatio in perpetuum stabilis et firma perseveret, hanc presentem paginam sigilli nostri appensione roboravimus. Actum anno Domini millesimo ducentesimo tricesimo octavo, mense februario.

(Original en parchemin scellé. — Archives de Seine-et-Oise, fonds des Vaux-de-Cernay. — Publié dans le *Cartulaire* de cette abbaye, p. 358.)

Le sceau de forme ogivale, en cire verte, sur lacs de soie verte et rouge, l'abbesse debout tenant de sa main droite sa crosse tournée en dehors, et de la gauche un livre appuyé sur sa poitrine. Légende. S. ABBATISSE DE PORTV REGIO. Ce sceau a été gravé dans l'*Album des Vaux-de-Cernay*, pl. IV, n° 3.

CLXXXIII

Mathilde, dame de Marly, abandonne à Mathieu de Marly les 30 livres tournois de rente en terre qu'il était tenu de lui fournir en échange de ses droits sur Chagny, donnée par elle à Port-Royal.

(Mars 1238-1239.)

Ego Matildis, nobilis mulier, domina Malliaci, notum facio universis presentes litteras inspecturis quod dedi et concessi in perpetuum Buchardo, militi, filio meo carissimo, triginta libratas terre turonensium, quos nobilis vir Matheus de Malliaco, miles, mihi debebat assignare in propria hereditate sua, pro terra de Chahengneio quam terram bone memorie quondam dominus Malliaci et ego Matildis, uxor ejus, donavimus in perpetuam elemosinam abbacie Portus Regis. Ego predicta Matildis a modo quito dictum Matheum de Malliaco, militem, ab assignamento predictarum triginta terre librarum in perpetuum, bona fide et volo et concedo quod dicta abbacia Portus Regis predictam terram de Chahengneio in perpetuum quiete et pacifice possideat. Quod ut ratum et firmum permaneat in futurum presentes litteras sigilli mei munimine feci roborari. Actum anno Domini millesimo ducentesimo tricesimo octavo, mense marcio.

(Cartul., I, n° 2.)

CLXXXIV

Étienne de Meudon confirme les dons de Béatrix d'Orsignies.

(Mai 1239.)

Omnibus presentes litteras inspecturis Officialis Curie Parisiensis in Domino salutem. Notum facimus quod in nostra presencia constitutus, Stephanus de Meuduno, miles, recognovit quod Domicella Beatrix de Orsignies, vidua, dedit in elemosinam puram et perpetuam ecclesie monialium Portus-Regis quindecim arpenta terre arabilis sita inter Vilers et Orsignies, que movent de feodo meo tertio loco. Recognovit eciam coram nobis se dedisse et concessisse dicte ecclesie quandam peciam vinee site apud Meudon que vocatur vinea de Peru, in censiva domini Johannis de Villadavrai, militis, ad undecim denarios et obolem censuales. Promittens, fide media, quod contra premissa, per se vel per alium non veniet in futurum, et quod contra omnes heredes suos dicte ecclesie in manu mortua garantizabit. Johannes vero de Meuduno, nepos dicti Stephani, et Petrus de Clamarcio, et Genovefa, uxor dicti Petri, coram nobis constituti, predictam terram et vineam et quidquid juris in eisdem jure hereditario, seu ratione dominii, seu dotalicii, aut alio quolibet modo habebant, eidem ecclesie in manu mortua perpetue quitaverunt, promittentes, etc..... Datum anno Domini millesimo ducentesimo tricesimo nono, mense maio.

(CARTUL., I, n° 126.)

CLXXXV

Louis IX vidime les lettres de Louis VIII de juillet 1224, *vidimant celles de Bouchard de Marly de la même date.*

(Juin 1239.)

Ludovicus, Dei gratia Francorum rex, notum facimus quod nos litteras clare memorie regis Ludovici, carissimi genitoris nostri vidimus in hec verba :

Ludovicus Dei gratia Francorum rex, universis presentes litteras inspecturis salutem. Noveritis nos cartam dilecti et fidelis nostri Buchardi de Malliaco, vidisse in hec verba :

Ego Buchardus dominus de Malliaco... Actum anno Domini millesimo ducentesimo vicesimo quarto, mense julio. Nos autem ad ipsius Buchardi petitionem, elemosinam superius annotatam, salvo omni jure, ratam habemus et sigilli nostri munimine roboramus. Actum in obsidione Rupelle, anno Domini millesimo ducentesimo vicesimo quarto, mense julio. Nos autem predicti genitoris nostri vestigiis inherentes, elemosinam predictam, sicut superius continetur, volumus et concedimus et eam, salvo omni jure, sigilli nostri munimine confirmavimus. Actum apud Sanctum Germanum in Laya, anno Domini millesimo ducentesimo tricesimo nono, mense junio.

(CARTUL., I, n° 7.)

CLXXXVI

Guillaume de Voisins de Chateaufort donne une rente de 3 setiers de blé et 3 d'avoine.

(Juin 1239.)

Universis presentes litteras inspecturis, Reymundus ecclesie Parisiensis archidiaconus, salutem in Domino. Notum facimus quod coram nobis constitutus, Guillelmus, dictus de Vicinis de Castro-Forti, dedit et concessit in puram et perpetuam elemosinam, pro remedio animarum parentorum suorum et amicorum suorum, et pro remedio anime sue, abbatisse et conventu de Portu Regis tria sextaria bladi et tria sextaria avene reddenda singulis annis in festo Omnium Sanctorum super hereditatem ejusdem Guillelmi a predicto Guillelmo vel ab ipsis qui de cetero hereditatem ejusdem Guillelmi tenebunt. Actum anno Domini millesimo ducentesimo tricesimo nono, mense junii.

(Cartul., 1, n° 197.)

CLXXXVII

Philippe d'Orz confirme le don de 2 arpents de terre fait par Béatrix d'Orsignies.

(Juin 1239.)

Omnibus presentes litteras inspecturis, Reymundus, ecclesie Parisiensis archidiaconus salutem in Domino. Notum facimus quod coram nobis constitutus Philippus de Orz, miles, voluit et concessit quod abbatissa et conventus de Porrois de cetero teneant et in perpetuum possideant in manu mortua duo arpenta terre sita inter Ulmum de Sarcleio et Villers, movencia de feodo dicti Philippi et quam terram domicella Beatrix de Orsignies legavit eisdeim abbatisse et conventui. Promittens fide data se de cetero non impeditarum quin dicte abbatissa et conventus predicta duo arpenta terre possint tenere in manu mortua. Datum anno Domini millesimo ducentesimo tricesimo nono, mense junii.

(CARTUL., 1, n° 191.)

CLXXXVIII

Mathieu de Marly confirme une rente de 10 sous donnée par Galeran de Mézy.

(Juin 1239.)

Ego Matheus de Malliaco, miles, notum facio universis quod Galeranus de Mesiaco dedit in puram et perpetuam elemosinam nonialibus Portus Regis, amore Dei et pro remedio anime sue, decem solidos parisiensium annui redditus, et eos assignavit super hortisias quam ipse in elemosinam contulit ecclesie Sancti Martini de Vernolio super quos habemus duos solidos censuales; debent autem reddi dicti decem solidi monialibus supradictis, annis singulis ad Natale Domini, per manus eorum qui negocia et temporale servicium ejusdem ecclesie de Vernolio pro tempore ministrabunt. Et ego predictam elemosinam concedo et eam, quantum in me est, confirmo. Datum anno Domini millesimo ducentesimo tricesimo nono, mense junio.

(CARTUL., 1, n° 75.)

CLXXXIX

Thomas de Vemars, pour son père et son frère, gage la ferme de 14 sous pour 10 arpents de terre à Villeneuve et à Vemars.

(Juin 1239.)

Omnibus presentes litteras inspecturis, Officialis Curie Parisiensis, in Domino salutem. Notum facimus quod in nostra presentia constituti Thomas de Vemartio, clericus et Indulfus, frater ejus, recognoverunt quod ipsi et Henricus, pater eorum, tenebantur reddere singulis annis in octabis Beati Dyonisii perpetuos ecclesie de Portu Regis quatuordecim solidos parisiensium super novem arpentis terre sitis apud Villam novam et uno arpento terre siti apud Vemarcium, ratione decime eorumdem arpentorum; quam decimam asseruit dicti fratres ipsum Henricum ad firmam quatuordecim solidorum parisiensium recepisse ab ecclesia supradicta. Promiserunt insuper dicti fratres, fide in manu nostra prestita corporali, se dictam pecuniam abbatisse et conventui de Portu Regis in perpetuum soluturos et ad hoc specialiter heredes suos et etiam dictam terram obligaverunt. Datum anno Domini millesimo ducentesimo tricesimo nono, mense junio.

(Cartul., I, n° 147.)

CXC

Gui de Chevreuse abandonne pour 185 livres un revenu de 5 muids d'avoine.

(Juillet 1239.)

Ego Guido, dominus Caprosie, notum facio universis presentes litteras inspecturis, quod ego de voluntate et assensu Helissendis, uxoris mee, vendidi abbatisse et conventui monasterii Portus Regis, cisterciensis ordinis, pro novies viginti libris et centum solidis parisiensibus, jam solutis, quinque modios avene annui redditus quos habebam et percipiebam annuatim in eadem abbatia. Promittentes bona fide quod contra nec per me nec per alium non veniam in futurum, et quod dictos quinque modios avene eidem abbatie garantizabo. In cujus rei memoriam et testimonium presentes litteras vigilli mei munimine roboravi. Actum anno Domini millesimo ducentesimo trigesimo nono, mense julio.

(Original, S., L., 520, A, 1re liasse.)

CXCI

Lettre de l'évêque de Paris confirmant cet accord.

(Même date, même sujet. Original et copie, S., 4520 A, 1re liasse.)

CXCII

Pierre et Colin de Buloyer vendent à Pierre de Noisy 40 arpents dans le fief d'Adam de Buloyer.

(Juillet 1239.)

Omnibus presentes litteras inspecturis Guillelmus Parisiensis ecclesie minister, salutem in Domino. Notum facimus quod coram nobis constituti Petrus de Bulohier et Colinus, frater ejus, filii defuncti Reginaldi de Bulohier, militis, vendiderant Petro de Noisiaco, militi, pro septies viginti libris parisiensibus, quitis, quidquid habere possint in quadraginta arpenta terre sita in feodo Ade de Buloier, scutiferi. Promittentes, etc..... Ut dicta venditio permaneat firma presentes litteras sigillo nostro fecimus roborari. Actum anno Domini M° CC° tricesimo nono.

(Arch. nat., S., 1521, dossier 1.)

Copie faite, en 1498, d'une lettre ancienne saine et entière de scel et d'escripture étant en la possession des religieuses, abbesse et couvent de Portréal.

CXCIII

Mathieu de Marly confirme le don par Hugues de Jouy du quint de son moulin de Jouy.

(Juillet 1239.)

Ego Matheus de Malliaco, miles, notum facio universis presentes litteras inspecturis quod ego volo, laudo et approbo elemosinam illam quam fecit Hugo de Joiaco, miles, monialibus Porregii in quinta parte molendini sui de Joiaco et totius proprisii in quo situm est dictam molendinam in feodo meo, volens quod teneant eam in manu mortua, et eam tanquam dominus feodi eisdem monialibus per presentes litteras in perpetuum confirmo. Actum anno Domini M° CC° XXX° IX°, mense julii.

(CARTUL., 1, n° 123.)

Cet acte est cancellé; peut-être cette donation a-t-elle été remplacée par celle de l'acte suivant du même Hugues de Jouy.

CXCIV

Hugues de Jouy lègue un quartier de vigne au val de Meudon

(Août 1239.)

Ego Hugo de Joiaco, miles, notum facio universis presentes litteras inspecturis quod ego de voluntate Margarite, uxoris mee, ob remedium anime mee et dicte Margarete et aliorum amicorum meorum dedi in puram et perpetuam elemosinam abbatie Portus Regis unum quarterium vinee situm in valle de Medunno, contiguum vineis dicte abbatie, post decessum nostrum. Quemcumque vero nostrum prius decedere contigerit volo et concedo quod dicte moniales percipient totum dictum quarterium sine contradictione alterius superviventis libere pacifice et quiete. Quod ut ratum et firmum permaneat presentes litteras sigilli mei munimine roboravi. Actum apud Aquas Mortuas anno Domini M° CC° XXX° III°, mense augusto.

(Cartul., I, n° 122.)

CXCV

Pierre de Noisy, sous le sceau de l'évêque de Paris, achète des terres à Buloyer.

(1ᵉʳ juillet 1239.)

(Arch. nat., S., 4521, 1ᵉʳ dossier, n° 1.)

CXCVI

Quittance par Hugues Pilet et autres du prix du bois des Jarriets(?) ou des Pilletois.

(Avril 1239-1240.)

Universis presentes litteras inspecturis officialis curie Carnotensis salutem in Domino. Notum facimus quod in nostra presentia constituti in jure : Hugo Pilet, Margareta, uxor ejus, Johannes Pilet, Amauricus de la Huaniere, Odelina, uxor ejus, Robertus de Morto, Ermengardis, uxor ejus, et Matildis, soror ejusdem Roberti, recognoverunt se vendidisse abbatisse et conventui de Portu Regio in manu mortua totum nemus de Jarrietis et fundum ejusdem nemoris sicuti se comportat in longitudine et in latitudine quod vocatur nemus des Piletois, quod libet arpentum pro sexaginta solidos parisiensium. De qua pecunia ipsi venditores recognoverunt sibi fuisse plenarie satisfactum. Promittentes fide medio quod contra venditionem istam per se vel per alium non venient in futurum et quod dictum nemus prefatis abbatisse et conventui quociuscunque necesse fuerit ad usus et consuetudines Francie in manu mortua garantizabunt contra omnes. Predicte autem mulieres de voluntate et mandato maritorum suorum quitaverunt quidquid juris in dicto nemore habebant vel habere poterant ratione dotalicii vel alio modo, spontanee non coacte, fide data ad hoc. Dominus Hugo de Bello Videre, miles, secundus dominus feodi in quo dictum nemus situm est dictam venditionem coram nobis voluit et concessit coram nobis, volens et concedens quod predicte a. et c. teneant in perpetum in manu mortua. Promittens fide media quod contra premissa per se vel per alium venire de cetero nullotenus attemptabit et quod dictum nemus, quantum ad se pertinet prefatis abbatisse et conventui ad usus et consuetudines Francie garantizabit. † Predicti vero Hugo Pilet et Margareta, ejus uxor, et Johannes Pilet, quantum ad hoc, se nostre juridictioni subdiderunt. Actum anno Domini millesimo ducentesimo tricesimo nono, mense aprili.

(CARTUL., I, n° 19.)

CXCVI

Même acte devant l'official de Paris, même date et texte semblable, sauf la dernière phrase marquée d'une croix ajoutée par l'official de Chartres, dont la juridiction étai volontaire.

(Cartul., I, n° 20, folio 27.)

CXCVIII

Confirmation par Hugues de Beauvoir (ou Bellevue) de la vente du bois des Pilletois et quittance du droit de quint.

(Avril 1239-1240.)

Ego Hugo de Bello Videre, miles, notum facio universis tam presentibus quam futuris quod Hugo Pilet, Margareta uxor ejus, etc. (Comme dans l'acte précédent).

Predictus autem Hugo Pilet, a quo alii venditores partem suam dicti nemoris tenebant et qui totum dictum nemus a me tenebat in feodum, promisit se garantizaturum dictum nemus predictis monialibus ad usum et consuetudines Francie in manu mortua contra omnes. Ego vero secundus dominus dicti feodi dictam venditionem volo et concedo..... et promitto, fide corporaliter prestita, etc. Pro hac autem venditione concedenda recepi duodecim libras parisienses quas dicte moniales propter hoc mihi dederunt in pecunia numerata. Et cujus testimonium presentes litteras sigilli mei impressione roboravi. Actum anno Domini millesimo ducentesimo tricesimo nono, mense aprili.

(Cartul., I, n° 18.)

CXCIX

Echange avec les héritiers de Hugues de Marchais d'un revenu de vin pour une rente de 12 sous.

(Juillet 1240.)

Omnibus presente litteras inspecturis A(lbericus) miseratione divina Carnotensis episcopus, salutem in Domino. Cum dilecte in Christo abbatissa et conventus monialium de Porregio tres modios vini in nostra diocesi apud Marchesium in vinea quondam Hugonis de Marchesio, militis, perciperent annuatim quos idem Hugo ecclesie de Porregio in perpetuam elemosinam contulit et concessit. Tandem dicte abbatissa et conventus eclesie sue commodum proprium attendentes dictos tres vini modios ejusdem Hugonis heredibus quitaverunt in excambiam pro duodecim solidos parisiensium, quos ab ipsis in festo beati Remigii de censu eorum comuni percipient apud Marchesium in hanc modum : Videlicet ab Arnulfo de Marchesio, milite, tres solidos ; à Guillelmo, fatre suo, sex solidos, et a Robino, nepote eorum, tres solidos. Nos autem hujusmodi concessionem in escambiam factam concedimus et approbamus ac sigilli nostri munimine confirmamus. Datum anno Domini millesimo ducentesimo quadragesimo, mense julio.

(Cartul., I, n° 29.)

CC

Le légat Jacob Pecorari charge le doyen de Paris de protéger le monastère de Porrois contre les entreprises de quelques seigneurs des diocèses de Paris, Chartres et Orléans.

(19 juillet 1240.)

Frater Jacobus miseratione divina Penestrinus episcopus apostolice sedis legatus licet indignus, dilecto in Christo decano Parisiensi, salutem in Domino. Dignum est ut qui non solum sua, sed etiam semet ipsos salubriter abnegantes carnem suam cum viciis et concupiscenciis crucifigunt in claustris claustralibus se claudando, gratis attollantur favoribus et congruis presidiis muniantur ut eo devocius quo quietuis Domino famulantes sibi per vite meritum et aliis proficiant per exemplum. Hinc est quod cum dilecte in Christo filie abbatissa et conventus de Portu-Regis Cisterciensis ordinis Parisiensis dyocesis contra indulta privilegiorum suorum eis a sede apostolica concessorum a nonnullis Parisiensis, Aurelianensis et Carnotensis civitatum et dyocesium temere, sicut asserunt, molestentur, nos eorum quieti providere volentes, discretioni tue, qua fungimur auctoritate mandamus quatinus eis contra perversorum audaciam presidio defensionis assistens, non permittas eos contra indulta ipsas temere molestari, molestatores hujus in predictis civitatibus et dyocesibus constitutos monitione premissa, per censuram ecclesiasticam compescendo. Datum

Stampis XXX° Kalendas Augusti, anno Domini M° CC° quadragesimo.

(CARTUL., I, fol. 110.)

Jacob Pecorari, évêque de Preneste, légat du Pape, cardinal le 31 mai 1231, mort le 26 juin 1244 (Mas-Latrie, *Trésor de chronologie*, col. 1163). Le *Cartulaire de Notre-Dame de Paris* indique, comme doyen de 1231 à 1260, Lucas de Lauduno (Laon)?

CCI

Échange avec Amaury de Meudon.

(Mai 1241.)

Omnibus presentes litteras inspecturis Officialis Curie Parisiensis, salutem in Domino. Notum facimus quod in nostra presentia constituti Amalricus de Meduno, miles, et Emelina ejus uxor, recognoverunt se dedisse et concessisse olim nomine escambii abbatisse et conventui de Porresio, nomine sui monasterii in perpetuum, novem arpenta terre arabilis, que dicebant ad ipsos obvenisse jure successionis ejusdem Emeline ex caduco defuncte Marie de Reinemolin, sita in parrochia de Magniaco in territorio de Porresio, libera et quieta ab omni redditu, honere et obligatione preter quam de uno sextario bladi annui redditus qui pro decima ejusdem terre solvitur et debetur presbytero de Magniaco, ut dicebant ; pro sexaginta duobus solidis parisiensibus annui redditus augmentati census super prata(?) in Feronaria quos dicebant predicte abbatissa et conventus habuisse ex elemosina dicte defuncte Marie de Reinemolin, matris dicte Emeline et eosdem sibi et eorum heredibus ab eisdem abbatissa et conventus datos et concessos nomine excambii prodicta terra. Promittentes, fide data, etc..... Datum anno Domini millesimo ducentesimo quadragesimo primo, mense maio.

(CARTUL., I, 207 ; — Arch. nat., 4520, 15 × 12 centimètres, et copie.)

CCII

Quittance de Jean Paale.

(1211.)

(CARTUL.. I. n° 246.)

Texte en déficit; dans un acte de Guillaume de Sandreville, en avril 1244-1245, il est dit : « Item quatuordecim arpenta terre in parrochia de Maniaco in territorio de Porregio et viginti quatuor arpenta nemoris in eodem territorio sita. Quod nemus et que quatuordecim arpenta terre. Johannes dictus Paalee vendiderat dictis abbatisse et conventui olim ut dicitur. »
(Original. Archives nat., S., 4521, dossier 3[1]). — Voir plus loin, n° 226.

CCIII

Pierre de Galon vend pour 70 livres à Pierre de Noisy 8 livres de rente sur Meulan.

(Mai 1241.)

Omnibus ad q. litt. pres. pervenerint decanus de Mellento salutem in Domino. Noveritis quod Petrus de Galon, miles, et Margareta, ejus uxor, in nostra presentia constituti recognoverunt se vendidisse Petro, militi, de Noisiaco, octo libras redditus quas habebant apud Mellentum sitas in feodo Mathei de Malliaco, militis, pro sexaxinta et decem libris parisiensium de quibus fuerunt plenarie satisfacti. (Et promiserunt) fide data de predicta venditione fideliter observanda. Quod ut ratum et firmum permaneat presentem paginam ad preces illorum sigilli nostri munimine dignum duximus roborandam. Datum anno Domini millesimo ducentesimo quadragesimo, mense mayo.

(Arch. nat., K., 181, n° 208. Copie d'après un original scellé.)

CCIV

Pierre de Noisy donne une vigne en trois morceaux.

(1241.)

Ego Petrus de Noisi, miles, notum facio omnibus presentes litteras inspecturis quod ego dedi in perpetuam elemosinam abbatisse et conventui Portus Regis, unum arpentum vinee cujus una medietas est in loco qui dicitur Fons Sancti Martini, alterius vero medietatis pars est in loco qui dicitur Vallis Girardi et pars altera in loco qui dicitur Aquintes. Hanc autem elemosinam dictis abbatisse et conventui donavi pro salute anime fratris mei Johannis, defuncti et omnium amicorum meorum. Et promisi eisdem quod dictam vineam que sicut dictum est in tribus locis, ipsis contra omnes qui juris ibi aliquid poterent, exceptis superioribus dominis feodi in quo est dictum arpentum, vinee garantizarem. In cujus rei testimonium dedi eis presentes litteras sigillis mei munimine roboratas. Datum anno domini millesimo ducentesimo quadragesimo primo.

(Cartul., I, 163. Cette charte est cancellée.)

CCV

Achat à Gervais Le Veautre de trente-six arpents à Villeris

(Décembre 1241.)

Omnibus pr. litt. inspecturis Officialis Curie Parisiensis, salutem in Domino. Notum facimus quod in nostra presentia constituti Gervasius Le Viautre, miles, et Katerina, ejus uxor, recognoverunt se vendidisse in manu mortua, abbatisse et conventui de Portu Regis triginta sex arpenta terre arabilis in parrochia de Sarcleyo, in territorio de Villa Rati pro ducentis libris parisiensium, centum solidis minus, sibi jam solutos, ut confessi sunt coram nobis. Preterea recognoverunt, se nomine escambii, pro quinque sextariis bladi annui redditus quos debebunt abbatisse et conventui antedictis, ex legato defuncti Guidonis de Viletein, armigeri, nepotis ejusdem Gervasii, se dedisse eisdem abbatisse et conventui, et earum monasterio, quatuor arpenta terre arabilis in territorio antedicto. Promittentes, fide prestita in manu nostra, quod contrat hanc venditionem et contra dictum escambium per se, vel per alios non venient in futurum et quod dicta quadraginta arpenta terre eisdem abbatisse conventui et monasterio garantizabunt contra omnes, preter quam contra dominos feodi, contra quos dictam terram in manu mortua garantizare non tenebuntur. Dicta autem Katerina quitavit, sub fide prestita, eisdem abbatisse et conventui quidquid juris habebat racione dotalicii, vel alio quocumque modo in dicta terra; asserens quod ad hod faciendum, vi, vel metu non fuerat inducta, sed voluntate spontanea faciebat. Datum anno Domini millesimo ducentesimo quadragesimo primo, mense decembri.

(CARTUL., I, n° 148.)

CCVI

Mathilde de Marly confirme la vente par Gervais Le Veautre de quarante arpents à Villeras.

(Décembre 1241.)

Universis presentes litteras inspecturis ego Matildis, domina Malliaci salutem in Domino. Noverint universi quo ego, tanquam secunda domina, volo et concedo ut abbatissa et conventus de Portu-Regis habeant et teneant in perpetuam in manu mortua sine coactione vendendi aut extra manum suam ponendi quadraginta arpente terre arabilis sita in parrochia de Sarcleyo in territorio de Villa Rati, que predicta arpenta abbatissa et conventus, nomine sui monasterii emerunt à nobili viro Gervasio milite dicto Le Viautre et Katerina, ejus uxore, triginta sex arpenta pro ducentis libris parisiensium, centum solidis minus, et alia quatuor arpenta ab eisdem Gervasio et Katerina data fuerunt eisdem abattisse et conventui in escambium pro quinque sextariis bladii ex legato Guidonis de Viletain, armigeri quondam nepotis Gervasii antedicti. Que siquidem quadraginta arpenta terre movebant secundo de feodo meo. Promitto etiam bona fide, etc.....
In cujus rei testimonium presentes litteras feci sigilli mei munimine roboravi. Actum anno Domini millesimo ducentesimo quadragesimo primo, mense decembri

(CARTUL., I, n° 153.)

CCVII

Confirmation de la même vente par Guillaume et Jean d'Issy.

Omnibus..... officialis curie Parisiensis salutem in domino. Notum facimus quod in nostra presentia constituti Guillermus de Yssiaco, et Johannes frater ejus, milite, recognoverunt se quitasse monialibus de Porregio in perpetuam venditionem quadraginta arpentorum terre quam dominus Gervasius dictus Le Viautre, avunculus eorumdem fratrum fecissedicitur monialibus antedictis. Et promiserunt, etc..... Datum anno Domini millesimo ducentesimo primo, mense decembri.

(CARTUL.. 1, 151.)

CCVIII

Bouchard de Marly confirme la vente de 40 arpents à Villeras.

(Décembre 1241.)

Universis presentes litteras inspecturis ego Buchardus de Malliaco, miles, salutem in Domino. Noverint universi quod ego volo et concedo ut abbatissa et conventus de Portu Regis et eorum monasterium habeant et teneant in perpetuum, in manu mortua quadraginta arpenta terre arabilis sita in parrochia de Sarcleyo in territorio de Villa-Rati, que movebant secundo de feodo karissime matris mee Matildis, domine de Malliaco. In cujus rei testimonium sigillum meum duxi apponendum presentibus litteris. Actum anno Domini millesimo ducentesimo quadragesimo primo, mense decembri.

(CARTUL., I, n° 150.)

CCIX

Quittance donnée par Mathieu de Marly à l'abbaye de Porrois pour les 40 livres parisis que ladite abbaye lui devait pour le quint-denier de l'achat de 36 arpents à Villeras.

(Décembre 1241.)

Universis presentes litteras inspecturis, ego Matheus de Malliaco, miles, salutem in Domino. Noverint universi quod abbatissa et conventus de Portu regis satisfecerunt mihi de quadraginta libris parisiensium pro quinto denario venditionis triginta sex arpentorum terre arabilis sitorum in parrochia de Sarcleyo in territorio de Villa Rati que triginta sex arpenta terre nobilis vir Gervasius dictus Le Viautre, miles, et Katerina, uxor ejus, eisdem abbatisse et conventui et earum monasterio pro ducentis libris parisiensium, centum solidis minus, in perpetuum vendiderunt; que siquidem triginta sex arpenta terre movebant primo de feodo meo, et quito ipsas abbatissam et conventum et earum monasterium de pecunia supradicta. In cujus rei testimonium presentibus litteris sigillum meum apposui. Actum anno Domini millesimo ducentesimo quadragesimo primo, mense decembri.

(CARTUL., I, n° 149.)

CCX

Pierre de Montreuil et Béatrix, son épouse, confirment le don de 1 arpent de vigne fait à Porrois par Marguerite d'Eaubonne.

(Janvier 1241-1242.)

Omnibus pr. l. insp. Officialis Curie Parisiensis, sal. in D^{no}. Notum facimus quod constituti coram nobis Petrus de Monsteriolo, miles, et Beatrix, uxor ejus, recognoverunt quod defuncta Margarita dicta de Aqua Bona, quondam soror dicte Beatricis, legavit dum viveret abbatie et conventui de Portu Regis et earum monasterio unum arpentum vinee situm apud Marliacum in loco qui dicitur Planus Campus quem dicebant movere de feodo et dominio eorum ex parte ejusdem Beatricis. Predictem elemosinam laudaverunt et acceptaverunt coram nobis, et voluerunt tanquam primus dominus quod dicte abbatissa et conventus predictas vineas teneant ratione elemosine in manu mortua..... Promittentes fide prestita in manu nostra per se vel per alium non venient in futurum, etc. Et propter predicta recognoverunt se habuisse XL solidos parisiensium de bonis earumdem abbatisse et conventus. Actum anno D^{ni} M° CC° XL° I°, mense januario.

(CARTUL., I, n° 107.)

CCXI

Amaury d'Issy confirme la vente de Gervais Le Veautre.

(Avril 1241-1242.)

Omnibus... Officialis curie Parisiensis salutem in Domino. Notum facimus quod in nostra presentia constitutus Amalcius de Yssiaco, miles, quitavit venditionem terrarum in territorio de Villever in parrochia de Sarcleyo quam defunctus Gervasius le Viautre, miles, frater dicti Amalrici et Katerina, ejus uxor, fecisse dicuntur abbatisse et conventui de Portus Regis. Promittentes, fide data, etc..... Datum anno Domini millesimo ducentesimo quadragesimo primo, mense aprili.

(Cartul., I, 152.)

CCXII

Quittance du prix de la vente par Catherine,
veuve de Gervais Le Veautre.

(Avril 1241-1242.)

Universis presentes litteras inspecturis Decanus de Sarcleyo salutem in omnium Salvatore. Noverit universitas vestra quod in nostra presentia constituta Katerina, relicta defuncti Gervasii Le Viautre, militis, recognovit se recipisse in pecunia numerata novies viginti libros parisiensis monete ex venditione quadraginta arpenta terre sitorum in territorio de Villerat in parrochia de Sarcleyo, ob abbatissa et conventu de Portu Regis. Et quia predicta domina sigillum non habebat, nos ad petitionem ipsius presentibus litteris sigillum nostrum duximus apponendum. Actum anno Domini millesimo ducentesimo quadragesimo primo, mense aprili.

(Cartul., I, 154.)

CCXIII

Confirmation faite devant l'official de Paris par Philippe de Courcelles de la donation faite par Pierre de Courcelles, son père, à l'abbaye de Porrois, d'une rente de 4 setiers de blé d'hiver (mesure de Châteaufort), sur un moulin à Courcelles.

(Avril 1241-1242.)

Omnibus presentes litteras inspecturis, officialis curie parisiensis, salutem in Domino. Notum facimus quod constitutus coram nobis Philippus de Corcellis, scutifer, recognovit quod defunctus Petrus de Corcellis miles, quondam pater ejusdem Philippi dedit dum viveret in perpetuam elemosinam, abbatisse et conventui de Porregio et earum monasterio quatuor sextarios bladi hybernagii, annui redditus ad mensuram de Castroforti super quodam molendino, sito apud Corceles, movente de hereditate ejusdem Petri ut idem Philippus confessus est, coram nobis; recognovit etiam dictus Philippus se esse heredem dicti Petri et se dictum molendinum tenere ac possidere, et predictam elemosinam voluit et concessit dictus Philippus coram nobis. Etiam se et omnes illos qui dictum molendinum tenebunt et possidebunt in posterum obligavit ad reddendum dictum bladum a modo et in perpetuum singulis annis, dictis monialibus, terminis inferius subnotatis, videlicet duos sextarios dicti bladi infra triduum post festum beati Remigii et alios duos infra festum beati Nicholai Yemalis promittens fide prestita quod contra predicta per se vel per alium non veniet in futurum. Actum anno Domini millesimo ducentesimo quadragesimo primo, mense aprili.

(Cartul., I, n° 192.)

CCXIV

Nantier de Giry confirme à Porrois la possession de 7 arpents entre Noizy et Rennemoulin.

(Avril 1241-1242.)

Omnibus pr. litt. inspecturis Officialis Curie Parisiensis salutem in Domino. Notum facimus quod constituti coram nobis Nanterus de Giriaco, scutifer, et Ada, uxor ejus, recognoverunt quod abbatissa et conventus de Porregio, habebant et possidebant nomine monasterii sui septem arpenta terre arabilis inter Noisiacum et Regnemolin de feodo eorumdem Nanteri et Ade, ratione ejusdem mulieris moventia primo. Et voluerunt tanquam primi domini quod dicte abbatissa et conventus habeant et possideant in perpetuum predicta septem arpenta terre in manu mortua, etc. Promittentes fide prestita in manu nostra, quod dictam terram tanquam primi domini contra omnes qui se dederent primos dominos ejusdem feodi seu dicte terre garantizabunt. Et pro hujusmodi quittatione recognoverunt se recepisse de bonis dicti monasterii centum solidos parisiensium in pecunia numerata. Et ad premissa tenenda et garitizanda suos obligaverunt heredes. Datum anno Domini millesimo ducentesimo quadragesimo primo, mense aprili.

(Cartul., I, n° 161.)

CCXV

Aimery de Narbonne confirme une rente de 100 sous donnee par ses parents à Carrière-sous-Poissy.

(1242.)

Omnibus presentes litteras inspecturis Hemericus de Narbona, clericus, filius quondam bone memorie Nemerici, vicecomitis Narbone et Margarete, ejus uxoris, sororis quondam nobilis viri Mathei de Malliaco, militis, salutem. Notum sit omnibus quod Nemericus et Margareta, uxor ejus, parentes mei, dederunt olim et concesserunt in perpetuam elemosinam abbatie de Portu Regio, parisiensis diocesis C solidos parisiensium annui redditus in censu quem ex parte dicte Margarete habebunt apud Quarrerias in diocesi Rothomagensi, ab abbatissa et conventu prefate abbacie, nomine sui monasterii, habendos et percipiendos annuatim die Sancti Remigii. Quam donationem ego Nemericus volo et accepto et dico me ratam habere coram omnibus, et promitto, etc. In cujus rei memoriam presentes litteras sigilli mei munimine roboravi. Actum anno Domini M° CC° quadragesimo secundo.

(Cartul., I, n° 99.)

CCXVI

Vente par Pierre de Beauvoir à l'abbaye de Porrois d'une rente annuelle de 2 muids de blé méteil, moyennant 100 livres parisis.

(1242.)

Noverint universi quod ego Petrus de Bello Videre, vendidi pro centum libris parisiensium quas in pecunia numerata integre habui et recepi, abbatisse et conventui Portus Regis, ordinis cisterciensis, parisiensis dyocesis, duos modios bladi annui redditus ad mensuram parisiensem quorum medietas de frumento erit, altera medietas de avena, assignatos eidem super totam terram meam de Bello Videre quam de domino rege Francie teneo, quos videlicet duos modios infra octabus Omnium Sanctorum in grangia mea de Bello Videre abbatisse et conventui supradictis, vel eorum mandato, teneor reddere annuatim quod si non integre solverim infra jam dictum terminum pro singulis septimaniis quibus essem in mora, solvendi eis, pro pena, ad quam sponte me obligavi tenebor reddere unum sextarium bladi ad mensuram parisiensem supra debitum principale. Ad istas pactiones omnes in perpetuum observandas, obligavi me et totam terram meam superius nominatam et omnes successores meos ad quos dicte terre mea successio vel in toto, vel in parte in posterum est ventura; hoc ajecto quod si quis contraveniret contra predictas pactiones teneretur solvere omnes expensas quas domus Portus Regis predicta faceret ex hac causa. Sciendum vero quod sive in predicta terra propter diversos heredes, divisionem contingat fieri, sive non, semper ille qui tenebit herbergagium meum de Bello Videre, tenebitur reddere annuatim, mandato abbatisse et conventus Portus Regis duos modios bladi ad mensuram parisiensem, quorum sit una medietas in de frumento, et altera de avena in grangia mea predicta, sive in loco suo dicta grangia fuerit, sive alibi transmittetur, tenebitur et ipse penam adjectam integre reddere nisi duo predicti modii infra terminum prenotatum integre solverentur. Hæc omnia fide prestita concesserunt filius meus Petrus et uxor mea Ysabel, sub eadem fide promittentes quod nanquam contravenirent. Ut autem omnes iste pactiones perpetuam habeant firmitatem dedi abbatisse et conventui supradictis presentes litteras sigilli mei munimine roboratas. Actum anno Domini millesimo ducentesimo quadragesimo secundo.

(Cartul., I, n° 30.)

CCXVII

Cosne. — Autorisation donnée par la reine Blanche à Pierre de Beauvoir de vendre une rente de 2 muids de grains à l'abbaye de Porrois.

(Octobre 1242.)

Blanchia Dei gratia Francorum regina, universis ad quos littere presentes pervenerint, salutem, Notum facimus quod nos dilecto et fideli nostro Petro de Bello Videre, licenciam dedimus et concessimus quantum ad nos pertinet quia res de feodo nostro movet, quod ipse vendere possit abbatisse et conventui Portus Regis unum modium frumenti et unum modium avene, annui redditus, singulis annis in granchia ipsius Petri apud Bellovidere percipiendos. In cuius rei testimonium, sigillum nostrum salvo jure alieno presentibus litteris duximus apponendum. Actum apud Conne, anno Domini millesimo ducentesimo quadragesimo secundo, mense octobris.

(CARTUL., I, n° 32.)

CCXVIII

Cosne-sur-Loire. — Octobre 1242. — Autorisation donnée par le roi Louis IX à Pierre de Beauvoir de vendre une rente de 2 muids de grain à l'abbaye de Porrois.

(Octobre 1242.)

Ludovicus Dei gratia Francorum rex. Universis ad quos littere presentes pervenerint, salutem. Notum facimus quod nos dilecto nostro Petro de Bello Videre, militi, licenciam dedimus et concessimus, quantum ad nos pertinet, quia res de feodo nostro movet, quod ipse vendere possit abbatisse et conventui Portus Regis unum modium frumenti et unum modium avene, annui redditus, singulis annis in granchia ipsius Petri apud Bellovidere percipiendos. In cuius rei testimonium, sigillum nostrum, salvo jure alieno, presentibus litteris duximus apponendum. Actum apud Conne super Ligerim, anno Domini, millesimo ducentesimo quadragesimo secundo, mense Octobris.

(CARTUL., I, n° 31.)

CCXIX

Bouchard de Marly est garant du bail fait pour vingt-quatre ans par Guillaume de Chaponval de 9 arpents aux Fourches de Noisy et de la dime que Porrois a à Noisy.

(Avril 1242-1243.)

Universis presentes litteras inspecturis Buchardus dominus Malliaci salutem in Domino. Noveritis quod in nostra presentia constitutus, Guillelmus de Chaponval recognovit se recepisse ad firmam pro decem sextariis bladi, medietatem hybernagii et medietatem avene, septem arpenta terre arabilis sita apud Noisiacum, in territorio Furcarum a monialibus de Portu Regio, que arpenta dictus Guillelmus debet tenere per viginti quatuor annos cum decima quam dicte moniales habent apud Noisiacum, quam terram dicte a moniales habebant bone memorie Eremburgi quondam abbatissa Porregii, tali conditione : quolibet anno dictus Guillelmus tenetur reddere de stramine unam trosam infra festum Beati Martini hyemalis apud Malliacum in domo dictarum monialium et dicta decem sextaria bladi debet adducere dictus Guillelmus ibidem in horeis monialium predictarum, quod si non faceret, tenemur ad hoc ipsum compellere faciendum. In cujus rei testimonium presentes litteras ad petitionem partium sigilli nostri munimine diximus roborandas. Actum anno Domini millesimo ducentesimo quadragesimo secundo, mense aprili.

(Cartul., I, n° 162.)

CCXX

Bouchard, seigneur de Marly, assigne sur les bois de Baloyer 10 livres de rente données par son frère Pierre.

(Avril 1212-1243.)

Ego Buchardus, miles, dominus Malliaci, omnibus presentes litteras inspecturis, salutem in Domino. Noveritis quod dominus Petrus, miles, bone memorie, frater meus qui fuit dominus Malliaci, tenebatur ex debito patris nostri, reddere abbatie Portus Regis septies viginti libras parisiensium et insuper eis debebat quinquaginta solidos parisiensium annui redditus in perpetuum assignare et ex pacto se obligaverat in predicto redditu et summa pecunie supradicta, abbatisse et monialibus dicti loci decem libras annui redditus assignare parisiensis monete. Cum igitur ex successione ipsius teneor quod ipse promiserat adimplere, decem predictas libras annui redditus assignari abbatisse et monialibus supradictis percipiendos in nemoribus que sunt prope abbatiam Portus Regis, scilicet in nemoribus que sunt ultra caveiam Busci Loheri contigua nemoribus earumdem, salva tamem guarania mea in nemoribus supradictis. Verum quod jam dicta nemora sunt in manus et dominio matris mee, si casu aliquo contingente fieret ne dicta assignatio in eisdem nemoribus facta valeret, volo quod dicte abbatissa et moniales Portus Regis percipiant annuatim dictas decem libras annui redditus in censibus meis quos habere debeo apud Castrumforte post decessum matris mee; ita quod si quid dificerit de aliis meis redditibus integre persolvantur.

Ad hec autem supradicta integre perficienda, obligo me et meos. Cui rei, fide data, assensum prebuit Agnès, uxor mea. In cujus rei testimonium sigilli mei munimine presentes litteras roboravi. Actum anno domini M° CC° quadragesimo secundo, mense aprili.

(Cartul., 1, n° 94.)

CCXXI

Guillaume de Chaponval prend à ferme 7 arpents de terre à Noisy et la dime appartenant à l'abbaye.

(Avril 1242-1243.)

Universis presentes litteras inspecturis, Buchardus, dominus Malliaci, salutem in Domino. Noveritis quod, in nostra presentia constitutus, Guillelmus de Chaponval recognovit se recipisse ad firmam pro decem sextariis bladi medietatem hybernagii et medietatem avene septem arpenta terre arabilis sita apud Noisiacum, in territorio Eurcarum, a monialibus de Portu Regis. Que arpenta dictus Guillelmus debet tenere per viginti quatuor annos, cum decima quam dicte moniales habent apud Noisiacum a bone memorie Eremburgis, abbatisse Borregii; tali conditione quod quolibet anno dictus Guillelmus tenetur reddere de stramine unam trosam infra festum Beati Martini hyemalis apud Malliacum in domo dictarum monialium; et dicta decem sextaria bladi debet adducere ibidem in horreo monialum predictorum. Quod si non faceret tenemur ad hoc ipsum, compellere faciendum. In cujus rei testimonium presentes litteras, ad petitionem partium, sigilli nostri munimine duximus roborandas. Actum anno domini millesimo ducentesimo quadragesimo secundo, mense aprili.

(Cartul., I, n° 162.)

CCXXII

L'abbaye achète une terre à Germainville.

(Mai 1242.)

(Copie : Arch. nat., S., 4521, 1re liasse, n° 4.)

CCXXII

*Adam de Galardon vend à Porrois pour 30 livres
sa part de la terre de Chagny à Escrones.*

(Septembre 1243.)

Universis presentes litteras inspecturis Officialis Curie Carnotensis, salutem in Domino. Noveritis quod in nostra presentia constitutus nobilis vir Adam, dominus de Galardone, miles, recognovit se vendidisse abbatisse et conventui de Portu-Regis, totam terram quam habebat et possidebat inter terram dictarum abbatisse et conventus et terram que fuit defuncti Petri de Richervilla, militis, in parrochia de Escrones, que terra vocatur Chahengnai et movet de Domino Petro Galteri, milite, et est de feodo domini Regis, a predictis monialibus pacifice et quiete in perpetuum possidendam, pro triginta libris carnotensium de quibus coram nobis dictus Adam se totaliter tenuit propagato in pecunia numerata. Promittens, fide media, etc..... immo dictam terram garantizabit ad usus et consuetudines patrie erga omnes, preter quam erga dominos feodales. Preterea domina Agnes, uxor prefati nobilis, spontanea non coacta, de mandato dicti Ade, mariti sui, fide media promisit, etc..... In cujus rei testimonium nos ad petitionem dictorum presentes litteras predictis monialibus dedimus sigillo curie Carnotensis roboratas. Datum anno Domini millesimo ducentesimo quadragesimo tertio, mense septembri.

(Cartul., 1, n° 10; — Orig. : Arch. nat., S., 4527, n° 5. Deux copies.)

CCXXIV

*Adam et Philippe de Galardon vendent leur part
de la même terre pour 60 livres.*

(Septembre 1243.)

Universis presentes litteras inspecturis Adam, dominus de Galardone et Philippus, frater ejus, milites, salutem in Domino. Notum facimus quod nos, de voluntate et assensu Agnetis, uxoris mee qui vocor Adam, vendidimus et quitavimus abbatisse et conventui de Portu-Regis pro sexaginta libris Carnotensium quas recepimus in pecunia numerata, totam terram nostram quam habebamus arabilem in parrochia de Escrones, inter terram dictarum abbatisse et conventus et terram defuncti Petri de Richervilla, militis, que vocatur Chahengnai et movet de domino Petri Galteri, militis, et est de feodo domini Regis predictis monialibus in perpetuum possidendum. Promisimus insuper fide media, etc..... Predicta vero Agnes spontanea, etc..... Quod ut ratum et stabile permaneat presentes litteras sigillorum nostrorum munimine fecimus roborari. Actum anno Domini millesimo ducentesimo quadragesimo tertio, mense septembris.

(Cartul., 1, n° 14.)

CCXXV

Pierre Gautier d'Escrones amortit la vente faite par Adam et Philippe de Galardon.

(Mars 1243-1244.)

Universis pr. litt. inspecturis Petrus Galteri de Escrones, miles, s. in D°. Noverint universi quod ego, tanquam primus dominus, assensu et voluntate Marie, uxoris mee, volo et concedo ut abbatissa et conventus de Portu-Regis et monasterium eorum habeant et teneant in perpetuum, salva justicia mea, in manu mortua, totam terram arabilem situam in parrochia de Escrones inter terram dictarum abbatissa et conventus et terram defuncti Petri de Richervilla, militis, quam emerunt nomine sui monasterii nobili viro Adam, domino de Galardone et Philippo, fratre suo, militibus, pro sexaginta libris carnotensium quam terram predicti milites tenent de me pro viginti denarii carnotensium annui censu. Promitto etiam quod ego et heredes mei, tanquam primi domini predictam terram dictis abbatisse et conventui contra omnes illos qui se dicerent primos dominos esse, garantizabimus, salvo jure nostro viginti denariis carnotensium censualibus in die Sancti Remigii persolvendis. In cujus rei testimonium presentes litteras sigilli mei munimine roboravi. Actum anno Domini millesimo ducentesimo quadragesimo tertio, mense marcio.

(CARTUL., I, n° 9.)

CCXXVI

Simon de Vaucresson vend à Porrois deux pièces de vigne à Verneuil-sur-Seine.

(Mai 1244.)

Universis presentes litteras inspecturis Officialis Curie Carnotensis salutem in Domino. Noverint universi quod in nostra presentia constituti Simon de Valle Cresonis et Matildis, uxor ejus, recognoverunt se vendidisse abbatisse et conventui Portus Regis duas pecias vinearum et hereditate dicte Matildis moventes quorum una que vocatur vinea de Mers sita est apud Vernolium versus Vernoletum juxta vineam abbatis et conventus de Alba Curia, et altera pecia que vocatur Planta de Batetz sita est inter Vernolium et Boullart. Que due pecie vinearum circa tria arpenta continere dicuntur, et pro qualibet dictus Simon et Matildis, uxor ejus, novem denarios parisienses censuales, nomine arpenti et dimidii vinee reddere consueverunt nobili viro Matheo de Malliaco in cujus feodo et censiva sita sunt, pro quadraginta libris parisiensium et duas terras (?) pro quatuor libris parisiensium, de qua totali summa pecunie predicti Symon et ejus uxor coram nobis se tenuerunt propagatis in pecunia numerata. Promiserunt dictus Symon et Matildis, uxor ejus, etc..... Conventum etiam fuit in contractu venditionis quod si due dicte pecie vinee ultra tria arpenta ad perticam patrie contineant, dicti Symon et Matildis, uxor ejus, in hoc quod super erit nichil poterunt reclamare. Si vero minus contineant, dicti Symon et ejus uxor non terrebuntur quod defecerit perficere abbatisse et conventui supradictis. In cujus rei memoriam et testimonium sigillum nostrum presentibus litteris duximus apponendum. Actum anno Domini millesimo ducentesimo quadragesimo quarto, mense maio.

(Cartul., I, n° 78.)

CCXXVII

Achat par Porrois pour 360 *livres d'une maison, de terres et de bois à Magny et Limous.*

(Mai 1244.)

Omnibus presentes litteras inspecturis, Officialis Curie Parisiensis salutem in Domino. Notum facimus quod in nostra presentia constituti Garinus de Roseriis, armiger, et Isabellis de Orsignies, uxor ejus, voluerunt venditionem et laudaverunt de quinquaginta arpenta terre arabilis sita in feodo de Lymos, item et cujusdam domus cum suis pertinenciis sitis inter grangiam monialium de Portu-Regis et Montigniacum in parrochia de Magniaco, et viginti quatuor arpentorum nemoris sita in clauso de Haya, item et sex arpenta terre Moleriarum. Quam venditionem Johannes de Orsignies armiger et Isabellis et Maria, sorores predicti Johannis, nomine suo et nomine Reginaldi, patris eorum, fecisse dicuntur abbatisse et conventui de Portu Regio et eorum monasterio pro trecentis et sexaginta libris parisiensibus. Renunciantes, etc..... Datum anno Domini millesimo ducentesimo quadragesimo quarto, mense maio.

(Original sur parchemin, S., 4520 A, n° 10.)

Au dos : « Concesserunt Am (?) de Roseriis et Isabellis, uxor ejus, venditionem quinquaginta arpentorum in feodo de Limous... »

CCXXVIII

Confirmation par divers seigneurs des acquisitions faites par Porrois dans le fief de Limous.

(Avril 1244-1245.)

Omnibus presentes litteras inspecturis Officialis Curie Parisiensis in Domino salutem. Notum facimus quod in nostra presentia constituti Guillermus de Sandrevilla, armiger, et Gila, ejus uxor, Thomas des Ficinivilla (?) et Johanna ejus uxor, soror predicte Gile, anno Domini millesimo ducentesimo quadragesimo quarto, mense aprili, recognoverunt quod abbatissa et conventus de Portu Regis habebant et possidebant diversis titulis res inferius suscriptas moventes de feodo de Limous. Asserentes dicti Guillermus et uxor ejus, Thomas et uxor ejus, quod Eustachius de Fraxinis, milles, primus dominus dicti feodi, et predicte Johanna et Gila, secunde domine dicti feodi, eredes (?) itaque pro quarta parte dicti feodi..... videlicet nonaginta et unum circiter arpenta terre arabilis sita inter Porregium et Montigniacum; item quatuordecim alia arpenta terre sita in parrochia de Maniaco in territorio de Porregio et viginti quatuor arpenta nemoris in eodem territorio sita; quod nemus et que quatuor decim arpenta terre arabilis Johannes dictus Paalee vendiderat dictis abbatisse et conventui olim ut dicitur. Item de alia parte quinquaginta arpenta terre arabilis et decimam dicte terre in eodem feodo (?) liberam et quietam preter quam in eadem terra habet presbyter de Maniaco unum sextarium bladi annuatim et sextarium avene in eadem terra que vocatur Clausus Haie. Item quemdam domum cum pertinenciis inter granchiam de Porregio et Montigniacum in parrochia de Maniaco. Viginti quatuor arpenta nemoris cum fundo terre sita in Clauso Haie, et sex arpenta Molierarum sita ante dictam domum. Que quidem quinquaginta arpenta terre, sub onere ante dicto, dictam domum cum pertinenciis, dicti viginti quatuor arpenta nemoris et predicta sex arpenta Molierarum Johannes de Orsignies, armiger filius defuncti Johannis de Orsignies et Maria, et Isabellis, sorores ejusdem, nomine suo et nomine Reginaldi patris eorumdem, abbatisse et conventui de Portu-Regis vendiderunt. Et quia omnia supradicta movent de feodo suo Guillelmus et uxor ejus, Thomas et uxor ejus, prout dictum est superius voluerunt et concesserunt..... quod omnia et singula garantizabunt..... Datum mense et anno supradictis.

(Original : Arch. nat., S., 4521, dossier 3¹.)

CCXXIX

Pierre de Noisy donne à sa nièce Sedilie, fille de Guillaume de Noisy, religieuse de Porrois, les 8 livres de rente sur Meulan, achetées par lui en mai 1241 à Pierre de Galon (Voir n° 203).

(Avril 1245, après Pâques.)

(Arch. nat., original S., 4521, dossier 1, n° 2;
et une copie, K., 181, n° 2.)

CCXXX

Mathieu de Marly confirme le don d'une rente de 8 livres sur Meulan faite par Sédille de Noisy.

(Mai 1245.)

Universis Christi fidelibus presentes litteras inspecturis ego Matheus de Malliaco, miles, salutem in Domino. Noveritis quod dominus Petrus de Noysiaco, miles, in infirmitate detemptus dedit in elemosinam Sedilie, nepti sue, filie Guillermi, fratris dicti Petri, octo libras parisiensium annui redditus quas dictus Petrus a me tenebat in feodo meo de Meullento. Que predicta Sedilia, accipiens habitum religionis apud abbatiam de Portu-Regio, dedit se et predictas octo libras cum aliis rebus suis predicte abbatie in manu mortua, sine coactione vendendi aut ponendi extra manum suam, in perpetuum pacifice et quiete possidendam. Et ut hoc ratum et et firmum permaneat presentem paginam sigilli mei munimine roboravi. Actum anno Domini millesimo ducentesimo quadragesimo quinto, mense maio.

(Cartul., I, n° 71.)

CCXXXI

Confirmation dans les mêmes termes par Bouchard de Marly.

(Mai 1245.)

(Cartul., I, n° 72. Copie K., 181, n° 210.)

CCXXXII

Fin d'un acte sur le même sujet dont le commencement manque dans le cartulaire.

(Mai 1245.)

..... reliquas vero octo libras parisiensium Sedilia de Noisy antequam susciperet habitum religionis dedit eisdem monialibus videlicet in quolibet termino quadraginta solidos. Quas octo libras Petrus de Noysi, miles avunculus dicte puelle dederat eidem et quas tenebat a me jure feodi ab eodem percipiendas singulis annis in redditu sepedicto. Ego vero, pietate motus, ad petitionem dictarum monialium volui et concessi eisdem predictas octo libras cum aliis triginta libris superius nominatis in puram et perpetuam elemosimam singulis annis ad dictos terminos in prefato redditu recipiendos. In cujus testimonium pr. litt. duximus sigillo nostro confirmandas. Actum anno D^{ni} millesimo ducentesimo quadragesimo quinto, mense maio.

(Le numéro du Cartulaire manque; ce doit être : I, 170.)

CCXXXIII

*Thibaud, abbé des Vaux-de-Cernay, fonde une chapellenie
à Porrois avec le don de Pierre de Noisy.*

(Juin 1245.)

Universis Christi fidelibus presentes litteras inspecturis, frater Th...[1] dictus abbas Valliam Sarnaii, salutem in Domino. Notum facimus quod cum Petrus de Noisi, miles, dedisset ob remedium anime sue monasterio Portus Regis centum libras parisiensium ad capellanium ibidem constituendam nos tanquam pater dicti monasterii, dictam elemosinam gratam habentes et acceptam, volumus et constituimus precipientes ut unus monachus ibidem perpetuo superaddatur numero monachorum ibi residentium qui dictam capellaniam deserviet, tali modo videlicet quod cum statutum sit a capitulo generali quod semper in dicto monasterio sint duo monachi residentes qui ibidem divinum officium celebrent et audient confessiones monacharum superaddatur et tercius specialiter pro dicta capellania deservenda, qui tam pro vivis quam pro mortuis, quin etiam pro solemnitatibus in ordine constitutis prout si placuerit, poterit celebrare. Ita tamen quod si dictum monachum aliquo casu abesse contigerit, moniales que fructum dicte capellanie percipient, tenentur alium capellanum loco illius subrogare, qui dictam capellaniam deserviet. Nos verso soror P...[2] dicta abatissa Portus Regis, totusque ejusdem loci conventus dictam ordinationem capellanie factam per venerabilem Fratrem monasteri; nostri superius nominatum concedimus et laudamus promittentes eum in perpetuum observare. Ad eternam rei memoriam et testimonium facta sunt duo paria litterarum sigillorum nostrorum munimine roborata, quorum una in monasterio Vallium Sarnai servabitur, alia vero in monasterio Portus Regis remanebit. Acta sunt hec anno Domini millesimo ducentesimo quadragesimo quinto, mense junii.

(Cartul., 1, n° 164.)

Cette charte est cancellée.
1. Saint Thibaud de Marly, fils de Bouchard Ier et de Mathilde de Châteaufort, abbé en 1235, mort le 7 décembre 1247.
2. Pétronille.

CCXXXIV

Philippe de Villefaveux confirme les dons de Pierre de Noisy.
(Juillet 1245.)

Omnibus presentes litteras inspecturis Officialis Curie Parisiensis, in Domino salutem. Notum facimus quod in nostra presentia constituti Phillipus de Villa Faverose et Avelina, uxor ejus, recognoverunt quod defunctus Petrus de Noisiaco, miles, legaverat in extremis abbatisse et conventui de Portu Regis, ordinis cisterciensis quadraginta septem arpenta terre et quadam domum de quibus fit mentio in quibusdam litteris nostris sigillo Curie Parisiensis sigillatis, et prout in dictis litteris continetur dominus Adam de Buloher, miles, et Isabellis, uxor ejus, dicuntur assensisse in hac recognitione. Recognoverunt insuper dicti Philippus et ejus uxor, quod ipsi Adam et ejus uxor fecerunt permutationem abbatise et conventui supradictis de XXX^{ta} uno arpentis terre uno quarterio minus pro viginti novem arpentis terre jam dictis. Recognoverunt insuper dicti Philippus et Avelina quod dicti Adam et Isabellis concesserant ut dicte moniales predicta triginta unum arpenta quarterio minus, teneant cum terre olim elemosinata a predicto Petro, in manu mortua, salvis eis et eorum heredibus sex denarios tantummodo..... Promiserunt insuper dictus Philippus et Avelina, fide in manu nostra corporaliter prestita quod contra, etc..... Datum anno Dⁿⁱ M° CC° XL° V°, mense julio.

(Original : Arch. nat., S., 4520 A, dossier 1.)

Le Cartulaire 10997 n'a conservé que les premières lignes sous le n° 170.

CCXXXV

Jean d'Aunay vend à Porrois pour 140 livres ses droits sur Vaumurier.

(Août 1245.)

Universis presentes litteras inspecturis, officialis curie parisiensis, in Domino salutem. Notum facimus quod in nostra presencia constitutus Johannes armiger de Alneto recognovit se vendidisse, et in perpetuum quitasse abbatisse et conventui de Portu Regis, ordinis cisterciensis, pro septies viginti libris parisiensium, jam sibi solutis quicquid juris, juridictionis et dominii habebat vel habere poterat quocumque modo apud Vallem Mori juxta Portum Regis et in territorio ejusdem ville de Valle Mori in terris, nemoribus, pratis, censibus, domo, redditibus, droituris, hosticiis et rebus omibus aliis quibuscumque, nichil juris, dominii, juridictionis, proprietatis seu possessionis in rebus sibi aut successoribus sui in posterum retinens. Renuncians expresse actioni et exceptioni non numerate, non tradite et non solute pecunie ; promisit enim dictus Joharnnes fide in manu nostra prestita corporali, quod contra venditionem et quitationem hujusmodi per se vel per alios non venient in futurum et quod venditionem predictam dictis abbatisse et conventui garantizabit et liberabit ad usus et consuetudines Francie contra omnes. Petrus vero de Alneto, miles, pater dicti Johannis, et Gazo, armiger, frater dicti Johannis, coram nobis constituti venditionem istam voluerunt et laudaverunt et quitaverunt dictis abbatisse et conventui, in perpetuum quicquid juris et dominii habebant vel habere poterant quocumque modo in rebus superius annotatis et de non veniendo contra, fidem in manu nostra corporaliter prestiterunt. Datum anno Domini millesimo ducentesimo quadragesimo quinto, mense augusto.

(CARTUL., 1, n° 165.)

CCXXXVI

Gui de Chevreuse confirme la vente de Jean d'Aunay.

(Février 1245-1246.)

Ego Guido dominus Caprosie notum facio quod de voluntate Helissendis, uxoris mee et heredum meorum volo et concedo emptionem quam fecerunt a Johanne de Alneto, armigero abbatissa et conventus Portus regii in villa de Villemorier et ejusdem ville territorio in terris, nemoribus, etc..... que movebant de feodo et dominio meo. Volo etiam et concedo quod omnia predicta, dicte abbatissa et conventus nomine monasterii sui teneant pacifice in perpetuum in manu mortua ..... Promittens quod ego et heredes mei in predictis rebus, racione feodi vel dominii aliquid de cetero non reclamabimus..... salva tamen magna justicia, videlicet multri, raptus, homicidii, furti et duelli. Datum anno Domini millesimo ducentesimo quadragesimo quinto, mense februario.

(Cartul., 1, n° 166.)

CCXXXVII

Gui de Chevreuse donne à Porrois 8 arpents de bois à Champgarnier.

(Février 1245-1246.)

Universis presentes litteras inspecturis ego Guido de Caprosia, miles, salutem in Domino. Notum vobis facio quod ego assensu et voluntate Helissendis, uxoris mee, abbatisse et conventui de Portu-Regis, octo arpenta nemoris in Campo Garnerii in elemosina delegavi, in dextra parte sicut itur de Portu Regio ad Grangiam inter viam et ruellum, salva justicia mea et grueria mea. Quod ut firmum et stabile permanet in futurum sigillum meum dignum duxi apponendum. Datum anno Domini millesimo ducentesimo quadragesimo quinto, mense februario.

(Original, 12 × 8 centimètres. Sceau brisé dans son enveloppe. Arch. nat., S., 4520, n° 4.)

CCXXXVIII

Échange de pièces de terre entre Porrois et Adam de Buloyer.

(Avril 1245-1246.)

Omnibus présentes litteras inspecturis, Officialis Curie Parisiensis salutem in Domino. Notum facimus quod in nostra presentia constituti dominus Adam de Buloher et domina Ysabellis, ejus uxor, recognoverunt quod defunctus Petrus de Noisiaco miles, legaverat in extremis abbatisse et conventus Portus Regis, ordinis cisterciensis, quadraginta septem arpenta terre site apud Buloher quarum quadraginta quinque arpenta movent de feodo dictorum Ade et Ysabellis et residuum de censiva eorum ad sex denarios capitalis census tantummodo, necnon et quandam domum sitam in eadem terraque movet partim de feodo dictorum Ade et Isabellis et partim de censiva eorum. Asseruerunt etiam quod viginti novem arpenta de dicta terra erant prope terram propriam eorumdem et erant magis viciniora et utilia domui sive manerio et jardino dictorum mititis et ejus uxoris; et propter hoc dicte moniales dicta viginta novem arpenta prout metata sunt et divisa eisdem militi et ejus uxoris in escambium dederunt et cesserunt pro triginta unum arpenta, uno quarterio minus terre que habebant contigua terre grangie monialium que erant eisdem monialibus utiliora. Voluerunt insuper et concesserunt dicti A... et Y... ut dicte abbatissa et conventus dicta arpenta permutationis nomine concessa cum alia terra eisdem monialibus legata a dicto defuncto Petro habeant perpetuo in manu mortua, sine coactione vendendi, aut ponendi extra manum suam, quittantes expresse quidquid juris habebant, seu habere poterant in dictis rebus, salvo tamen sibi et heredibus suis censu predicto sex denariorum et omni jure quod eis competit ratione dicti census. Promitentes fide data quod contra premissa, etc..... Confitentes se de bonis abbatisse et conventus pro concessione et quittatione hujusmodi, quadraginta libris parisiensium recepisse. Preterea asseruerunt quod dicte moniales dederant dicte Isabelli et ejus heredibus domum annotatam a dicto defuncto collatam monialibus antedictis. Datum anno Domini millesimo ducentesimo quadragesimo quinto, mense aprili.

(Cartul., 1, n° 169.)

CCXXXIX

Thomas de Balenvillier et sa femme confirment à l'abbaye de Porrois le fief que Jean d'Aunet leur a vendu.

(Juin 1246.)

Omnibus..... Officialis Curie Parisiensis salutem in Domino. Notum facimus quod in nostra presentia, constituti dominus Thomas de Balanvillari, miles, et domina Aalipdis uxor ejus voluerunt et concesserunt quod abbatissa et conventus de Portu Regis habeant et possideant pacifice in posterum totum feodum quod Johannes de Alneto tenebat ab eisdem Thoma et Aalipdi, ejus uxore, in Vallemorier in manu mortua, sine exactione vendendi aut ponendi extra manum suam, quitantes nichilominus predicti Thomas et Aalipdis, uxor ejus, quicquid juris habebent vel habere poterant in dicto feodo ratione dotalicii, jure hereditario vel conquestus seu dominii, vel alio quoquo modo. Promiserunt etiam dicti

Thomas et Aalipdis, uxor ejus, fide in manu nostra prestita corporali, quod contra premissa per se, vel per alium, non venient in futurum. Quod autem audivimus, hoc testamur. Datum anno Domini millesimo ducentesimo quadragesimo sexto, mense junio.

(Cartul., I, 167.)

CCXL

Eremburge d'Orsignies donne à Porrois 12 arpents, un quartier de terre.

(Septembre 1246.)

Cet acte est mentionné à la marge d'une confirmation de ce don et d'autres de Mathilde de Châteaufort, dame de Magny, veuve de Bouchard de Marly, du 1er décembre 1234.

(Arch. nat., S., 4526, n° 5.)

CCXLI

Confirmation par Roger de Ville-d'Avray du don de la vigne du Perrier par Étienne de Meudon.

(Avril 1246-1247.)

Universis presentes litteras inspecturis, Officialis Curie Parisiensis, in Domino salutem. Notum facimus quod in presencia nostra constitutus Rogerius de Villa Davrei, armiger, asseruit quod Stephanus de Meudon, miles, dederat in perpetuam elemosimam monialibus de Porrois, cisterciensis ordinis, quamdam vineam apud Meudon, sitam in loco qui dicitur Le Perier. Que vinea movebat de feodo et dominio suo. Quam donationem voluit et concessit. Volui etiam quod dicte moniales teneant dictam vineam in manut mortua, promittens fide in manu nostra prestita corporali quod contra istam concessionem non veniet per se, vel per alium, sed et heredes suos per presens instrumentum de non veniendo contra obligavit. Recognovit autem dictus Rogerus se recipisse de dictis monialibus quinquaginta solidos parisiensium in pecunia numerata pro hujusmodi quittatione facienda. Quod ut ratum et firmum sit presentes litteras impressione sigilli Curie Parisiensis roboravimus. Actum anno Domini millesimo ducentesimo quadragesimo sexto, mense aprili.

(Cartul., 1, n° 130.)

CCXLII

Gui de Pictapetra vend à Porrois deux pièces de pre à Germainville.

(Mai 1274.)

Omnibus..... Officialis Curie Parisiensis, salutem in D⁰. Notum facimus quod in nostra presentia constitutus Guido de Pictapetra, clericus, asseruit quod habebat et possidebat duas pecias prati sitas in duobus locis subtus Germainvillam in dominio Mathei de Marliaco, militis, pertinentes ad ipsum jure hereditario; quas duas pecias prati recognovit se vendidisse abbatisse et conventai de Portu-Regis pro exdecim libris parisiensibus, jam sibi solutis in pecunia numerata. Renuncians, etc..... et ad usus et consuetudines Francie garantizabit contra omnes. Reginaldus vero et Guarinus fratres ejusdem Guidonis, clerici, venditionem istam voluerunt, etc..... Datum anno D^{ni} millesimo ducentesimo quadragesimo septimo, mense maio.

(CARTUL., I, 171; — Original en parchemin, S., 4521, dossier 3, n° 1.)

CCXLIII

Lettres royales confirmant celles de la dame de Marly approuvant les dons faits par son mari dans ses fiefs à Gagny, la Brosse, la Couperie, Villeras-Launay, Noisy, Chagny, Rets, Villiers et Toussus.

(Septembre 1247.)

(Original: Arch. nat., S., 4526, n° 10.)

Conférer l'acte de juillet 1248.

CCXLIV

Marie de Saint-Escobille reconnaît que ses moissonneurs doivent prêter serment chaque année de réserver la part revenant dans la dime à Porrois.

(15 octobre 1247.)

Omnibus presentes litteras inspecturis, officialis archidiaconi Carnotensis, salutem in Domino. Noveritis quod in nostra presencia constituta et in jure, nobilis domina Maria de Sancto Scubiculo recognovit quod ipsa tenetur ponere singulis annis mestivarios ad mestivandum decimam de S^{to} Scubiculo in qua dicebant moniales de Porta Regis se habere partem suam cum aliis duobus, ita scilicet tempestive quod predicti mestivarii quam cito garbe dicte decime ad granchiam, ad quam duci contigerit dictam decimam adducentur vel adduci inciperent, dictas garbas teneantur intassare et decimam triturare de die in diem continue quousque tota decima trituretur. Voluit etiam dicta dominia quod predicti mestivarii qui pro tempore erunt, annis singulis prestent fidem corporalem dictis monialibus de sic dictis legittimis in granchia faciendis et quod cotidie triturabunt dictam decimam, et jus quod habent dicte moniales in eadem decima pro presse suo observabunt. In cujus rei testimonium et munimen presentes litteras sigillo curie archidiaconi Carnotensis fecimus sigillari. Datum anno Domini millesimo ducentesimo quadragesimo septimo, die Martis post festum Beati Dyonisii.

(Cartul., I, 38.)

Cité par Ducange au mot Mestivier.

CCXLV

Jean Burgein(?), troisième seigneur de Vaumurier confirme la vente faite à l'abbaye de Porrois.

(Novembre 1247.)

Universis..... Officialis Curie Parisiensis..... Notum facimus quod in nostra presencia constituti Johannes dictus Burgein(?) miles et Maria, ejus uxor, voluerunt ratam habuerunt venditionem quam Johannes de Alneto et ejus uxor fecerunt abbatisse et conventui de Portu Regis de quibusdam terris, pratis et rebus aliis qualiscumque, sitis apud Vallem Morerii, quarum rerum venditarum idem Johannes, miles, erat tercius dominus feodi. Quitaverunt dicti miles et ejus uxor coram nobis, eidem abbatisse et conventui quiquid juris, dominii juridictionis et justicie habebunt in rebus venditis. Promittens, etc..... et garantizabunt ad usus et consuetudines Francie contra fratres et sorores dicti militis, confitentes se ab eisdem abbatissa et conventus undecim libras parisiensium pro quitatione hujusmodi in numerata pecunia recepisse. Datum anno Domini millesimo ducentesimo quadragesimo septimo, mense novembri.

(CARTUL., I, n° 168.)

CCXLVI

Gui Mauvoisin assigne sur Chaufour une rente de 8 livres pour compléter les 12 livres de rente léguées à Porrois par sa sœur Alix de Chantilly.

(Février 1247-1248.)

Ego Guido dictus Malus Vicinus, miles, notum facio universis quod cum domina Aalipdis de Chantilliaco, quondam soror mea, ante obitum suum legavisset abbatisse et conventui de Portu Regis, cisterciensis ordinis, duodecim libras parisiensium annui redditus, super quintum hereditatis sue, et ad hoc quintum non sufficeret; et alias super dicto quinto usque ad duodecim libras annui redditus apud Vallem-Guidonis legavisset et dictum quintum valeret tantummodo viginti libras annui redditus, ego Guido a quo dicta domina dictam terram tenebat, nomine heredum ipsius defuncte, assignavi eisdem abbatisse et conventui octo libras parisiensium annui redditus percipiendas in denariis quos homines de Calidis-Furnis debebant annuatim predicte domine in festo Beati Dyonisii. Et concedo ut predicte abbatissa et conventus predictas octo libras possideant in manu mortua..... salvo tamen jure meo contra alios quoscumque qui aliquid de dictis octo libris evincerint..... Et promitto quod contra non veniam..... In cujus rei testimonium presentes litteras sigilli mei munimine roboravi. Datum anno Domini millesimo ducentesimo quadragesimo septimo, mense februarii.

(CARTUL., 1, n° 144.)

CCXLVII

Saint Louis donne 50 livres de rente à Porrois.

[Juin 1248 (avant le 12).]

In nomine sancte et individue Trinitatis, amen. Ludovicus, Dei gratia Francorum rex. Notum facimus quod nos, ob remedium anime nostre et animarum inclite recordationis regis Ludovici genitoris nostri et karissime domine et matris nostre Blanche, regine Francie illustris abbatie monialium de Porresio, cisterciensis ordinis, damus et concedimus in puram et perpetuam elemosinam quinquaginta libras turonensium annui redditus in villa que dicitur Mons Martini [1], et si de dicta villa non sufficeret ad solucionem perficiendam dictarum quinquaginta librarum annui redditus, cum in easdem percipere debeat alias quinquaginta libras ex dono nostro abbatia monialium de Thesauro Nostre Domine [2], ejusdem ordinis, residuum caperetur in villa que Petitvilla [1] appellatur; quas siquidem villas habet et tenet dilectus et fidelis noster Matheus de Marliaco, ex dono et concessione felicis recordationis regis Philippi, avi nostri; et tenebit et habebit toto tempore vite sue, ac redditum similiter dictarum quinquaginta librarum similiter et liberi ejus post eum, si quos habuerit in posterum ex uxore sua desponsata[3]. Et hanc donationem fecimus, salvo jure alieno, et hoc insuper salvo et retento semper quod, si aliquando dictaret nobis conscientia quod de dicta villa aliquibus restitutionem facere vellemus, nobis liceret non obstante predicta donatione[3]. Quod ut perpetue stabilitatis robur obtineat, presentem paginam sigilli nostri auctoritate et regii nominis karactere inferius annotato fecimus communiri. Actum Parisius anno Domini M° CC° quadragesimo octavo, mense junio.

(Original scellé. Archiv. nat., J., 422; Obligation II, n° 13. — Publié : *Layettes du Trésor*, III, n° 3682.)

1. Mathieu de Marly avait reçu de Philippe-Auguste les terres de Montreuil-Bonnin en Poitou et de Picauville en Normandie.
2. L'abbaye de Trésor-Notre-Dame (Eure), fondée en 1228 par Raoul de Bu.
3. On connaît le fâcheux scrupule qui a empêché saint Louis d'expulser les Anglais de France.

CCXLVIII

Achat pour 24 livres à Guillaume de Solaire d'une vigne à Marly.

(Juin 1248.)

Universis..... officialis curie Parisiensis salutem in domino. Notum facimus quod in nostra presentia Guillermus de Solario, gener Johannis de Solario, et Maria ipsius Guillermi uxor, dicti Johannis filia, asseruerunt quod possidebant apud Malliacum quemdam peciam vinee in territorio quod vulgariter dicitur Rivus furtatus, inter vineas Emeline de Puteo, matertere ejusdem Guillermi quitam et liberam ab omni censu, onere, consuetudine et costuma, excepta decima, de conquestu ab ipsis Guillermo et ejus uxore communiter facto, constante matrimonio inter ipsos partim et partim ex hereditate ipsius Guillermi. Quam siquidem vineam ita quitam et liberam, necnon et quidquid juris et proprietatis, domini et justicie habebant..... recognoverant se vendidisse religiosis mulieribus abbatisse et conventui de Portu Regis pro viginti quatuor libris parisiensium, jam ipsis venditoribus traditis et solutis prout confessi sunt coram nobis. Promittentes, etc..... Actum anno Domini millesimo ducentesimo quadragesimo octavo, mense junio.

(Cartul., 1, n° 106.)

CCXLIX

Bouchard de Marly confirme à Porrois tous les biens que l'abbaye possède dans son fief.

(Juillet 1248.)

Omnibus presentes litteras inspecturis, Bucherdus Malliaci dominus, salutem in Domino. Noverint universi quod ego volo, concedo et approbo, de assensu et voluntate Agnetis, uxoris me, concessiones et donationes quas fecit domina Mabilia matertera mea, de assensu et voluntate domini Mathei de Malliaco patrui mei, mariti ejusdem Mabilie, abbacie de Portu Regio et monialibus ibidem deo servientibus, cisterciensis ordinis, parisiensis dyocesis, videlicet quidquid habent et possident dicte moniales apud Chaagnaium, apud Broisin, et in decima de Coperia, et in duobus arpentis prati sitis subtus Germevillam, que Guido clericus de Porta petra vendidit dictis monialibus, et in terra de Villerat et de Alneto, et in terra que fuit defuncti Petri de Noisiaco, militis, et XXX libras que fuerunt date pro terra de Chaagnaio et decimam de Reets, et decimam de Volers que fuit domini Hugonis de Joiaco, militis et decimam de Tonsus, et duodecim arpenta terre arabilis que dedit eisdem monialibus domicella Eremburgis de Oussegniis, pro Johanna filia sua, et etiam domos de Portu Regio, et si quid juris possessionis vel proprietatis in situ loci abbacie supradicte habebat vel habere poterat, eisdem concedo et omnia alia quecumque que habent et possident in domino ejusdem Mabilie, matertere mee et etiam in dominio domine Matildis, matris mee, sive in feodis vel retrofeodis earumdem, a quibuscumque eisdem fuerint concessa vel donata, dictis monialibus concedo habenda et in perpetuum possidenda, promittens quod contra concessiones et donationes predictas per me vel per alium non veniam in futurum. Quod ut ratum et stabile permaneat, presentes litteras sigilli mei feci munimine communici. Actum anno Domini M° CC° XL° VIII°, mense julio.

(Cartul., I, n° 105.)

CCL

Confirmation par Gervais de Sèvres de la donation faite par Guillaume de Buc à l'abbaye de Porrois d'une pièce de vigne à Sèvres, au territoire des Masures.

(Juillet 1248.)

Omnibus presentes litteras inspecturis, officialis curie parisiensis, salutem in Domino. Notum facimus quod in nostro presencia constitutus dominus Gervasius de Separa, miles, asseruit quod defunctus Guillelmus de Buc, miles, dederat olim in elemosinam abbatisse et conventui de Portu Regis quandam peciam vinee, site ut dicitur Separam in territorio de Masuris in censiva ejusdem Gervasii et domini Hugonis de Separa militis, ad tres denarios censuales. Quam elemosinam idem Gervasius primus dominus, ut dicitur predicte censive, voluit, laudavit et concessit coram nobis, concedens quod predicte abbatissa et conventus teneant in perpetuum et possideant predictam vineam in manu mortua. Et promisit idem Gervasius fide in manu nostra prestita quod contra concessionem istam per se vel per alium non venient in futurum et quod dictam vineam liberam et quitam ab omni costuma ad dictum censum tanquam primus dominus predicte censive memoratis abbatisse et conventui ad usus et consuetudines Francie garantizabit contra omnes qui ratione primi domini possent in dicta censiva aliquid reclamare preter quam contra prefatum Hugonem de Separa, militem, qui in dicta censiva habere dicitur quintam partem. Datum anno Domini M°CC°XL°VIII°, mense julio.

(CARTUL., I, n° 121.)

CCLI

Donation du Petit-Pourras par Jean, comte de Montfort.

(Juillet 1248.)

Omnibus presentes litteras inspecturis Johannes, comes Montisfortis, salutem in Domino. Noverint universi quod ego ob remedio anime mee et predecessorum meorum de assensu et voluntate Johanne, uxoris mee, da et concedo ex nunc in perpetuam elemosinam religiosis mulieribus abbatisse et conventui Portus Regis, ordinis cisterciensis, parisiensis diocesis, et eorum monasterio ducenta et quadraginta arpenta terre que habebam in uno tenenti contigua ex una parte territorio Chamini Petreti, ex alia parte nemori quinque Fratrum (?) ex alia terris leprosorum de Essatis regis, et ex alia terris Roberti de Bachivalle et Guidonis Porcheri de Gambes, ab eisdem abbatissa, conventu et monasterio, ex nunc in perpetuum tenenda et possidenda libere et quiete absque aliquo onere censuali, costuma, servitio et redibitione. Insuper do et concedo dictis monialibus in puram et perpetuam elemosinam, quantum ad locum pertinet usuarium mortui nemoris in communi foresta Aquiline ad comburendum et pasturam animalium et porcorum per communi foresta Aquiline ut habent alii consuetudinarii extra defensa. Pro hac autem donatione mihi et heredibus meis dicte moniales quittaverunt totum usuarium quod habebant in communi foresta Aquiline, scilicet vivum nemus ad edificandum et mortuum ad comburendum et passagium porcorum quod ipse habebant in defensis meis et alibi ; et insuper unum modium bladi quem habent in grangia mea de Meriaco. Que omnia habebant et tenebant donatione patris mei et antecessorum meorum. Et promitto eisdem quod contra dictam elemosinam non veniam in futurum et dictas terras libere et quiete garantizabo bona fide ad usus et consuetudines Francie. Retineo autem ibi omnes justicias ad baroniam pertinentes, videlicet mulctri, rapti, occisionis et furti et justiciam sanguinis. Volo autem quod dicte moniales habeant simplicem melleiam in servis, fratribus et servientibus suis ibi commorantibus sine sanguinis effusione et membrorum mutilatione. In cujus rei testimonium presentes litteras sigilli mei munimine feci communiri. Actum anno Domini M° CC° quadragesimo octavo, mense julii.

(CARTUL., 1, n° 260.)

CCLII

*Seconde rédaction de l'acte précédent
où la dernière phrase seule est un peu modifiée.*

(Juillet 1248.)

Omnibus..... Johannes, comes Montisfortis, etc..... Retineo autem omnes justicias ad baroniam pertinentes, videlicet multri, rapti, occisionis ac furti, ac omnem justiciam sanguinis, preterquam propriorum servientium et hominum suorum ibi commorantium, ita tamen si se percusserint ad invicem sine morte et membrorum mutilatione. In cujus rei memoriam presentes litteras sigilli mei munimine feci communiri. Actum anno Domini M° CC° XL° octavo, mense julio.

(Cartul., I, n° 261; — Copie en papier. Arch. nat.. S., 4519, n° 1.)

CCLIII

Approbation royale de l'acte précédent

[Aigues-Mortes, août 1248 (avant le 25). — L'acte délivré
(à Paris?) le 15 mars 1250.]

In nomine sancte et individue Trinitatis, amen. Ludovicus, Dei gratia Francorum rex, notum facimus quod nos litteras dilecti ac fidelis nostris comitis Montisfortis vidimus in hec verba. Omnibus..... Johannes, comes Montisfortis, etc..... (Comme dans la seconde rédaction.) Nos autem predictam elemosinam, quia premissa de nostro feodo movent, volumus et concedimus et confirmamus salvo jure alieno. Quod ut perpetue stabilitatis robur obtineat, presentam paginam sigilli nostri auctoritate fecimus communiri. Actum apud Aquas Mortuas anno incarnationis Domini M° CC° quadragesimo octavo, mense augusto.

Adstantibus in palatio nostro quorum nomina supposita sunt et signa. Dapifero nulli : S. Stephani buticularii; S. Johannis, cameracii; S. Imberti, buticularii; Data vacante cancellaria. Actum anno Domini M° CC° quadragesimo nono, XVI kal. aprilis, mense martio.

(Original : Arch. nat., S., 4519.)

CCLIV

(Arnoul de Montlhéry donne 3 arpents de vigne à Boissy sous Saint-Yon et une maison à Montlhéry.

(Mai 1249.)

Universis presentes litteras inspecturis, Officialis Curie Parisiensis, salutem in Domino. Notum facimus quod, in presencia nostra constitutus, Arnulphus de Monte Letherico, dictus Carnifex, recognovit coram nobis se dedisse et concessisse in puram et perpetuam elemosinam abbatisse et conventui de Porreis, tria arpenta venearum sita apud Boissiacum subtus Sanctum Ionium, in censiva domini de Merevilla, ad quadraginta denarios, ut dicitur census capitalis, retento tamen in predictis vineis sibi, quandiu vixerit, usufructu. Tenebitur autem solvere dictis monialibus quoddam duplarium vini dictarum vinearum quandiu vixerit, annuatim.

Preterea dedit et concessit eisdem monialibus in elemosinam quandam domum sitam apud Montem Lethericum, in mercato, in censiva domini regis ad sex denarios censuales, retento in eadem, quandiu vixerit, usufructu. Promittens, fide data, quod contra predicta omnia vel aliquid predictorum, per se vel per alium non veniet in futurum..... Datum anno Domini millesimo ducentesimo quadragesimo nono, mense maio.

(CARTUL., II, n° 43.)

Aux Archives nat., carton S., 4518, se trouve une copie d'après l'original perdu se trouvant dans les archives de l'abbaye, classe 2, sac C, liasse 1re, datée de mai 1229.

CCLV

Aimeri de Narbonne, chanoine de Chartres, fils d'Aimeri, vicomte de Narbonne et de Marguerite de Marly, fille de nos fondateurs, nous a donné, le 17 mars 1249, à perpétuité, 14 livres parisis de rente sur les revenus de Garlande, à Paris.

(*Nécrologe de Port-Royal*, p. 120.)

CCLVI

Thomas, prieur de Saint-Nicaise de Meulan, confirme le don d'une vigne par Henri, maire de Verneuil.

(Mars 1249-1250.)

Universis Christi fidelibus presentes litteras inspecturis, frater Thomas, humilis prior Sancti Nigasii de Meullento, salutem in Domino. Noverit universitas vestra quod nos ratam et firmam habemus et concedimus donationem et concessionem Henrici majoris de Vernolio, factam religiosis mulieribus abbatisse et conventui de Portu Regio cisterciensis ordinis super quadam pecia vinee quam idem Henricus tenebat ad octo denarios censuales a Herberto presbytero nostro, nomine presbyteratus Sancti Nigasii, siquidem ratam habemus et concedimus quitationem, laudationem seu etiam venditionem dictorum octo denariorum factam a domino presbytero prenominato Henrico prout in litteris domini Carnotensis episcopi vidimus plenius contineri. In cujus rei testimonium et munimen presentibus litteris sigillum nostrum duximus apponendum. Actum anno Domini millesimo ducentesimo quadragesimo nono, mense marcio.

(CARTUL., 1, n° 79.)

CCLVII

L'abbaye de Porrois cède à celle de Sainte-Geneviève la terre de Courpierre à Gif.

(Décembre 1250.)

Soror P.(etronilla), dicta abbatissa Portus Regis, cède à l'abbaye de Sainte-Geneviève de Paris la terre de Courpierre, paroisse de Gif, donnée par Isabelle de Pyrodio et Adam et Guillaume, ses fils.

(Note prise du *Cartulaire de Sainte-Geneviève*, en parchemin. Bibliothèque Sainte-Geneviève, E. b., 25, fol. 105.)

CCLVIII

*Rente de 4 livres donnée par Guiot
et Bertaud d'Orsignies.*

(Décembre 1251.)

Omnibus presentes litteras inspecturis, Officialis Curie Parisiensis, salutem in Domino. Notum facimus quod, constituti coram nobis Guiotus de Orsignies et Bertaudus, frater ejus, armigeri, concesserunt et contulerunt abbatisse et conventui de Portu Regis, in puram et perpetuam elemosinam, quatuor libras parisiensium annui redditus, persolvendas in posterum per manus eorum et heredum suorum dictis monialibus vel ipsorum mandato, scilicet a quolibet ipsorum quadraginta solidos hiis terminis qui secuntur : videlicet in quindena Sancti Remigii medietatem, et in quindena Nativitatis Domini alteram medietatem. Pro quibus quatuor libris sic reddendis in posterum annuatim, dicti Guiotus et Bertaudus obligaverunt coram nobis XII arpenta terre qui habent, scilicet in terra de Curel IX arpenta, et in terra de Crucibus tria arpenta, ab omni honere et obligatione libera et quieta, preterquam de decima et de jure dominorum feodi, ut dicebant. Tali pacto quod dicti Bertaudus et Guiotus, armigeri, vel eorum heredes sive successores, dictam terram vendere, obligare vel quolibet alio modo alienare seu in aliquem transferre, in futuram non poterunt. Et quod, si dicti Guiotus et Bertaudus, vel alter eorum seu eorum heredes in solutione dicte pecunie, in aliquo de terminis prenominatis, deficerent, post mensem a defectu dicte moniales ad dictam terram possint se assignare libere et sine contradictione, auctoritate propria, et de ipsa terra, sine contradictione, tanquam de propria, suam possint omnino facere voluntatem. Et, post assignationem a dictis monialibus ad dictam terram factam, a dictis fratribus vel eorum heredibus non fieret solutio pecunie predicte. Obligaverunt insuper et honeraverunt, et honeratos et obligatos esse voluerunt ad solutionem dictarum quatuor librarum annuatim in posterum dictis terminis faciendam, heredes suos, successores suos et possessores sive detentores quoscumque dictarum terrarum. Et promiserunt dicti fratres, fide in manu nostra prestita corporali, pro se et heredibus suis sine successoribus, quod dictas quatuor libras, ut dictum est, annuatim reddent et quod premissa omnia observabunt, et quod contra, per se vel per alium non venient in futurum. Abrenuntiantes exceptioni minoris etatis et omnibus aliis exceptionibus qui illis possent prodesse et dictis monialibus obesse; se et heredes suos sive successores, quantum ad hec, juridictioni Curie Parisiensis supponentes. In cujus rei testimonium ad petitionem dictarum partium, presentes litteras sigillo Curie Parisiensis fecimus roborari..... Actum anno Domini millesimo ducentesimo quinquagesimo primo, mense decembris.

(CARTUL., II, n° 16.)

CCLIX

Testament d'Ansel de l'Ile-Adam.

(21 juillet 1252. Vidimus de 1283.)

Omnibus hec visuris vicarius Rothomagensis archiepiscopi in Pont(isara) et in Vulg.(asino) Francie, salutem in Domino. Noveritis nos anno Domini M° CC° octogesimo tertio, die dominica post octabas Purificationis beate Marie Virginis, vidisse quoddam testamentum sigillis domini Anselli quondam dicti de Insula, militis, et domine Clementie, uxoris sue, quondam defunctorum ut apparebat et ut dicebatur, in hec verba : « In nomine Patris et Filii et Spiritus Sancti, amen. Ego Ansellus de Insula, miles, testamentum meum mandavi et disposui in hunc modum : in primis volo, dispono, ordino atque precipio quod omnia debita mea integre persolventur et omnia fore facta mea ad plenum restituentur. Ego autem lego ecclesie Vallis-Beate-Marie centum solid. par. annui redditus ad pittanciam conventus ejusdem loci in die anniversarii mei et Marie, quondam uxoris mee, in transversu meo de Insula accipiendos ; monialibus de Porreiis quadraginta solidos annui redditus ad pittanciam conventus in die anniversarii mei et dicte uxoris mee ; leprosis de Insula viginti solid. annui redditus ; ecclesie Beate-Marie-de-Insula viginti solid. annui redditus in die anniversarii mei et dicte uxoris mee ; ecclesie Beate-Marie de Laica (?) viginti solidos annui redditus ad pittanciam conventus in die anniversarii mei et Marie, uxoris mee ; ecclesie de Conflentio similiter ; capellano domus mee de Vallemonda viginti solidos annui

redditus; ecclesie de Vallemonda decem solidos annui
redditus, administrationem unius lampadis que nocte dieque
ardeat ante altare beate Marie ; ecclesie de Nogento, quinque
solid. annui redditus administrationem unius lampadis ante
altare beate Marie ; capellano leprosorum de Insula, decem
solidos annui redditus ; capellano de Bullencurt viginti solidos annui redditus, in censu meo de Bellencourt percipiendos; presbytero de Vallemonda decem solidos annui redditus, in censu meo de Vallemonda pro aniversario meo ; priori
de Vallemonda decem solidos annui redditus in die anniversarii mei et dicte uxoris mee, et ut faciat aniversarium meum
fieri in abbacia Sancti-Martini. de Pont(isara); fratribus de
Maflier [1], de ordine Grandimontis, quinque solidos annui redditus ; domui dicti   site ante ecclesiam Beate-Marie
decem solidos annui redditus. Volo autem quod omnes predicte elemosine annui redditus stabiles sint et perpetue, nec
possint de cetero a me vel ab alio revocari predicta. Volo,
ordino et dispono atque precipio quod omnes predicte elemosine ecclesiis illis que assignate sunt reddantur annuatim
post Purificationem beate Marie in transversu meo de Insula ;
nec aliquis in dicto transversu meo aliquid percipiat seu reci-
piat donec dicte elemosine ad plenum fuerint persolute. Ego
vero Ansellus omnes receptores elemosinarum mearum predictarum rogo, quantum possum, ut unusquisque scilicet tam
conventus, quam presbyteri, cantari facient triginta missas
pro salute anime mee et Marie, uxoris mee. Volo etiam quod
omnes scient me sepulturam meam elegisse in ecclesia Vallis-
Beate-Marie, Parisiensis dyocesis, juxta patrem meum et
matrem meam, et peto abbatem et conventum illius loci ut
ubicumque me mori contigerit citra mare, corpus meum re-
quirent. Item ego lego centum lib. par. ad maritandum pau-
peres puellas filias militum terre mee et circa; pauperibus
mulieribus et dominabus terre mee et circa, centum lib. tur.
prout executores mei melius viderint expedire; leprosis de

Insula viginti lib. tur. ; capellano domus mee de Vallemonda centum solid. tur. ; capellano de Bellencourt centum solid. par. ; pauperibus terre mee et circa, in vestimentis et calciamentis centum lib. par.; fratribus Jacobicis Par. centum solid. par.; fratribus minoribus par. centum solid. par. ; fratribus minoribus de Pontisara centum solidos tur. Item lego Stephano armigero meo, decem lib. par. et unum bonum roncinum si roncinus ejus non fuerit competens; fauconnariis meis, Giloni et Guillelmo unicuique decem lib. par. ; Bertaude venatori meo, decem lib. par. ; Nigello decem lib. par. ; Petro de Cormelliis decem lib. par. ; Blancheto decem lib. tur. ; domicelle Alisie que deservit uxori mee, decem lib. tur. ; Ricardo Anglico viginti lib. tur. nisi per me fuerit assignatus; Johanni Heraudo decem lib. par.; Guillelmo, quondam fauconnario meo, decem lib. tur. ; Ade de Villaribus, nepoti meo, viginti lib. par. ; Ansello, fatri ejus, viginti lib. par. ; Gateio, nepoti meo, viginti lib. par. ; domino Herberto, capellano meo, viginti lib. par. ; Guichardo, clerico meo, viginti lib. par. ; Herbertulo, servienti meo, centum solid. tur. ; Guichardo, gasifero meo, quadraginta solid. par. ; unicuique aliorum, viginti solidos ; Bovero de Novavilla, triginta solid. par. ; Thome Anglico. viginti solid. Ad reparacionem ecclesia de Nogento. viginti solid. par. ; ecclesie de Lalovill. viginti solid. par. ; ecclesie de Nigell. viginti solid. ; ecclesie de Campaniis viginti sol. ; ecclesie de Franvill. viginti sol. ; ecclesie de Joiaco viginti solid. ; ecclesie de Ivriaco viginti solid. ; ecclesie de Mariel viginti solid. ; ecclesie de Villaribus viginti solid. ; ecclesie de Poreriis centum solid. ; ecclesie Sancti Petri Belvacensis quadraginta solid. ; ad fabricam ecclesie Rothomagensis similiter, Carnotensis similiter, ecclesie Parisiensis viginti solidos. Omnia predicta lego ad fabricam seu reparationem ecclesiarum predictarum. Item lego domibus leprosorum subscriptis : de Aronvilla

viginti solid., de Nigella viginti s., de Houdent viginti
solid., de Berevill. viginti solid., de Amis decem solid., de
Valleng. decem solid., de Chaufriaco decem solid., de Caver-
niaco, de Amblemoill. viginti solid., de Cormelliis in Vulga-
sino decem solid., de Charcio decem solid.; Domibus Dei
de Pontisara, de Bellomonte, de Chambliaco; scolaribus
Sancti-Honorati Par., Sancti-Thome de Lupera, unicuique
quadraginta solid.; monialibus de Gondi fonte[2] viginti lit. tur.,
ad emendum redditum ad pittanciam conventus in die anniversarii mei et Marie, quondam uxoris mee; monialibus Sancti-
Anthonii Par. quadraginta solid. in die obitus mei ad pittanciam; filiabus Dei Par. quadraginta solid. in die obitus mei
ad pittanciam; monialibus Sancte Marie de Tessauro
viginti lib. tur. ad. emendum redditum ad pittanciam conventus; ecclesie de Conflencio viginti libras tur. similiter
ad usum conventus; canonicis de Marchasie Rad(ulfi) viginti
lib. tur. ad emendum redditum ad pittanciam conventus in
die aniversarii mei et Marie, quondam uxoris mee. Volo
etiam quod post decessum meum de residuo mobilium
meorum capientur IIII lib. tur. que de consilio domine mee
Regine mittentur in subsidium Terre-Sancte, et si quid de
mobilibus meis residuum fuerit, volo et ordino quod ecclesiis
predictis, pauperibus filiabus militum, et pauperibus militibus
et dominabus, et etiam pauperibus in vestimentis et calciamentis distribuatur prout executores mei melius viderint expedire. Lego etiam pro fore factis meis emendendis ducentas
libras par. Volo etiam, dispono et ordino atque precipio
quod tota hereditas mea teneatur et alligetur ad omnia
legata integre persolvenda et fore facta mea emendenda si
possum de jure, et mobilia mea ad hoc non sufficient. Si
autem non possum de jure, volo quod omnes conquestus
mei et quinta pars hereditatis mee ad predicta teneantur
et obligentur. Hujus vero testamenti exequtores consti-
tuo abbatem Beate-Marie-de-Valle, dominum Guidonem

dictum Malum Vicinum, dominum Guidonem de Caprosia, dominam Clementiam, uxorem meam, dominum Ansellum de Menonvilla, magistrum Petrum de Avalio, canonicum Belvacensem. Volo etiam et ordino atque precipio quod predicti exequtores mei in omnibus utantur consilio domine mee Blanchie excellentissime regine. Si vero non omnes predicti exequtores mei interesse potuerint duo ex illis tantum (?) testamenti mei nichilominus exequentur cum consilio domine regine. Volo etiam et ordino quod ipsa sit superior in omnibus. Actum anno Domini M° CC° quinquagesimo secundo mense julio in vigilia beate Marie Magdalene. » Quod autem vidimus, hoc testamur.

(Arch. Nat., S., 4523, n° 2, origin., traces de double queue.)

1. Le Meynel ou Coudray de Grandmont, paroisse de Maffliers (Seine-et-Oise), remplacé par le château des Bonshommes.
2. Probablement Gomerfontaine, diocèse de Rouen.

CCLX

Testament de Gaston de Thorote devant l'official de Paris.

(Juillet 1254.)

Ego Gascho de Thorota, armiger, lego ecclesie. Beate Marie de Abbacuria in qua elegi sepulturam decem libras parisiensis in pitanciam et lectum meum furnitum et quatuor libras annui redditu quem habeo in censu de Caprosia in festo Omnium Sanctorum. Item lego ecclesie Vallium Sarney ad pitanciam fratrum centum solidos ; monialibus de Porrois ad pitanciam sexaginta solidos ; fabrice ejusdem ecclesie viginti solidos. (Suivent des legs à Haute-bruyère, Grand-Champs, N.-D. de la Roche, aux églises de Saint-Nom et de

Mareil-sous-Marly, à huit léproseries et cinq hôtels-Dieu.)
Item in vestibus et calciamentis pauperum de Breteschia, de
Plesseicio, de Longovillare et de Reculet octodecim libras;
filiolo meo de Caprosia viginti solidos, etc., etc..... Anno
M° CC° quinquagesimo quarto, mense julio.

(Original, Arch. de Seine-et-Oise, fonds d'Abbecourt.)

CCLXI

*Dreux de Hanches accorde la franchise des vignes
de Verneuil.*

(1er décembre 1854.)

Notum sit presentibus et futuris quod ego, Droco de
Hanchis, miles, de assensu et voluntate Ade, uxoris mee, qui tavi et accensivi dominabus abbatisse et conventui de Portu Regis, cisterciensis ordinis, omnes vineas quas a me tenent apud Vernolium, quitas et immunes ab omni presoragio et costuma, pro quindecim denariis ab ipsis michi et heredibus meis in festo Sancti Remigii persolvendis. Et ego recepi de bonis earumdem quadraginta solidos parisiensium. Et ut sit gratum et ratum, presentes litteras sigilli mei munimine roboravi.

Datum anno Domini millesimo ducentesimo quinquagesimo quarto, in crastino Sancti Andree.

(Cartul., II, n° 4.)

CCLXII

Mathilde, dame de Magny, confirme le don d'Eremburge.

(Décembre 1254.)

L'original, fortement endommagé, ne laisse lire d'utile que les mots suivants :

Ego Matildis domina Magniaci, uxor quondam domini Buchardi de..... Notum omnibus fieri cupio quod quamdam donationem religiosis..... conventui Portus Regii fecit jamdudum Eremburgis de Orsigniis, uxor....,.. de duodecim arpentis terre uno quarterio sitis inter..... dicitur l'Espinée et in loco qui dicitur Richaut in primo loco de feodo..... et gratam habeo utpote dicti feodi secundum habens post ipsam Eremburgim (le reste des formules)..... anno millesimo CC° quinquagesimo quarto, mense decembri.

(Arch. nat., S., 4526, n° 5.)

En marge : Confirmation du don fait à l'abbaye, au mois de septembre 1246, par D. Eremburge de 12 arpents 1/4 de terre.
Le *Nécrologe de Port-Royal* met sa mort vers 1260.

CCLXII

Testament de Mabilie de Châteaufort, dame de Mondeville, veuve de Mathieu de Marly.

Vidimus sous le sceau des abbés d'Abbecourt et de Saint-Victor de Paris du legs du tiers de ses biens à Bagneux en faveur de l'abbaye d'Abbecourt.

(1254.)

(Archives de Seine-et-Oise.)

En 1254, commença le procès entre Porrois et l'Hôtel-Dieu de Paris, pour la terre de Mondeville, qui dura jusqu'en 1544.
(Dix pièces : Arch. nat., S., 4323, 1re liasse.)

CCLXIII

Confirmation royale du don d'Arnoul de Montlhéry.

(Juillet 1255.)

Ludovicus, Dei gratia, Francorum rex..... Notum facimus universis presentes litteras inspecturis quod, in nostra presencia constitutus, Arnulphus de Monte Letherici recognovit se, de voluntate et assensu Florie uxoris sue, quandam domum suam que fuit Petri Le Mengeicier, sitam in foro Montis Letherici, quam a nobis tenebat ad sex denarios annui census, abbatisse et conventui de Portu Regis in puram et perpetuam elemosinam concessisse. Nos vero, ad requisitionem ipsius Arnulphi, dictam donationem volumus et concedimus et eam auctoritate regia confirmamus, salvo jure in omnibus alieno; dictum censum et quicquid, ratione census, juris habebamus ibidem, memoratis abbatisse et conventui quitantes et in perpetuum remittentes, intuitu pietatis. Quod ut firmum sit et stabile, presentes litteras sigilli nostri fecimus impressione muniri. Actum Silvanecti, anno Domini millesimo ducentesimo quinquagesimo quinto, mense julio.

(CARTUL., II, n° 42.)

CCLXIV

Guillaume d'Autonne, sénéchal de Beaucaire, dote sa fille Marie.

(9 décembre 1255.)

Nos Guillelmus de Autonno, miles, senescallus Bellicadri pro domino rege Francie. Notum facimus universis ad quos presentes littere pervenerint, quod nos dedimus et concessimus in elemosinam monialibus abbatie de Porreis XL solidos parisiensium annui redditus, quamdiu Maria, filia nostra, monialis dicte abbatie vixerit, in granchia nostra de Erovilla [1], infra octabas Nativitatis Domini, apud Sanctum Scubiculum, eisdem monialibus annis singulis persolvendos. Quos denarios si, ad dictum terminum, heredes mei non persolverint, pro qualibet die in quibus in solutione denariorum defecerint, eisden monialibus duos solidos pro pena, die qualibet, solvere tenebuntur. In cujus rei testimonium presentes litteras dedimus sigillo nostro sigillatas. Actum apud Porreis, anno Domini millesimo ducentesimo quinquagesimo quinto, die Jovis post festum Beati Nicholai hyemalis.

(CARTUL., II, n° 51.)

1. Hérouville, commune d'Authon-la-Plaine (Seine-et-Oise).

CCLXV

Agnès, dame de Marly, donne une rente de 1 demi-muid de blé léguée par son fils Alphonse.

(Février 1255-1256.)

Universis presentes litteras inspecturis, Agnes, uxor quondam nobilis viri Buchardi, domini Marliaci, militis, salutem in Domino. Notum faceo quod ego, ad preces et instanciam karissimi filii mei Alfonsi, dicti Buchardi primogeniti, dum isdem in extremis laboraret, dedi et concessi inpuram et perpetuam elemosinam, pro salute anime sue, abbatie Portus Regis et monialibus ibidem Deo famulantibus, dimidium modium bladi hybernagii habendum et percipiendum singulis annis apud Fontanetum Vicecomitis in granchia mea, de terris meis quas ibidem possideo in presenti. In cujus rei testimonium et munimen presentibus litteris sigillum meum dignum duxi apponendum. Actum apud Fontanetum anno Domini millesimo ducentesimo quinquagesimo quinto, mense februario.

(CARTUL., II, n° 3.
Répété dans les mêmes termes sous le numéro 23.)

CCLXVI

(Vers 1260.)

Hic jacet Agnes, filia domini Guillelmi de Bellomonte dicti Pie de Rat, qui portabat scutum gironne de albo et nigro, domina de Malliaco, uxor domini Buchardi de quo habuit sex liberos : Buchardus armiger, Isabellis, Richardus, Beatrix, Matheus, Theobaldus.

Inscription d'Alphonse Bouchard.

(1255-1256.)

Ci gist Bouchard, fils de Monseigneur Bouchard de Marly et de la fille de Monseigneur Guillaume de Beaumont. Priez pour li que Dieu en ait merecy. Il trépassa l'an MCCLV.

(*Nécrologe*, p. 185.)

A la même date et dans le même but, Agnès fit une donation à l'abbaye des Vaux-de-Cernay de 1 demi-muid de grain sur sa grange de Fontenay-le-Vicomte, mais au lieu que pour Porrois c'était du blé d'hiver, c'était moitié avoine et moitié orge (Arch. de Seine-et-Oise, publié *Cartulaire des Vaux-de-Cernay*, p. 517).

CCLXVII

Gui de Chevreuse confirme le don de sa sœur Sédille.

(Avril 1256. — Après le 16 avril, date de Pâques.)

Guido, miles, dominus Caprosie; universis presentes litteras inspecturis, salutem in Domino. Notum facimus quod nos volumus et concedimus ut religiose mulieres, abbatissa et conventus Portus Regis, Cysterciensis Ordinis, Parisiensis dyocesis, habeant et possideant in manu mortua perpetuo centum solidos annui redditus quos defuncta Sedilia, quondam domina de Plesseio, soror nostra, in feodo domini episcopi Parisiensis in prepositura nostra de Caprosia, in extremis dicitur legavisse.

In cujus rei testimonium, presentes litteras sigilli nostri munimine fecimus roborari. Datum anno Domini millesimo ducentesimo quinquagesimo sexto, mense aprilis.

(CARTUL., II, n° 44, fol. 23.)

CCLXVIII

*Confirmation par l'évêque de Paris du don
de Sédile de Chevreuse.*

(Mai 1256.)

Reginaldus, miseratione divina, Parisiensis ecclesie, minister indignus; universis presentes litteras inspecturis, eternam in Domino salutem. Notum facimus quod nos volumus et concedimus quod religiose mulieres abbatissa et conventus de Portu Regis, Cysterciensis Ordinis, Parisiensis dyocesis, habeant et possideant in manu mortua perpetuo centum solidos annui redditus quos defuncta Sedilia, quondam domina de Plesseio, soror nobilis viri Guidonis, domini Caprosie, in feodo nostro in prepositura de Caprosia, in extremis dicitur legavisse. In cujus rei testimonium, presentes litteras sigilli nostri munimine fecimus roborari. Datum anno Domini millesimo ducentesimo quinquagesimo sexto, mense maio.

(CARTUL., II, n° 45.)

Sédile ou Cécile de Chevreuse, fille de Gui III et femme de Philippe de Thourolte, seigneur de Plaisir (Plessis), avait légué à Porrois 100 sous parisis de rente sur la prévôté de Chevreuse. Cette rente est mentionnée, en 1502, dans la saisie de la châtellenie de Chevreuse.

CCLXIX

Jean de Soissons et Marguerite de Montfort confirment le don de feu leur frère Jean, comte de Montfort.

(Mai 1256.)

Johannes, filius comitis Suessonensis et Margarita, uxor ejus, universis presentes litteras inspecturis salutem in Domino. Noverit universitas vestra quod nos volumus, laudamus et concedimus quod religiose mulieres abbatissa et conventus Portus Regis, cisterciensie ordinis, habeant et in perpetuum possideant ducenta quadraginta arpenta terre contigua ex una parte, etc..... (Comme dans l'acte de juillet 1148.) Et usuarium nostri nemoris, quantum ad dictum locum pertinet in communi foresta Aquiline ut habent alii consuetudinarii extra defensu. Que omnia karissimus pater noster Johannes, bone memorie quondam comes Montifortis, dedit et concessit monialibus predictis in excambium usuagii quod habebant in foresta Aquiline. Et quidquid juris et juridictionis habebamus in dictis CC^a XL$_a$ arpenta terre et predicto usuagio mortui nemoris, quantum ad dictum locum pertinet, quitamus penitus monialibus predictis, promittentes bona fide quod contra donationem a predicto fratre nostro et a nobis factam, per nos vel per alium non veniemus in futurum. In cujus rei testimonium presentem cartam sigillorum nostrorum munimine fecimus roboravi. Datum anno D^{ni} M° CC° quinquagesimo sexto, mense maio.

(Cartul., II, n° 1.)

CCLXX

Confirmation de Laure de Montfort du même don.

(Juillet 1256.)

Universis presentes litteras inspecturis, Lora, filia bone memorie Almarici, quondam comitis Montisfortis, salutem in D^{no}. Noverit universitas vestra quod ego volo, laudo et concedo quod religiose mulieres abbatissa et conventus monialium Portus-Regis habeant et in perpetuum possideant CC^a XL^a arpenta terre, contigua, etc..... que omnia karissimus frater meus. Johannes bone memorie dedit et concessit, etc..... et quiquid juris, etc..... Actum anno D^{ni} M° CC° L° sexto, mense julio.

(Cartul., II, n° 2.)

CCLXXI

Jean Gibelot de Meudon cède pour une rente de 4 livres à Étienne de Meudon, son frère, la moitié de l'héritage à Villiers d'Étienne de Meudon, beau-père.

(Mai 1257.)

Omnibus..... Officialis Curie Parisiensis..... Johannes dictus Gibelot de Meudunno armiger, recognovit se dedisse et in perpetuum quitasse ad firmam Stephano de Meudunno, fratri suo et Johanne, uxoris ejus, ac eorum heredibus, medietatem tocius terre sive, hereditagii dicto Johanni ex caduco defuncti Stephani de Meudunno, militis quondam, patris sui contingentis site in territorio de Villaribus pro quatuor libris parisiensium, etc..... Datum anno Domini millesimo ducentesimo quinquagesimo septimo, mense maio.

(Cartul., II, n° 12.)

CCLXXII

Par un acte semblable au précédent, Jean Gibelot de Meudon cède, pour une rente de 4 livres, l'autre moitié de son héritage à Villiers à son autre frère, Guillaume de Meudon.

(Mai 1237.)

(Cartul., II, n° 12.)

CCLXXIII

Confirmation de la vente à Porrois du clos de la Haie.

(19 avril 1259.)

Universis..... Officialis Curie Parisiensis, salutem in Domino. Notum facimus quod coram nobis constituti. Reginaldus de Oursignies, armiger, filius defuncti Johannis de Oursignies, et Beatrix, uxor ejusdem R. recognoverunt quod Johannes de Oursignies frater ejusdem R. Maria et defuncta Isabellis, sorores eorum, olim vendidisse tam nomine suo quam nomine ipsius Reginaldi, religiosis mulieribus abbatisse et conventui de Portu-Regis et eorum monasterio, pro recentis et sexaginta libris parisiensibus, eis jam solutis, res inferius nominatus, videlicet quinquaginta arpenta terre arabilis et decimam ejusdem terre, hoc salvo quod supra dictum terram habeat presbyter de Magniaco unum sextarium bladi annuatim; excepta tamen decima cujusdam pecie terre que vocatur Clausus Haie, que est dicti presbyteri. Et quandam domum cum pertinenciis sitam inter grangiam dictarum monialium et Montigniacum in parrochia de Magniaco. Item viginti quatuor arpenta nemoris cum fundo terre sita in duobus peciis in Clauso Haie. Item sex arpenta moleriarum [1] sita ante dictam domum. Que omnia sita sunt in feodo de Limous. Et voluerunt et concesserunt dicti Raginaldus et Beatrix, et promiserunt, etc..... Et confessi sunt se recipisse a dictis monialibus pro data quittatione centum solidos. Datum anno

Domini millesimo ducentesimo quinquagesimo nono, die sabati proximo post Pascham.

(Original : Arch. nat., S.. 4520, n° 11. Débris de sceau.)

Au dos: Carta de quittatione Reginaldi de Molendino Novo.
1. Molière carrière de pierres meulières (Ducange). Un acte postérieur traduit : « six arpem de Molcrages ».

CCLXXIV

Au nom de son père, Philippe, seigneur de Tyr, et à la demande de Simon de Montfort, comte de Leicester, Philippe de Montfort, donne 120 livres à ses cousines Alice et Agnès, filles de Gui de Montfort, religieuses à Porrois, pour leur quint dans les biens situés en Albigeois. Il confirme de plus le don de la granche de Mortbois.

(Novembre 1259.)

Omnibus presentes litteras inspecturis Philippus de Monteforti junior, salutem in D^{no}. Noverint, universi quod cum abbatissa et conventus de Porturegio, cisterciensis ordinis, parisiensis diocesis, a domino patre meo et a me peterunt cum instancia in presentia nobilis viri domini Symonis, comitis Leycestrie, ratione duarum monialium ejusdem loci, Alicie videlicet et Agnetis, sororum, filiarum quondam dominis Guidonis de Monteforti, quintum quem habere debebent super terram patris mei in conquestu Albigense. Ego dicti nobilis domini Symonis comitii Leycestrie, usus consilio, dedi pro dicto quinto, predictis abbatisse et conventui, pro domino patre meo et pro me sex viginti libras parisiensis monete. Insuper volo et concedo quod dicte abbatissa et conventus quondam grangium que grangia Mortui Nemoris dicitur, situm in feodo patris mei et meo, cum terris, vineis et rebus aliis ad dictam grangiam pertinentibus, quam dicte moniales habent et possidente ex dono nobilis viri Guidonis de Monteforti quondum avunculi mei, teneant et in manu mortua possideant sine coactione vendendi aut extra manum suam ponendi. Volo etiam et concedo quod dicte abbatissa et conventus possint acquirere in feodo patris mei et meo de Bena, usque ad quatuordecim sextarios bladi in manu mortua. Hec omnia volo et concedo quod predicte moniales teneant pro emptione (?) compositionem (?) dicti quinti, promittens quod contra concessionem et quittationem rerum predictarum per me vel per alium non veniam in futurum. Immo predicta omnia, quantum ad me et heredes meos pertinet, liberabo et garantizabo in manu mortua contra omnes. Quibus omnibus assensum prebuit Johanna, uxor mea[1]. Actum anno Domini M° CC° L° nono, mense novembris.

(CARTUL., II, n° 56; — Original, Arch. nat., S., 4519, n° 320 ×12 centimètres.)

1. Jeanne de Lévis.

CLCXXV

(Juillet 1260.)

Devant l'official de Paris. Milon de Merantais, chevalier, assigne sur ses cens de Mérantais 60 sous de rente tant que sa fille restera religieuse à Porrois. (Longues formules banales.)..... Datum anno Domini millesimo ducentesimo sexto, mense julii.

(CARTUL., n° 15.)

CCLXXVI

Briande de Beynes lègue à ses deux filles, filles de Gui de Montfort, religieuses à Porrois, 40 livres de rente sur le bois de Gazeran.

(*Nécrologe de Port-Royal*, p. 381.)

CCLXXVII

Jean d'Aunay vend à Porrois 1 arpent de pre à Saint-Lambert.

(Novembre 1260.)

Omnibus presentes litteras inspecturis, Officialis Curie Parisiensis, salutem in Domino. Notum facimus quod in nostra presentia constitutus, Johannes de Alneto recognovit coram nobis in jure se vendidisse et in perpetuum quitavisse abbatisse et conventui de Porrois, quoddam arpentum prati quod dicebat se habere apud Sanctum Lambertum, situm in loco qui dicitur « Le Taillerz » contiguum clauso molendini de Germani Villa, in feodo Guiardi de Picta Petra, clerici ut dicebat, pro quindecim libris parisiensium jam eidem venditori solutis. Renuntians exceptioni non numerate pecunie, non tradite, Promittens, etc..... Immo dictam venditionem dictis emptoribus et eorum successoribus garantizabit, liberabit et deffendet in judicio et extra, quociens opus fuerit contra omnes. Promisit etiam, sub fide prestita, quod ipse tantum faciet et procurabit erga Mariam, matrem ipsius Johannis, Thomam, Perrotum et Eremburgim, liberos dicte Marie, quod ipsi dictam venditionem volent et acceptabunt, et de non veniendo contra, fidem dabunt. De quibus omnibus et singulis tenendis et firmiter adimplendis, predictus Johannes se et heredes suos et omnia bona sua et heredum suorum, mobilia et immobilia, presentia et futura, ubicumque sint et in quibuscumque rebus existant, eisdem abbatisse et conventui in contraplegium obligavit. Prefatus vero Guiardus de Picta Petra, clericus, coram nobis constitutus, asserens et confitens predictum arpentum prati movere ex feodo ipsius Guiardi, voluit et concessit expresse quod dicte Abbatissa et conventus et earum successores predictum arpentum prati teneant et possideant in perpetuum in manu mortua, contradictione qualibet non obstante. Promittens, fide data in manu nostra, quod, etc..... Datum anno Domini millesimmo ducentesimo sexagesimo, mense novembris.

(Cartul., II, n° 25.)

CCLXXVIII

Confirmation de la vente de 1 arpent par Jean d'Aunay par ses héritiers.

(20 novembre 1260.)

Devant l'official de Paris, Thomas et Petrus, fatres Johannis dicti de Alneto, filii defuncti Guillelmi de Alneto et Eremburgis, soror dictorum, asseruerunt quod dictus Johannes olim vendiderat abbatisse et conventui de Portu Regis pro quindecim libris parisiensium dicto Johanni

solutis in pecunia numerata, unum arpentum prati apud Germani Villam juxta molendinum in censiva Guiardi de Picta Petra, clerici, prout in quadam quarta super hujusmodi venditione confecta, dicebant continueri quam venditionem prefati Thomas, Petrus et Eremburgis voluerunt, etc.....
Datum anno Domini millesimmo ducentesimo sexagesimo, mense novembri, die lune ante festum Beati Clementis.

(Cartul., II, n° 26.)

CCLXXIX

Béatrix, fille de Bouchard de Marly, donne à Port-Royal le quint de ses biens.

(Février 1260-1261.)

Omnibus presentes litteras inspecturis, Officialis Curie Parisiensis, salutem in Domino. Notum facimus quod in presencia nostra constituta, Beatrix, filia defuncti Buchardi quondam domini de Marliaco, etatis annorum quindecim vel circiter existens, ut dicebat, proponens ad frugem melioris vite transire, dedit et concessit pure ac irrevocabiliter, in puram et perpetuam elemosinam, monasterio de Portu Regis ac abbatisse et conventu ejusdem loci, quintam partem tocius hereditatis sue, ubicumque sit et quibuscumque rebus consistat, necnon et omnia bona sua mobilia ac etiam jocalia, ubicumque sint et in quibuscumque rebus consistant. Cedens ex nunc in perpetuum eisdem omne jus, dominium, possessionem et proprietatem et etiam actionem que sibi competebant et competere poterant quoquo modo in eis, et ex nunc transferens in jus et proprietatem abbatisse et conventus ac monasterii predictorum. Si vero predictam donationem ab heredibus dicte Beatricis seu parentibus vel amicis seu cognatis vel agnatis, modo quolibet, contingeret impugnari, revocari vel in aliquo infirmari, vel ipso contra ipsam donationem venire contingeret in posterum, didit et concessit dicta Beatrix coram nobis, pure ac irrevocabiliter in puram et perpetuam elemosinam, predictis abbatisse et conventui ac monasterio earumdem omnia bona sua mobilia et immobilia quecumque ipsam contingentia modo quolibet, ubicumque sint et in quibuscumque rebus consistant, et quicquid de jure debet et postet ; et transferens in eosdem abbatissam et conventum et monasterium quicquid, modo quolibet, donare potest ; et cedens in eis omne jus et proprietatem et dominium ac possessionem que sibi competebant seu competere poterant in bonis mobilibus et immobilibus supradictis. Pomittens, fide data, quod contra donationem hujusmodi, par se vel per alium non veniet in futurum..... Datum anno Domini millesimo ducentesimo sexagesimo, mense februarii.

(Cartul., II, n° 49.)

CCLXXX

Gervais de Sèvres approuve l'achat de la vigne de Grignon, à Sèvres.

(Juin 1261.)

Universis presentes litteras inspecturis, ego, Gervasius de Separa, salutem in Domino. Notum facio tam presentibus quam futuris quod ego volo et concedo quod religiose mulieres abbatissa et conventus de Portu Regio teneant in manu mortua, quiete et pacifice possideant in perpetuum, sine coactione vendendi aut extra manum suam ponendi, quandam peciam vinee sitam apud Separam in censiva mea, in loco qui dicitur Grignon; que vinea quondam fuit Willelmi Anglici de Separa, nichil mihi juris vel heredibus meis in dicta vinea retinens preter duos denarios tantummodo censuales sine alia exactione, redibentia vel costuma; Quos duos denarios dicte abbatissa et conventus mihi vel heredibus meis, singulis annis ad festum Sancti Remigii, solvere tenebuntur. Si forte contigerit dictas abbatissam et conventum in solutione dicti census erga me vel heredes meos ad dictum festum deficere, emendam mihi vel heredibus meis pro dicto censu solvere tenenbuntur. Ysabellis vero, uxor mea, hanc concessionem et quitationem voluit, laudavit et concessit, quitavitque quicquid juris in dicta vinea habebat vel habere poterat jure dotalicii sive alio modo, spontanea, non coacta, promittens, fide data, quod contra predicta venire nullatenus attemptabit et quod in dicta vinea nichil in posterum reclamabit. Ego vero, predictus Gervasius et Ysabellis, uxor mea andedicta, recepimus quinquaginta solidos parisiensium de bonis dictarum religiosarum pro quitatione sive concessione facienda. Et ut hoc firmum et irrevocabile a posteris in posterum habeatur, presentes litteras sigilli mei impressione munivi. Actum anno Domini millesimo ducentesimo sexagesimo primo, mense junio.

(CARTUL., II, n° 8.)

CCLXXXI

*Pierre de Châtres confirme le don d'Agnès de Marly
sur sa grange de Fontenay.*

(Septembre 1261.)

Universis presentes litteras inspecturis, Petrus de Castris, miles, salutem in Domino. Notum facio presentibus et futuris quod ego volo et concedo quod abbatissa et conventus de Portu Regis, suo et monasterii sui nomine, teneant et in manu morta quiete et pacifice in perpetuum possideant, quantum in me est, sine coactione vendendi aut extra manum suam ponendi, unum modium bladi quem defuncta Agnes, quondam domina Marliaci, ob remedium anime sue et Buchardi, filii sui primogeniti, dedit dictis abbatisse et conventui in puram elemosinam et perpetuam, capiendum eisdem, singulis annis, apud Fontanetum, versus Corbolium, de proventibus terrarum suarum qui proveniunt vel provenire debent, ad granchiam dicte defuncte sitam in dicta villa; que omnia supradicta primo de meo feodo movent..... Promittens, bona fide, quod contra hujusmodi concessionem, per me vel per alium, in posterum venire nullatenus attemptabo. Immo, dictum modium bladi dictis monialibus garantizabo dictis monialibus contra omnes tanquam primus dominus..... Ysaura vero, uxor mea, hanc concessionem voluit et concessit, et quicquid ibidem habebat, jure dotalicii vel alio quoquo modo, quitavit dictis monialibus, fide data. Et pro concessione ista facienda, ego et uxor mea predicta, recepimus quindecim libras parisiensium de bonis dictarum abbatisse et conventus in pecunia numerata. In cujus rei testimonium et munimen, presentes litteras sigilli mei munimine roboravi. Actum anno Domini millesimo ducentesimo sexagesimo primo, mense septembris.

(Cartul., II, n° 23.)

CCLXXXVI

Achat du pré de Saint-Léger en Iveline.

(Mars 1261-1262.)

Universis..... Officialis Curie Parisiensis, salutem in Domino. Notum facimus quod coram nobis Matildis, uxor Christiani Archarii, et coram clerico nostro ad hoc specialiter destinato dictus Christianus, maritus dicte Matildis, impotens corpore, compos autem mentis, constituti, asseruerunt quod possidebant ex eorum proprio conquestu unam peciam prati continentem sex arpenta, uno quarterio minus sitam apud Sanctum Leodegarium in Nevelina [1] juxta nemus de Vegre, in censiva comitis Montisfortis, oneratam in quindecim denariis parisiensibus censualibus solvendis in festo Sancti Johannis Baptiste annuatim. Quam peciam prati recognoverunt se vendidisse abbatisse et conventui de Porreis pro quinquaginta libris turonensibus, ipsis venditoribus jam solutis in pecunia numerata. Cedentes et transferentes in dictas abbatissum et conventum et earum monasterium, omnes jus, dominium, etc..... Nichil juris, dominii, etc..... retinentes. Promittentes, fide data quod contra venditionem predictam jure aliquo, ratione aliqua, per se vel per alium, non venient in futurum. Et quod dictam peciam prati sicut se comportat, garantizabunt, etc., contra omnes propriis sumptibus. Nec non et quod solvent dictis religiosis septem libros turonenses, nomine pene, cum omnibus costamentis, expensis et damnis, credendo super hoc solo juramento procuratoris dictarum religiosarum, absque alia probatione, si dictam venditionem in toto vel in parte retrahi contigerit. Et de recta garandia..... se et heredes suos, et omnia bona sua mobilia et immobilia, presentia et futura obligarunt. Renunciantes, etc, etc..... Preterea Guillotus et Jaquetus liberi dictorum Christiani et Matildis, in nostra presentia constituti predicta omnia laudaverunt et quitaverunt et de veniendo contra fidem in manu nostra corporaliter prestiterunt. Datum anno Domini millesimo ducentesimo sexagesimo primo, mense martio.

(Cartul., II, n° 21.)

Sous le numéro 20 se trouve dans le *Cartulaire* une autre copie en tout semblable, sauf la dernière phrase, contenant la garantie des deux fils.
1. A la dictée, en Iveline peut être entendu en Niveline, pour qui ne connaît pas les lieux.

CCLXXXIII

Échange avec l'abbaye de Vaux-de-Cernay.

(4 avril 1261-1262.)

Universis presentes litteras inspecturis frater Garinus, dictus abbas Vallium Sarnaii, et ejusdem loci conventus, cisterciensis ordinis, Parisiensis dyocesis, salutem in Domino. Notum facimus quod cum haberemus et perciperemus annuatim in abbatia monialium Portus Regis, cisterciensis ordinis, sex sextarios tam mustolii quam avene annui redditus, tres mustolii et tres avene; quorum sex sextariorum habebamus quatuor ex emptione quam faceremus a Symone de Buxeria, armigero, et duos sextarios ex datione nobis facta a Gaufredo de Buxeria, milite, patre dicti Symonis. Quos siquidem sex sextarios supradicte abbatissa et conventus Portus-Regis debebant dicti Symoni et Gaufrido, patri suo, et antecessoribus eorum unnuatin in festo Omnium Sanctorum, pro tota terra que est a capite calceie novi stagni eorumdem monialium usque ad Campum Germeri quam receperant a dicto Symone et patre ipsius et antecessoribus eorumdem ad admodiationem pro tribus sextariis mustolii et tribus avene. Item cum nos haberemus sex solidos et septem denarios censuales annui redditus in dicta abbatia Portus Regis ex venditione dicti Symonis nobis facta, quem censum debebant dicto Symoni in festo Sancti Remigii pro rebus inferius nominatis; videlicet pro terra desuper stagnum, quatuor denarios(?), unum denarium, pro muro duos denarios. pro prato et terra inter duos rivos, et prato Hercelini qui vocatur Leschot, duos solidos; pro esbatamento tres denarios [1]. Nos autem abbas et conventus supradicti, pensata utilitate domus nostre, vendidimus abbatisse et conventui Portus regis quatuor sextarios duos mustolii et duos avene de sex sextariis supradictis. Ita tamen quod alios sextarios, unum mustolii et unum avene teneantur reddere pro nobis priori D. Castrifortis et prioratui ejusdem monachis abbatie Sancti Petri de Burgolio. Insuper vendidimus a. et c. Portus-Regis sex solidos et septem denarios annui census quos in eadem abbatia habebamus prout superius est expressum. Habuimus et recepimus, nomine venditionis triginta libras parisiensium in pecunia numerata. Renunciantes..... Promittentes..... In cujus rei testimonium presentes litteras sigilli nostri munimine roboravimus. Actum anno Domini millesimo ducentesimo sexagesimo primo, in festo Sancti Ambrosii.

(Deux copies semblables. CARTUL., II, n°° 27 et 55.)

Cet acte manque dans le *Cartulaire des Vaux-de-Cernay.*
1. L'énumération doit être incomplète.

CCLXXXIV

Échange avec Gile de Suresnes sur le pré de Branche.

(Avril 1262-1263 [1].)

Universis presentes litteras inspecturis, Officialis Curie Parisiensis, salutem in Domino. Notum facimus quod in nostra presencia constituti, Gilo de Surenes et Eremburgis, ejus uxor, asseruerunt quod ipsi habebant, tenebant et possidebant apud Beccencort, ex successione defuncti Raginaldi Galopin, patris quondam dicte Eremburgis, terciam partem cujusdam pecie prati, siti in territorio quod vocatur « Branche » super « Malum Quarterium »; que tota pecia honerata est in uno denario parisiensi census capitalis, et in octo denariis parisiensibus de « trosses » annui redditus, debitis annuatim domino de Caprosia, ut dicebant. Cujus pecie prati predicti abbatissa et conventus de Porrois tenent alias duas partes, ut dicebant. Quam siquidem terciam partem dicti prati, prout ipsa tercia pars se comportat, dicti Gilo et Eremburgis recognoverunt coram nobis se partim vendidisse et in perpetuum concessisse, et partim in excambium perpetuum dedisse predictis abbatisse et conventui de Porreis et eorum ecclesie : scilicet, partim vendidisse pro LXX solidis parisiensium sibi solutis in pecunia numerata, ut confessi sunt coram nobis, et partim in excambium dedisse pro duabus partibus unius quarterii prati, siti subtus pratum de Bauche, quod vocatur « Malum Quarterium »; quas duas partes dicti religiose habebant in eodem quarterio, et ipsi Gilo et ejus uxor, terciam partem, ut dicebant. Promittentes, fide data in manu nostra, spontanei, non coacti, quod contra venditionem et quitationem hujusmodi et excambium predictum, jure hereditatis, ratione successionis, dotis, doarii, cenquestus, aut alio aliquo jure communi vel speciali, per se vel per alium non venient in futurum. Et quod, dictam terciam partem dicte pecie prati ab ipsis venditam et in excambium datam, garantizabunt, deffendent et librabunt dictis abbatisse et conventui et eorum ecclesie, in judicio et extra judicium quandocumque opus fuerit et fuerint super hoc requisiti, suis sumptibus, perpetuo contra omnes. Necnon et quod reddent et solvent dictis religiosis omnia dampna, costamenta et expensas que, occasione defectus, sustinerint, credendo solo juramento procuratoris earum religiosarum, absque alia probatione et taxatione judiciara precedente; obligantes, pro recta garandia ferenda et pro dampnis predictis reddendis, se et sua et heredes suos. Renuntiantes etiam exceptioni non numerate pecunie, non habite et non recepte et omnibus hiis que contra presens instrumentum possent dici. Datum anno Domini millesimo ducentesimo sexagesimo secundo, mense aprilis.

(Cartul., II, n° 19.)

---

1. Pâques étant le 1er avril en 1263, cet acte approuvé en octobre 1262 est d'avril 1262.

CCLXXXV

Testament d'Hervé de Chevreuse.

(Mai 1262.)

Universis presentes litteras inspecturis notum facio quod ego Herveus de Caprosia, miles, meum legatum facio in hanc modum. In primis lego abbacie Vallium Sarney centum libras turonenses, pro una missa cotidie, pro me et pro uxore mea et pro Sebilla, condam domina de Alneto et pro antecessoribus meis, in perpetuum celebranda, et cifum argenteum pro calice faciendo. Et iterum lego conventui ejusdem abbacie centum solidos ad pitanciam; fratribus Sancte Trinitatis, decem libras turonenses; abbacie Portus Regis decem libras turonenses; abbacie de Rosca, decem libras turonenses; fabrice beate Marie Parisiensis, decem solidos; domui Dei Parisiensis, decem solidos; presbytero de Remboulleto sexdecim solidos pro omnibus drecturis suis et pro trincenario..... (Suivent des legs de cinq sous au curé de Maincourt et à trente-deux autres prêtres à charge d'une trentaine de messes. Il lègue ensuite dix sous et cinq sous à six léproseries, cent sous à sa sœur religieuse à Hierres et autant à son autre sœur religieuse à Haute-bruyère; puis son grand cheval aux hospitaliers de Saint-Jean-de-Jérusalem et divers dons à ses serviteurs et aux pauvres de ses terres)..... Hujus testamenti executores meos statuo: abbatem Vallium Sarney, abbatem de Rosca, abbatem Acelinum de Sancto Petro, dominum Hecardum de Luedevilla et dominum Johannem de Valle, milites; et Guidonem,

dominum de Caprosia, fratrem meum statuo super omnes.....
Et ut hoc esset ratum et stabile, presentem paginam sigilli
munimine roboravi. Actum anno D^{ni} M° CC° LX° secundo,
mense maii.

(Original en parchemin. Arch. de Seine-et-Oise.
Publié : *Cartul., des Vaux-de-Cernay*, p. 375.)

Ce testament fut suivi d'un autre, écrit ou verbal, exécuté par Gui de Chevreuse, au mois d'octobre suivant.

1. M. Moutié a raconté la vie d'Hervé de Chevreuse, seigneur de Maincourt, fils de Gui III et frère de Gui IV, que le P. Anselme a confondu avec son neveu, Hervé, fils de Gui IV. Son tombeau aux Vaux-de-Cernay donne ses armes : une croix cantonnée de quatre lions au lieu de quatre aigles, et le nom de sa femme, qui lui survécut peu, Clémence d'Aulnois.

CCLXXXVI

Herric de Navibus donne une rente de 4 livres sur une maison aux Champeaux.

(Septembre 1262.)

Universis presentes litteras inspecturis, Officialis **Curie Parisiensis**, salutem in Domino. Notum facimus quod, in nostra presentia constitutus, Herricus de Navibus, civis Parisiensis, asseruit quod ipse habebat et percipiebat annis singulis, quatuor terminis Parisius consuetis, novem libras parisiensium incrementi census sive annui redditus super quadam domo sita Parisius in Campellis, contigua domui defuncti Gilonis Charronis ex una parte, et domui olearie ex altera, ab oppositis domus de Porreis, in censiva domini regis, honerata in duobus solidis census, ut dicitur capitalis. De quibus novem libris parisiensium super domo predicta, dictus Herricus dedit et concessit ex nunc in perpetuum, irrevocabiliter, pure et perpetuam elemosinam, donatione facta inter vivos, religiosis mulieribus abbatisse et conventui de Porreis et earum monasterio, quatuor libras parisiensium incrementi census sive annui redditus, habendas et percipiendas ex nunc in posterum ab eisdem abbatissa et conventu super domo predicta pacifice et quiete, immediate post dictos duos solidos capitalis census, quatuor terminis Parisius consuetis. Promittens idem Herricus, fide in manu nostra prestita corporali quod contra donationem et concessionem predicta, jure aliquo communi vel speciali, per se vel per alium non veniet in futurum; et quod dictas quatuor libras incrementi census sive annui redditus dictis abbatisse et conventui garantizabit, liberabit et deffendet perpetuo contra omnes..... In cujus rei testimonium, sigillum Curie Parisiensis, ad petitionem dicti Herrici, litteris presentibus duximus apponendum. Datum anno Domini millesimo ducentesimo sexagesimo secundo, mense septembri.

(Cartul., II, n° 7.)

CCLXXXVII

Confirmation royale du don d'Herric de Navibus.

(Octobre 1262.)

Ludovicus, Dei gratia, Francorum rex. Notum facimus universis quod Herricus de Navibus, in presentia nostra constitutus recognovit quod de novem libris parisiensium quas annuatim percipiebat, etc. (Comme dans l'acte précédent.)..... dedit abbatisse et conventui de Portu-Regio..... Nos autem ad petitionem dicti Herrici dictam donationem volumus, concedimus et auctoritate regia confirmamus..... salvo censu nostro et retenta nobis omnimodo justicia in predictis ac salvo etiam jure in omnibus alieno. Quod ut ratum et stabile permaneat presentes litteras sigilli nostri fecimus impressione muniri. Actum apud Argentolium, anno Domini millesimo ducentesimo sexagesimo secundo, mense octobri.

(Cartul., II, n° 6.)

CCLXXXVIII

Gui de Chevreuse donne à Porrois 44 arpents et demi de bois de la succession de son frère Hervé.

(Octobre 1262.)

Universis presentes litteras inspecturi G.(uerinus) humilis abbas Vallium Sarnaii, et G.(uido) dominus de Caprosia, miles, eternam in Domino salutem. Noverint universi quod defunctus dominus Herveus de Caprosia, miles, in extremis laborans, sane tamen mentis, suum testamentum condidit, nos ejusdem testamenti executores constituens ; et inter alia, propter devotionem quam ad monasterium Portus-Regis habebat, tam propter inopiam dicti monasterii, cum plures ibi essent persone institute quibus facultates dicti monasterii minime suppetuat, quam propter dilectionem quam habebat erga dictum monasterium contemplatione duarum suarum filiarum monialium ejusdem monasterii, quarum obteatu dictum cenobium numdum fuerat aliquod temporale commodum assecutum ; Fidei nostre commissit ut, ob remedium anime sue, de bonis suis aliquos annui redditus, prout nobis videretur expediens, dicto cenobio assignaremus. Nos vero, onus testamenti subire volentes, habita ratione facultatum dicti militis, diligenti deliberatione super hoc habita, dicto monasterio de bonis dicti militis quadraginta quatuor et dimidium arpenta nemoris, sita in una pecia super Vallem Morosam, contigua nemori Campi Garnerii que movent de heredibus dicti Hervei, in perpetuam elemosinam ab eodem cenobio in posterum possidenda assignavimus. Et promittimus executorio nomine dicti defuncti quod contra assignationem hujusmodi de cetero nullatenus veniemus. Hec autem acta de voluntate, auctoritate et consensu Anselmi [1], primogeniti dicti defuncti domini Hervei, et matris ipsius Anselmi, relicte dicti defuncti [2], qui in presentia nostra premissa voluerunt et laudaverunt, et de non veniendo contra fidem suam prestitit dictus Anselmus in manu abbatis Vallium Sarnaii, spontaneus, ex mera et libera ipsius voluntate. Preterea nos Guido qui sumus primus dominus feodi nemoris supradicti, de voluntate et assensu primogeniti nostri presentis, volumus et concedimus quod religiose predicte et monasterium eorum in perpetuum habeant, teneant et possideant dicta arpenta nemoris in manu mortua sine coactione vendendi aut extra manum ponendi.

Et promittimus tanquam primus dominus feodi nemori predicti quod contra concessionem hujus manus mortue per nos vel per alios nullatenus de cetero veniemus, sed garantizabimus contra omnes qui se dicerent primi domini; retenta nobis garenna et heredibus nostris in dicto nemore, cum omni justicia que pertinet ad baronem quales ibidem habere consuevimus. Et ut premissa robur obtineant firmitatis perpetue, nos abbas predictus in testimonium sigillam nostram semel, et nos Guido predictus in testimonium similiter predicte assignationis ac etiam in testimonium manus mortue predicte sigillum nostrum bis presentibus litteris duximus apponendum. Datum anno Domini millesimo ducentesimo sexagesimo secundo, mense octobris.

(Cartul., II, n° 28.)

1. Anseau ou Anselme de Chevreuse, seigneur de Maincourt, maréchal du royaume de Sicile, puis seigneur de Chevreuse et de Maurepas, porte-oriflamme, mort le 18 août 1304, à Mons-en-Puelle.
2. Clémence d'Aulnois.

CCLXXXIX

Confirmation par l'évêque de Paris de l'acte précédent.

(Octobre 1262.)

Reginaldus, miseratione divina Parisiensis ecclesie minister indignus, universis presentes litteras inspecturis, salutem in Domino. Noveritis nos anno Domini millesimo ducentesimo sexagesimo secundo, mense octobri litteras infrascriptas et ordinationem inferius annotatam in eisdem insertam, vidisse diligenter in hec verba. Universis, etc. (Comme dans l'acte qui précède.)

Nos vero premissa et ordinationem predictam laudamus et auctoritate ordinaria confirmamus, concedenter quod dicte abbatissa et conventus Portus Regis teneant dicta quadraginta quatuor arpenta et dimidium nemoris, moventis de feodo nostro, in manu mortua, in augmentum anniversarii nostri, absque coactione vendendi aut extra manum suam pronendi. In cujus rei testimonium sigillum nostrum presentibus duximus apponendum. Datum anno et mense predictis.

(Cartul., II, n° 29.)

Fisquet (*Diocèse de Paris*, 1, 210) dit, sous la date d'octobre 1262, que l'évêque Renaud de Corbeil donna à Port-Royal, pour célébrer son anniversaire, 4 livres parisis de rente, et amortit le don fait à la même date par Gui de Chevreuse.

CCXC

*Gui de Chevreuse amortit l'achat et l'échange
du pré de Branche.*

(Octobre 1262.)

Ego Guido, miles, dominus Caprosie, notum facio tam presentibus quam futuris me concessisse religiosis mulieribus abbatisse et conventui de Portu Regis ut liceat eis, in manu mortua et in perpetuum tenere de me, ad unum denarium tantummodo annui census, mihi vel heredibus, meis a dictis religiosis singulis annis ad festum Sancti Remigii persolvendum, unam peciam prati continentem, ut dicitur, unum arpentum, dictum « le pré de Branche », situm apud Bequencort in censiva mea; quod pratum fuit quondam defuncte Emmeline « la Galopine ». Quito insuper et remitto dictis religiosis octo denarios quos in dicto prato pro trossis percipere solebam annis singulis et habere, salva tamen omni justicia mihi vel heredibus meis in prato supradicto. In cujus rei testimonium et munimen presentes litteras sigilli mei munimine roboravi. Actum anno Domini millesimo ducentesimo sexagesimo secundo, mense octobri.

(Cartul., II, n° 18.)

CCXCI

Amaury, vicomte de Narbonne, change l'assignation de la rente donnée par son frère Aimery à Porrois.

(24 avril 1263.)

Universis presentes litteras inspecturis, Almaricus, Dei gratia, vicecomes et dominus Narbonne, salutem in Domino. Notum facimus quod, cum Aimericus, bone memorie, frater noster, dedisset et concessisset in puram et perpetuam elemosinam religiosis mulieribus abbatisse et conventui de Portu Regio, quintam partem suorum reddituum quos habebat in Francia, et ipse assignasset dictis religiosis, pro dicta quinta parte, quatuordecim libras parisiensium annui redditus super census suos de Clauso Mali Vicini, in censiva abbatis Sancte Genovefe Parisiensis in Monte; et dicti abbas et conventus nollent quod dicte religiose dictas quatuordecim libras annui redditus in perpetuum pacifice possiderent, nos, intuitu moti caritatis, et factum fratris nostri adimplere volentes, dedimus et assignavimus eisdem monialibus IX libras parisiensium annui redditus super domum Roberti, dicti Brichart, prope ecclesiam Sancti Mederici Parisiensis, percipiendas annuatim a dictis monialibus singulis annis, duobus terminis, videlicet, in octabis Beati Johannis Baptiste, quatuor libras parisiensium et dimidiam, et in octabis Nativitatis Domini, quatuor libras parisiensium et dimidiam, in excambium novem librarum de summa quatuordecim librarum predictarum quas habebant et percipiebant dicte religiose, prout superius dictum est, super census meos de Clauso Mali

Vicini. Damus insuper eisdem religiosis omne jus, dominium
et justiciam que vel quam habebamus vel habere debeba-
mus in domo supradicta. Pro residuis vero centum solidis
parisiensium, volumus et concedimus quod dicte religiose
habeant et recipiant centum libras turonensium ex venditione quam fecimus abbati et conventui Sancte Genovefe Parisiensis in Monte. Promittentes, bona fide, quod contra donationem et assignationem istam, per nos vel per alium non
veniemus in futurum. Quod ut ratum sit et firmum, presentes litteras sigilli nostri munimine fecimus roborari.
Actum anno Domini millesimo ducentesimo sexagesimo
tercio, decimo Kalendas Madii.

(CARTUL., II, n° 14.)

CCXCII

*Thibaut de Houx abandonne à l'abbaye la dime
engagée par son père.*

[Avril 1262 (En 1263, Pâques le 6 avril).]

Universis presentes litteras inspecturis, Officialis Curie
Parisiensis, salutem in Domino. Notum facimus quod,
coram nobis constitutus, Theobaldus de Houseio, asseruit
coram nobis quod contentio inter ipsum ex una parte, et
abbatissam et conventum de Portu Regis, ex altera, fuerat
agitata super eo videlicet quod dicti abbatissa et conventus
faciebant dictum Theobaldum citari coram nobis pro eo quod
idem Theobaldus nolebat redimere quandam decimam quam
defunctus Johannes Rex, pater quondam dicti Theobaldi,
eisdem abbatisse et conventui, titulo pignoris, obligaverat,
ut dicebat. Tandem dictus Theobaldus, propter hoc in nostra

presencia constitutus, quitavit penitus et expresse coram nobis eisdem abbatisse et conventui de Portu Regis ac eorum monasterio dictam decimam. Promittens, fide data in manu nostra, quod in dicta decima nichil juris, ratione quacumque, per se vel per alium reclamabit vel faciet reclamari, et quod dictos abbatissam et conventum, ratione decime, per se vel per alium, de cetero nullatenus molestabit vel faciet molestari. Datum anno Domini millesimo ducentesimo sexagesimo tercio, mense aprilis.

(Cartul., II, n° 17.)

CCXCIII

Étienne de Meudon vend à Porrois 5 arpents de terre à Boisseul.

(Avril 1263.)

Universis presentes litteras inspecturis, Officialis Curie Parisiensis, salutem in Domino. Notum facimus quod in nostra presencia constituti, Stephanus de Meuduno, armiger, et domicella Johanna, ejus uxor, asseruerunt quod ipsi habebant et possidebant, ex propria hereditate ipsius Stephani, quandam peciam terre arabilis, quinque arpenta vel circiter ut dicitur continentem, sitam apud Villaria juxta Castrum Forte in territorio quod vulgaliter appellatur Boisseul, contiguam ex una parte terre domini Amalrici de Meudonno in territorio domini regis. Quam siquidem peciam terre arabilis, prout in longitudine et latitudine se comportat, prefati Stephanus et Johanna, ejus uxor, in presencia nostra constituti recognoverunt se vendidisse et in perpetuum quitavisse religiosis mulieribus abbatisse et conventui de Portu Regio ac earum monasterio, quinquaginta septem libris parisiensium suis quitis, jam eisdem venditoribus solutis, numeratis et traditis, ut confessi sunt coram nobis. Renunciantes expresse exceptioni non numerate pecunie, non tradite, non solute; promittentes, voluntate spontanea, non coacti, fide in manu nostra prestita corporali quod contra venditionem et quitationem hujusmodi, jure hereditario, ratione conquestus, doarii vel alio modo, per se vel par alium non venient in futurum; et quod dictam peciam terre arabilis, prout se comportat, ut dictum est, prefatis abbatisse et conventui ac earum monasterio garantizabunt liberabunt et deffendent in posterum in judicio et extra, sui sumptibus et expensis, quociencumque fuerit contra omnes. Necnon et quod solvent eisdem monialibus centum solidos parisiensium nomine pene si dicta venditio retracta fuerit vel evicta. Actum anno Domini millesimo ducentesimo sexagesimo tercio, mense Aprilis.

(Cartul., II, n° 5; — Copie sur papier. Arch. nat., S., 4526, n° 18.)

CCXCIV

L'évêque de Paris confirme les achats faits à Villiers par Porrois pour 700 livres à Guillaume de Meudon et son frère Jean Gibelot.

(13 juin 1263.)

Reginaldus, divina miseratione, Parisiensis ecclesie minister indignus; universis presentes litteras inspecturis, salutem in Domino..... Notum facimus quod, in presentia nostra propter hoc, ut dicebant, specialiter constituti, Guillelmus de Meuduno, nostre dyocesis armiger, et Ysabellis, ejus uxor, asseruerunt ex certa scientia se habere, tenere et pacifice possidere in villa de Villaribus et ipsius ville territorio res inferius nominatas : scilicet XLV arpenta terre arabilis vel circiter sita in diversis locis. Item, XL arpenta nemoris cum fundo in duabus peciis, videlicet decem arpenta in una pecia que vulgaliter nominatur Mont Moyen, et XXX arpenta in alia pecia sita ante dictam villam. Item, herbergamentum quoddam in dicta villa cum suis pertinentiis quibuscumque ; quod quidem, edificiis et proprisio, sex arpenta, scilicet quatuor in jardino et duo in vinea dicitur continere. Item, XXVII solidos parisiensium minuti census annui capitalis super terris, pratis, vineis et masuris. Item, campipartem in VII arpentis arabilibus sitis in duobus locis. Item, griagium sive redditum et obventiones quascumque que sibi obvenire poterant ratione griagii in nemoribus constitutis in castellania Castrifortis ; quem quidem estimabant triginta solidos parisiensium annui redditus, vel amplius. Item, droituram et dimidiam in villa de Villaribus, et valet droitura integra unum sextarium avene, unum minotum frumenti ad mensuram Castrifortis, et duos capones. Item, foragia que habebant in villa de Villaribus super VII hostisias et dimidiam, ut dicebant. Item, medietatem in tribus feodis cum suis retrofeodis ; et tenet primum feodum Ysabellis, vidua relicta Odonis Clerici, militis ; cujus feodi dominium X libras parisiensium estimabant, et cui feodo, ut dicebant, duo retrofeoda adjacebant. Secundum feodum tenet Robertus de Limeus, miles, et ejusdem feodi dominium viginti libras parisiensium estimabant, et ipsi feodo duo similiter retrofeoda adjacebant. Tercium vero feodum tenet Genovefa de Clamartio, vidua, et valere dicitur pro dominio triginta solidos parisiensium, et ipsi subjacet unum retrofeodum, ut dicebant. Que omnia et singula superius expressa movebant, ut dicebant, de hereditario proprio ipsius Willelmi, et in quibus justiciam simplam habebant, et eadem a rege Francorum immediate tenebant. Que omnia et singula superius expressa, et quicquid justicie, dominii, juris, costume, proprietatis vel possessionis seu alternis commodi cujuscumque habebant et habere poterant in rebus predictis vel earumdem aliqua, recognoverunt se vendidisse et nomine venditionis perpetuo quitavisse religiosis mulieribus abbatisse et conventui Beate Marie Portus Regii, nostre dyocesis, et ipsi ecclesie in perpetuum irrevocabiliter in manu mortua, sine coactione vendendi, distrahendi seu alio quolibet modo extra manum suam ponendi, pro septies centum libris parisiensium suis quitis; de quibus ipsis venditoribus in numerata pecunia extitit plenarie satisfactum, sicut spontanei et certiorati confessi sunt coram nobis; exceptioni non numerate pecunie, non tradite, non solute, exceptioni doli et in facto penitus et expresse pro se et suis heredibus renunciando; nichil pro se vel suis heredibus seu successoribus quibuscumque in rebus prenominatis vel aliqua earumdem, jure quolibet, ex nunc in antea retinendo. Et promiserunt idem venditores, pro se et heredibus suis et successoribus, bona fide, quod, contra venditionem et quitationem hujusmodi, jure hereditario, conquestus, dominii, justicie, donationis propter nuptias, dotis, doarii, aut alio quacumque modo seu ratione quacumque, per se vel per alium, non venient in futurum; set omnia et singula predicta in manu mortua ipsis monialibus et earum ecclesie in perpetuum garantizabunt et liberabunt quociens necesse fuerit, suis sumptibus propriis, ad usus et consuetudines Francie, contra omnes preterquam dominum regem. Obligantes, quantum ad hec, se et heredes suos et omnia bona sua mobilia et immobilia, presentia et futura, in quibuscumque locis et rebus consistant. Ad hec, Johannes Gibeloti, armiger, frater Guillelmi predicti, venditionem predictam voluit, laudavit, approbavit et ratam habuit et firmam, et in manu mortua ipsi ecclesie in perpetuum quitavit eamdem, et, de non veniendi contra, fidem in manu nostra prestitit corporalem. Preterea idem Johannes recognovit et vendidisse perpetuo et etiam quitavisse eisdem monialibus et earum ecclesie octo libras parisiensium annui redditus quas habebat annis singulis tam in bonis predictis pro portione seu parte ipsum contigente quam in bonis Stephani, fratris sui, constitutis apud Vilers, pro octies viginiti libris parisiensium jam eidem solutis sicut confessus est coram nobis. Renuncians exceptioni non numerate pecunie, non tradite, non solute et omni alii exceptioni, omni juri. auxilio et beneficio cuicumque tam juris canonici quam civilis, et omnibus aliis per que posset veniri contra premissa vel aliquod de premissis. Promittens, sub eadem fide, tam pro se quam omnibus et singulis heredibus seu successoribus suis, et sub obligatione omnium bonorum suorum presentium et futurorum quorumcumque, quod contra premissa non veniet nec venire aliquatenus attemptabit. Immo, predictas octo libras annui redditus dictis monialibus garantizabit et deffendet suis sumptibus propriis, ad usus et consuetudines Francie, prout superius est expressum. De predictis autem omnibus et singulis tenendis firmiter et inviolabiliter observandis, predicti Guillelmus, Ysabellis et Johannes, quilibet pro se et heredibus suis, fidem corporaliter prestiterunt. In cujus rei testimonium et munimen, ad petitionem dictorum Guillelmi, Ysabellis et Johannis, presentes litteras dictis abbatisse et conventui dedimus, sigilli nostri munimine roboratas. Datum anno Domini millesimo ducentesimo sexagesimo tercio, die lune prima ante nativitatem Beati Johannis Baptiste.

(Cartul., II, n° 11; — Original, Arch. nat., S., 4526, n° 150.)

CCXCV

Confirmation royale de l'achat fait à Guillaume de Meudon.

(Juin 1263.)

Ludovicus, Dei gratia Francorum rex. Noverint universi presentes et futuri quod in nostra presentia constitutus Guillelmus de Meuduno, armiger, recognovit se habere et pacifice possidere in villa de Villaribus et ejus territorio res inferius nominatas. Scilicet quadraginta quinque arpenta terre arabilis vel circiter sita in diversis locis ; item XI^a arpenta nemoris, etc..... (Comme dans l'acte précédent.) Que omnia et singula movebant de hereditate propria ipsius Guillelmi et in quibus justiciam simplam habebat et eadem a nobis in feodum immediate tenebat. Que omnia..... recognovit se vendidisse..... religiosis mulieribus abbatisse et conventui Beate Marie Portus Regis et ipsi ? ecclesie in perpetuum, etc..... Preterea dilectus clericus noster magister Reginaldus de Eura, ad hoc de mandato nostro deputatus, cui fidem etiam adhibemus, per litteras nostras, nobis rescripsit quo Johannes Gibeloti, frater dicti Guillemi, in sua presentia constitutus, venditionem istam voluit, laudavit et approbavit et ratam habuit et firmam, et in manu nostra ipsi ecclesie quitavit. Et quod prefatus Johannes Gibeloti recognovit in presentia dicti clerici nostri se vendidisse eisdem monialibus et earum ecclesie octo libras parisiensium annui redditus quos habebat pro portione sua ipsum contingente in bonis stephani fratris sui, constitutis apud Villers, pro octies viginti libris parisiensium, jam sibis solutis, sicut confessus est coram magistro predicto.

Promittens pro se et pro omnibus et singulis heredibus suis, etc..... Et nos predictas venditiones concedimus et ratas habemus quantum in nobis est et eas auctoritate regia confirmamus. Volentes quod prefate abbatissa et conventus et earum ecclesia, premissa teneant in manu mortua et possideant in perpetuum pacifice et quiete, salvo in omnibus aliis jure nostro et jure etiam alieno. Quod ut ratum et stabile permaneat in futurum presentes litteras fecimus sigilli nostri impressione muniri. Actum apud Sanctum Germanum in Laya, anno Domini millesimo ducentesimo sexagesimo tercio, mense junio.

(Cartul., II, n° 10.)

L'original aux Arch. nat., S., 4526, n° 1. Un autre exemplaire du même carton, n° 16, porte la date janvier 1263.

CCXCVI

Don au Mesnil-Saint-Denis par Odeline de Chevreuse.

(Juin 1263.)

Universis presentes litteras inspecturis, Officialis Curie Parisiensis, salutem in Domino. Notum facimus quod coram nobis constituti, Odelina, relicta deffuncti Guilloti, dicti Parvi, et Dyonisius, ejus filius, asseruerun coram nobis quod ipsi habebant, tenebant et possidebant apud Menillium Sancti Dyonisii res inferius annotatas : videlicet, triginta arpenta terre arablis sita in villa predicta in censiva abbatis et conventus Sancti Dyonisii in Francia ; videlicet, triginta arpenta sita in territorio quod vocatur « Nemus Nostre Domine » ; item, sex arpenta retro locum qui vocatur « Roudon » ; item, duo arpenta retro Moncellum ; item novem arpenta ad locum qui vocatur « Mineria », item, sex arpenta juxta Ambesies; item, unam domum sitam a Ambesies in censiva predicta, ad quatuor denarios parisienses census tantummodo capitalis, contiguam ex una parte domui Roberti Coci, et domui defuncti Guiberti Decani ex altera; item quandam domum sitam in villa de Caprosia, in censiva domini de Caprosia, ad quinque solidos parisiensium census tantummodo capitalis, debitos singulis annis ad festum Fidelium defunctorum. Quas siquidem terras prefatas et domos, dicta Odelina et Dyonisius ejus filius, recognoverunt coram nobis se dedisse et concessive in puram et perpetuam elemosinam, donatione inter vivos, sine spe revocandi, necnon et omnia bona sua mobilia presentia, religiosis personis abbatisse et conventui de Portu Regis ac earum monasterio. Promittentes, fide data in manu nostra quod contra donationem et concessionem predictas, per se vel per alium jure aliquo, non venient in futurum. In cujus rei testimonium, sigillum Curie Parisiensis presentibus litteris duximus apponendum. Datum anno Domini millesimo ducentesimo sexagesimo tercio, mense junio.

(CARTUL., II, n° 30.)

Cet acte est cancellé dans le cartulaire.

CCXCVII

Jean de Montigny donne à sa sœur Alice, religieuse à Porrois, une rente de 1 muid de blé sur la grange de Montigny pour sa part dans l'héritage paternel.

(Septembre 1263.)

Universis..... Officialis Curie Carnotensis, salutem in Domino. Noveritis quod in nostra presentia constitutus, Johannes de Montigni, armiger, filius primogenitus et heres defuncti Symonis de Logiis, militis, quitavit et concessit ex nunc in perpetuum religiosis mulieribus abbatisse et conventui de Portu Regis, et earum monasterio, unum modium bladi annui redditus, pro portione continginte ut dicebat Aalidim, sororem suam, modo monialem abbatie de Portu Regis, de omnibus et singulis hereditariis ex parte dicti patris sui moventibus. Quem siquidem modium bladi assignavit percipiendum ex nunc in perpetuum a dictis abbatissa et conventu, vel eorum mandato quolibet anno in grangia de Montigniaco. Volen et concedens, etc..... Et promisit coram nobis, fide prestita corporali, quod contra dictam concessionem per se vel per alium non veniet in futurum; immo procurabit erga fratres suos et sorores suas alias quod ipsi quando ad etatem legitimum devenerint, predicta omnia laudabunt et concedent..... Promisit etiam quod si fratres sui aut sorores sue, aut eorum aliquid veniet contra permissa, ipse abbatissam et, conventum super omnibus et singulis premissis conservabit indemnes. Et pro premissis tenendis omnia et singula bona sua..... obligavit. Renuncians, etc..... et quantum ad hoc se supposuit juridictioni Curie Carnotensis. In cujus rei testimonium et munimen presentes litteras sigillo Curie Carnotensis duximus sigillandas. Datum anno Domini millesimo ducentesimo sexagesimo tercio, mense septembris.

(Cartul., II, n° 31.)

CCXCVIII

(Janvier 1264.)

L'inventaire des sceaux des archives nationales donne, sous le numéro 9251, la description du sceau de l'abbaye de Port-Royal suspendu à une charte de janvier 1264 (Arch. nat., L., 1207). Il représente une abbesse debout, avec sa

crosse et son livre. Dans le champ : les lettres A. O. Légende :
† S' ABBISSE PORTVS REGII. Au contre-sceau : une
aigle. Légende : † 9TS ' AB.... E DE PORROIS.

D'après Fisquet (*Diocèse de Paris*, II, 552), l'abbesse était Amicie de
Galardon, déjà religieuse en 1237, que nous allons retrouver dans la
donation de Jean de Lagny.

CCXCIX

*Gervais de Sèvres abandonne deux corvées
sur la vigne de Vilers.*

(Février 1263-1264.)

Universis presentes litteras inspecturis, ego Gervasius
de Separa, miles, et ego Ysabellis, ejus uxor, salutem in
Domino. Noverint universi quod cum religiose mulieres abbatissa et conventus Portus Regii haberent et possiderent
quandam vineam sitam apud Vilers, juxta vineam Symonis
Giraut, in feodo et dominio meo de Separa, pro qua vinea
predicte abbatissa et conventus nobis seu heredibus nostris
tenebantur solvere in Nativitate Dominidi midiam droituram
et tres denarios censuales in festo Beati Remigii et duas
corveias annuatim : Nos, communi et pari nostra voluntate
et assensu, et de voluntate Gervasii, primogeniti mei, Dei
amore et pro nostrarum remedio animarum necnon et antecessorum et successorum nostrorum, predictas dimidiam
droituram et duas corveias predictis abbatisse et conventui
quitavimus et remisimus in futurum. Promittentes fide bona
quod in predicta vinea seu ratione predicte vinee, per nos
vel per alium, aliquid non reclamabimus in futurum, exceptis tribus denariis censualibus in festo Sancti Remigii annua-

tim. Nec, ratione predictarum droiture seu corveiarum predictas abbatissam et conventum molestabimus seu molestarii faciemus per nos vel per alium in futurum; immo dictam vineam dictis monialibus bona fide garantizabimus contra omnes. In cujus rei testimonium et munimen presentes litteras sigillorum nostrorum munimine tradidimus roboratas. Actum anno Domini millesimo ducentesimo sexagesimo tercio, mense februarii.

(Cartul., II, n° 9.)

CCC

Achat pour 200 livres de Gui des Bordes de terres à Beynes.

(Mars 1263-1264.)

Universis..... Officialis Curie Carnotensis, salutem in Domino. Noveritis quod in nostra presentia constitutus Guido, dictus de Bordis, dicens se habere de hereditate sua res inferius annotatas videlicet tria arpenta terre sita in territoria de Busseio, prope terram Roberti Senescalli; sex arpenta terre prope pratum a Lestandart; sex arpenta inter duo prata et unum arpentum sub prato; quatuor arpenta que fuerunt Assignati et Quinee, defunctorum, septem arpenta que fuerunt medietarii ipsius Guidonis de Tyverval; duo arpenta juxta pratum et quinque quarteria cum salicibus in eis existentibus; quatuor arpenta ante Portam Campanie. Que quidam res sita sunt inter terram Symonis, dicti Le Juge, militis, prope leprosariam de Bena, ex una parte et terram Philippi de Tyceio prope Tyverval, ex altera. Et confessus fuit se dictas res omnes cum censu, proprietate, jure dominii et feodi que in eisdem rebus habebat vendidisse ad usus et consuetudines patrie religiosis mulieribus abbatisse et conventui de Portu Regis, cisterciensis ordinis, pro ducentis libris turonensium solutis ipsi venditori in pecunia numerata. Quas res venditas cum proprietate, etc..... quitavit dictis religiosis in futurum..... Promittens, etc..... Immo eas garantizabit et defendet contra omnes ad usus et consuetudines patrie, pena quadraginta librarum turonensium apposita, si dictas res venditas contigerit evinci a dictis religiosis..... Emmelina vero, uxor dicti venditoris, coram nobis constituta, voluntate spontanea, et assensu predicti sui mariti, omnia supradicta voluit, laudavit et concessit..... Promittens, etc..... In cujus rei testimonium et munimen sigillavimus presentes litteras sigillo curie Carnotensis. Datum anno Domini millesimo ducentesimo sexagesimo tercio, mense marcio.

(CARTUL., II, n° 33.)

CCCI

Simon Bagot confirme l'achat de terres à Beynes fait par Gui des Bordes.

(Mai 1264.)

Universis presentes litteras inspecturis ego Symon dictus Bagot, miles salutem in Domino. Noverint universi quod ego de assensu et voluntate Petronille, uxoris mee, venditionem quam Guido de Bordis et Emmelina, ejus uxor, fecerunt religiosis mulieribus abbatisse et conventui de Portu Regis quarumdam terrarum suarum, pratorum, salicum, campipartis, dominii, census et feodi videlicet tria arpenta terre in territorio de Buxeio prope pratum Roberti Senescalli, etc. (Comme dans l'acte n° .)..... pro tribus solidis et quinque denariis censualibus in feodo meo, volui, laudavi et confirmavi, et tanquam primus dominus feodi admortificavi, volens et concedens, etc..... Pro quibus concessione et admortificatione dicte abbatissa et conventus mihi dederunt sexaginta libras pasiriensium in pecunia numerata. Promitto, etc..... In cujus rei testimonium presentes litteras sigilli mei munimine roboravi. Actum anno Domini millesimo ducentesimo sexagesimo quarto, mense maio.

(Cartul., II, n° 34.)

CCCII

Pierre de Meudon donne une rente de 6 livres sur son champart de Boinville. Et consentement d'Eustache de Mézy.

(1264.)

Universis presentes litteras inspecturis, ego Petrus de Meudon, miles, et ego Maria, uxor ejus, salutem in Domino. Noverint universi quod nos, pari et communi nostrum assensu et voluntate, religiosis mulieribus abbatisse et conventui Portus Regis, Cysterciensis ordinis, Parisiensis dyocesis, pietatis intuitu et provide precaventes ne predictum monasterium Portus Regis, super receptione Agnetis, sororis nostre, quam, solo pietatis intuitu et ad precum nostrarum instanciam, dicte abbatissa et conventus in suam commonialem receperant, in posterum gravaretur, sex libras annui et perpetui redditus dedimus et concessimus in futurum, percipiendas annuatim libere et pacifice sine contradictione aliqua ab eisdem monialibus vel earum mandato infra octabas Omnium Sanctorum, super omnibus rebus nostris, tam censibus quam campipartibus et rebus aliis quibuscumque, quas habebamus seu habere poteramus apud vallem Boinville, moventibus ex parte hereditaria mei Marie. Ita quod, si infra octabas Omnium Sanctorum, anno quolibet, eisdem monialibus in sex libris parisiensium plene et integre non extiteret satisfactum, dicte abbatissa et conventus ad omnes res nostras quas apud predictam vallem Boinville prope Medontam habebamus seu possidebamus, pleno jure valeant assignare et eas in manu sua capere, donec eisdem de predictis sex libris parisiensium plene et integre extitent satisfactum. Et ad hec omnia et singula, prout superius sunt expressa, fideliter ac firmiter implenda ac plene et integre observanda, tam nos quam quemlibet, nostrum et tam omnes quam singulos heredes nostros seu successores cujuslibet nostrum obligavimus bona fide in futurum per presentes litteras sigillorum nostrorum munimine roboratas. Datum anno Domini millesimo ducentesimo sexagesimo quarto.

Ego vero, Eustachius, vicecomes de Mesiaco prope Melletum, et ego Eustachia, ejus uxor, de quorum dominio et feodo movebant predicti census et campipars et alie res, dictum elemosinationem dictis monialibus Portus Regii a predictis Petro de Meudon, milite, et Maria, ejus uxore, sub predictis modo et forma factam, in omnibus et singulis articulis approbatam voluimus, laudavimus et concessimus; et omnia et singula predicta, prout superius sunt expressa, eisdem monialibus, ad petitionem dictorum Petri et Marie, ejus uxoris, admortificavimus in futurum, et, quoad nos et heredes nostros, manucepimus garantire. In cujus rei testimonium, presentes litteras predictis abbatisse et conventui dedimus sigillorum nostrorum munimine roboratas Datum predicto anno Domini millesimo ducentesimo sexagesimo quarto.

(CARTUL., II, n° 35.)

Voir plus loin, n° CCCIV, la vente par Pierre de Meudon, à Porrois, de ses biens à Boinville.

CCCIII

Les quatre filles de Jean, dit Judas de la Coupérie, se donnent avec leurs biens au monastère de Porrois.

(3 novembre 1264.)

Universis presentes litteras inspecturis, Officialis Curie Parisiensis, salutem in Domino. Notum facimus quod, in nostra presencia constitute, Dyonisia et Sedilia, Agnes et Margareta, sorores, filie quondam domini Johannis, dicti Judas de Couperia, militis, animarum suarum et corporum saluti providere cupientes, ac etiam religionis habitum sub voto castitatis in ecclesia Beate Marie de Portu Regio, Parisiensis dyocesis, assumere intendentes, dederunt coram nobis, pure et simpliciter ac motu proprio, donatione facta inter vivos sine spe revocandi, abbatisse et conventui dicte ecclesie ac religioni earumdem in perpetuum, se cum omnibus bonis que habent in Couperia et alibi, tam mobilia quam immobilia, ubicumque sint et quocumque nomine censeantur. Cedentes ex nunc et transferentes in dictas abbatissam et conventum et earum monasterium perpetuo, omne jus, dominium, proprietatem, possessionem et quamlibet actionem realem et personalem, utilem et directam, que sibi in predictis bonis suis mobilibus et immobilibus quibuslisbet competebant et competere poterant modo et ratione quibuscumque Et promiserunt dicte Dyonisia, Sedilia, Agnes et Margareta, voluntate spontanea et ex certa scientia, per fidem coram nobis corporaliter prestitam, quod contra ordinationem et donationem predictas, per se aut per alium, non venient in futurum, et quod premissa vel aliquod premissorum nullatenus revocabunt me facient nec procurabunt revocari per alium, aliquo ingenia vel cautela. In cujus in testimonium, ad petitionem dictarum Dyonisie, Sedilie, Agnetis et Margarete, sigillum Curie Parisiensis presentibus litteris duximus apponendum. Datum anno Domini millesimo ducentesimo sexagesimo quarto, die lune post festum Omnium Sanctorum.

(CARTUL., II, n° 52.)

CCCIV

Pierre de Meudon vend à Porrois ses biens à Boinville sur lesquels il avait donné déjà une rente de 6 livres.

(Février 1264-1265.)

Universis presentes litteras inspecturis, Petrus de Meudonno, miles, et Maria, ejus uxor, salutem in Domino. Noverunt universi quod nos vendidimus, concessimus et quitavimus ex nunc in perpetuum in manu mortua religiosis mulieribus abbatisse et conventui de Portu Regis, totas terras arabiles quas habebanus apud Boeinville in territorio quod dicitur Sicheval, et omnia et singula que habebamus, tenebamus et percipiebamus ad locum predictum, tam in pressorio, campiparte, censu, redditibus et rebus omnibus aliis et singulis quibuscumque; que omnia movebant de hereditate dicte domine sita in feodo domini Eustachii, vicecomitis de Mesiaco, pro quator viginti libris parisiensium jam nobis solutis, redditis in pecunia numerata, de quibus tenemus nos pro pagatis penitus et expresse. Renunciantes exceptioni non numerate pecunie et non recepte, et ne possimus dicere nos in contractu presenti fuisse deceptos in toto vel in parte, vel etiam lesos esse; quitantes et remittentes eisdem religiosis mulieribus omne jus, dominium, possessionem, proprietatem quod vel quam habebamus aut habere poteramus quoquo jure in predictis, tenenda in perpetuum a predictis abbatissa et conventu in manu mortua absque coactione vendendi, alienandi aut extra manum suam ponendi. Et promittimus bona fide, quod contra venditionem, concessionem et quitationem predictas, per nos aut per alios, jure aliquo communi vel speciali, nullatenus de cetero veniemus, sea predictas terras cum omnibus et singulis predictis rebus garantizabimus et liberabimus, in judicio et extra, nostris sumptibus propriis et expensis, contra omnes preterquam contra dominum regem. Promittimus etiam quod, si terre predicte, cum rebus, censibus, pressoragio, campiparte predictis, sex libras parisiensium annui redditus non valerent, nos, sex libratas redditus super terra nostra de Meudonno perficere teneremus, nos eisdem religiosis mulieribus, quantum ad hec, et heredes nostras et dictam terram nostram specialiter obligando. Preterea Agnes, filie dicte domine, ex ipsa domina et defuncto Buchardo de Baseincort quondam ejus marito suscepta, predictam venditionem voluit, concessit, laudavit et ratam habuit et quitavit penitus et expresse, et de non veniendo contra fidem in manu dicte abbatisse prestitit corporalem. Nos vero, Eustachius predictus, vicecomes de Mesiaco, predictam venditionem, ut dictum est, in manu mortua factam, ratificamus, volumus, concedimus et laudamus et approbamus; et promittimus bona fide quod contra nullatenus de cetero veniemus, sed predicta omnia et singula predictis abbatisse et conventui in manu mortua garantizabimus quantum ad nos pertinet et heredes nostros.

In quorum omnium testimonium memoriam et munimen et ut predicta robur optineant perpetue firmitatis, sigilla nostra presentibus duximus apponenda. Datum anno Domini millesimo ducentesimo sexagesimo quarto, mense februarii.

(Cartul., t. I, n° 36.)

CCCV

Accord entre Jean de Lagny, orfèvre, bourgeois de Paris, pour la dot à Porrois de ses deux filles, assignée sur le pressoir de Cottignies à Meudon, avec l'abbé de Citeaux et l'abbesse de Port-Royal.

[9 mars 1266. (V. style), 1265 mardi après *Letare*. (V. style).]

Universis presentes litteras inspecturis, ego, Johannes de Latiniaco, aurifaber, burgensis Parisiensis, salutem in Domino. Noverit universitas vestra quod, cum soror Amicia, abbatissa de Porreis, de voluntate et assensu sui conventus, pietatis intuitu, omni symonia cessante et alia pravitate, Mariam et Agnetem, filias meas minores annis, in moniales in suo monasterio receperit et sorores; ego, Deum habens pre oculis, considerans quod non sine herede decedit qui monasterium sibi instituit heredem, nolens predictas filias in sua legitima mee hereditatis portione aliquatenus defraudare, disposui de portione eas contingente in modum qui inferius annotatur.

Volo etiam et concedo quod quoddam torcular, situm juxta Meudon, quod appellatur torcular comitis vel de Conteignies, et octo arpenta vinearum in una pecia, et sexagenta solidi parisiensium minuti census, et tres droiture et dimidia ad dictum torcular pertinentes, ad eas et ad monasterium predictum, nomine earumdem, pertineant sub hac forma quod, tempore vendemiarum, spolia sive fructus quatuor arpentorum vinee que juxta dictum pressorium seu torcular possideo, ego et heredes mei libere et quiete, sino aliquo usu seu costuma, ad dictum pressorium pressorabimus in futurum ; et etiam si predicte filie ad etatem duodecim armorum pervenerint et ibidem professionem fecerint, statim predictarum rerum dominium et possessio monasterio sit acquisitum. Si vero contigerit aliquam vel etiam ambas decedere, volo quod, pro rata illius que decesserit, incontinenti ea mortua, sue portionis dominium monasterio acquiratur. Si vero ambe infra predictam etatem decesserint, omnes predicte rex predicto monasterio ad possessionem et dominium penitus acquirantur. Si vero, adveniente predicta etate, aliquam earum ad seculum remeare contigerit, nolens ibi professionem emittere, volo et ordino quod, pro rata portionis ipsam contingente, predictarum rerum in eam statim possessio necnon et dominium transferatur. Si vero ambe voluntatem in seculo revertendi habuerint, nullatenus professione emissa, volo et ordino quod predictarum rerum possessio et dominium ad eas pertineat pleno jure. Insuper volo et ordino quod, si contingeret aliquam earumdem ad seculum remeare, professione non emissa, fructus et proventus, pro eo tempore quo in monasterio steterit, ad monasterium pertineant pro rata eam contingente ; et id volo et concedo de ambabus si contingeret ambas ad seculum reverti, professione non emissa. Ista autem omnia volo et concedo et supplens defectum etatis earumdem, et promitto bona fide ista predicta observare et non contra facere vel venire aliqua ratione juris vel facti. Et renuncio omni auxilio juris vel facti et privilegio, et maxime juribus qui locuntur de ultimis dispositionibus usque ad supremum vite exitum revocandis. Juravi etiam, tactis sacrosanctis Evangeliis, quod predicta, prout a me sunt disposita, bona fide observabo. Volo etiam et ordino quod ista presens carta, de consensu predicte abbatisse necnon meo, ponatur in disposito apud domum militie Templi Parisiensis, et ibi, adveniente etate predictarum filiarum, videatur quibus, monasterio vel filiabus, prout supradictum est, dominium predictarum rerum et possessio acquiratur. Et si predicte filie ibidem professionem fecerint vel etiam infra predictam etatem, ut supra dictum est, decesserint, presens carta abbatisse tradatur vel monasterii procuratori. Si vero predicte filie, de monasterio, nulla professione facta, ut supra dictum est, exierint, presens carta eisdem tradatur. Si vero, una exeunte, altera remanserit, ei que exierit de sua legitima portione satisfiat, et carta monasterio remanebit; et, quantum ad portionem illius que ad seculum redierit, nolo quod monasterium aliquid ejus habeat ratione istius instrumenti.

Et ut hoc ratum et firmum permaneat, presentem cartam sigilli mei munimine dignum duxi roborandam.

Nos vero, frater Jacobus, dictus abbas Cisterciensis, et nos, predicta abbatissa, predictam ordinationem volumus, prout supradictum est, et eidem consensimus bona fide, et promisimus quod contra eam nullatenus veniemus aliqua ratione vel privilegio nostris monasteriis indulto vel etiam indulgendo. Et ut hec rata et firma permaneant, huic presenti carte nos, dictus abbas, et nos, dicta abbatissa, sigillorum nostrorum caracteres duximus apponendas. Datum anno Domini millesimo ducentesimo sexagesimo quinto, die Martis post « Letare Iherusalem ».

(CARTUL., II, n° 37.)

CCCV

*Enregistrement de l'accord précédent
devant l'official de Paris.*

[9 mars 1266 (nouveau style).]

Universis presentes litteras, Officialis Curie Parisiensis, salutem in Domino. Noveritis nos anno Domini millesimo ducentesimo sexagesimo quinto die martis post dominicam qua cantatur *Letare Jerusalem*, litteras inferius annotatas vidisse in hac verba : Universis, etc..... (Comme dans l'acte qui précède.)

Transcriptum autem hujusmodi litterarum fecimus sub sigillo Curie Parisiensis, salvo jure cujuslibet. Datum anno et die supradictis.

(Cartul., II, n° 38.)

CCCVI

*Jean de Lagny, orfèvre, donne une rente de 10 sous
sur une maison à Paris.*

(23 juin 1267.)

Omnibus..... Officialis Curie Parisiensis..... Notum facimus quod in nostra presentia constitutus Johannes de Latigniaco, civis parisiensis, aurifaber, asseruit quod percipiebat ex conquestu suo proprio super quadam domo sita Parisius in vico

Eremburgis de Bria, contigua ex una parte domui Radulfi Barbitansoris, et ex alia domui magistri Godiarni de Polonia, clerici, de proprio fundo et censiva dicti Johannis movente, quam domum tenet ad presens Guillelmus de Senonibus, decem solidos parisiensium annui census capitalis, annis singulis duobus terminis, videlicet quinque solidos ad Nativitatem Domini et quinque ad Pascha. Quos decem solidos recognovit coram nobis ob remedium anime sue in puram et perpetuam elemosinam, donatione inter vivos, ecclessie Beate Marie de Portu Regis, cisterciensis ordinis, Parisiensis diocesis. Cedens et transferens ex hoc nunc..... Promittens bona fide..... In cujus rei testimonium, ad petitionem dicti Johannis, sigillum Curie Parisiensis presentibus litteris duximus apponendum, datum anno Domini millesimo ducentesimo sexagesimo septimo, die jovis in vigilia Nativitatis Beati Johannis Baptiste.

(Cartul., II, n° 41.)

CCCVII

Mathieu de Marly confirme le don de la Couperie.

(Juin 1267.)

Ge, Mahi, sires de Marli, fay asavoir a toz cels qui verront ces presentes letres que, par devant moi vindrent Sedile, Agnes Margerite et Perronele, filles jadis Monseignor J. Judas de la Coperie, chevalier, et recognurent que eles avoient donné piecea a Dieu et Notre Dame et a l'église de Porreis, et as nonnains servanz Dieu en icelui leu, els et lor biens muebles et non muebles, en quelque leu que il fussent que en quelque choses ; et mesmement tot l'eritage que eles avoient a la Coperie, du descendement de lor pere en quelque choses que il fust, en terres arables, en mesons o totes les apartenances et en prez. Lesqueles choses muevent en partie de mon fié premierement et en partie du fié Jehan Bernier, de l'eritage Odeline, sa fame, et empres du mien. Adecertes, li diz Jahen et ladite Odeline, sa fame, vindrent devant moi et voldrent et otroierent que l'abeesse et le couvent de Porreis tiegnent des ore en avant, a toz jarz en pez, delivrement et franchement, en main morte, sanz force de vendre ou de metre hars de lor main, totes les choses qui muevent de lor fié et enpres du mien ; et promistrent par lar foi que, encontre cest otroi et cest amortissement, ne vindront james par els ne par autre. Et par cest amortissement fere et otrier, li diz Jahans et Odeline, sa fame ont receu et eu XX livres de torneis de devant diz l'abbeesse et le convent, en deniers numbrez, si comme il ont reconneu devant moi. Autresi, je, devant dit Mahy, qui sui li premiers sires des choses devant nommées en partie, et en partie segonz, si comme il est dit par devant, vueil et otroi que la devant dite abbeesse et le convent de Porreis tiegnent le don lequel les dites Sedile, Agnes, Margerite, Perronnele ont fet et doxné a l'abeie de Porreis, desore en avant a toz jars mes en main morte, sanz force de vendre ou de metre hars de lor main ; sauve a moi et a mes heirs tote maniere de jostice, esceptés cens, ventes, forages et roages qui seroient as devant dites dames, se il i avenoient. Totes ces devant dites choses volt et otroia Margerite, ma fame, et quita ce que elle i avoit ou pooit ou devoit avoir por la reson de doaire ou por autre chose. Et por cest otroi, je, devant dit Mahi, e receu des devant dites Dames XL livres de parisis.

En tesmoig de laquel chose, je, et la devant dite Margerite, ma fame, avons mis nos seaus en ces presentes letres.

Ce fu fet en l'an de l'Incarnation Nostre Seignor MCCLXVII, ou mois de jung.

(CARTUL., t. II, n° 54.)

CCCVIII

Confirmation royale du don des filles de Jean Judas de la Couperie.

(Juin 1267.)

Ludovicus, Dei gratia Francorum rex. Notum facimus universis tam presentibus quam futuris quod nos litteras Mathei, domini de Marly, vidimus in hac verba :

Ge Mahi, sires de Marli, fas a savoir a tos cels qui verront ces présentes lettres que par devant moi vindrent Sedile, Agnes et Perronelle, filles jadis Monseignor Jahen Judas de la Coperie, chevalier, et recognurent, etc..... (Suit mot à mot l'acte qui précède.)

Ce fut fet en l'an de l'Incarnation Notre Seignor MCCLXVII ou mois de juing.

Nos vero quamtum ad me spectat, volumus et concedimus quod predicte abbatissa et conventus predicta possint tenere et in perpetuum possidere, absque aliqua coactione vendendi, vel extra manum suam ponendi, salvo in omnibus aliis jure nostro, et in omnibus jure alieno. Quod ut ratum et stabile permaneat presentibus litteris nostrum fecimus apponi sigillum. Actum anno Domini millesimo ducentesimo sexagesimo septimo, apud Parisius.

(CARTUL., t. II, n° 53.)

CCCIX

Mathilde, dame de Marly, approuve l'achat par Porrois à Thibaut de Magny de 2 arpents près de la Haie de Trappes.

(25 juillet 1267.)

Noverint universi ad quos presentes littere pervenerint quod ego Matildis, domina Malliaci, volui et concessi quod Theobaldus de Magniaco, serviens meus, vendat duo arpenta terre sue juxta Haiam de Trappis, monialibus de Porrais, in perpetuum a dictis monialibus possidenda. Que terra erat Theobaldi ; nichilominus ego servavi mihi in dictis duobus arpentis jus accipiendi duodecim denarios parisienses apud Magniacum annis singulis, persolvendos ad festum Sancti Remigii. Ut quod istud ratum et stabile perseveret, presentem cartulam sigilli mei munimine roboravi. Datum anno Dni M° CC° LX° VII° die lune proximo in festo Beate Marie Magdalene.

(Original : Arch. nat., S., 4520, n° 12. 12 centimètres sur 6. Lacs de soie verte.)

Une copie, S. 4526, 1re liasse, n° 8, porte la date de septembre 1267.

CCCX

Amortissement par Gervais de Sèvres du don d'une vigne à Sèvres par Renoud de Villiers-le-Bacle.

(12 septembre 1267.)

(Arch. nat., S., 4 524, 1re liasse, n° 17.)

CCCXI

Hugues et Herric de Ville-l'Étang amortissent le don du pressoir de Cottignies fait par Jean de Lagny à Porrois.

(2 décembre 1267.)

Universis..... Officialis Curie Parisiensis..... Notum facimus quod in presentia nostra constituti, Hugo et Herricus, armigeri, fratres, de Villa Stagni asseruerunt quod Johanes de Latiniaco, aurifaber, civis parisiensis, dederat in perpetuum abbatisse et conventui de Portu Regis, et Marie et Agneti, filiabus ejusdem Johannis loca inferius annotata. Videlicet torcular situm juxta Meudon quod appellatur torcular comitis vel de Contignies; item quinque arpenta vinearum in una pecia, item sexaginta solidos minuti census, et tres droituras et dimidiam ad dictum torcular pertinentes. Asseruerunt quod predictus Johannes omnia tenuerat in feodum a dictis fratribus tanquam primis dominis feodi. Voluerunt igitur et concesserunt quod predicte abbatissa et conventus teneant in manu mortua..... tanquam primi domini feodi..... amortificaverunt..... Pro qua amortificatione recognoverunt se recepisse LX_a libras parisiensium in pecunia numerata. Renunciantes..... In cujus rei testimonium presentibus litteris sigillum Curie Parisiensis, duximus apponendum. Datum anno Dⁿⁱ millesimo ducentesimo sexagesimo septimo, die veneris port festum Beati Andree, apostoli.

(Cartul., II, n° 39.)

CCCXII

Philippe de Montfort, au nom de son père Philippe, seigneur de Tyr, approuve les acquisitions de Porrois à Beynes.

(Décembre 1267.)

Universis presentes litteras inspecturis, Philippus de Monteforti, miles, filius Philippi, domini Tyri, salutem in Domino. Noverint universi quod ego, pro domino patre meo et pro me, venditionem et quitationem quas Guido de Bordis et Emmelina, ejus uxor fecerant religiosis mulieribus abbatisse et conventui de Portu Regis, cisterciensis ordinis, diocesis Parisiensis, quarumdam terrarum suarum, pratorum, salicum, campipartis, dominii, census et feodi, de quibus quasdam duximus specialiter exprimandas. Videlicet tria arpenta terre prope pratum a Lestendart, sex arpenta (Voir l'acte de mars 1263-1264)..... volui, et laudavi pro patre meo et pro me. Promittens..... Actum anno gratie M° CC° LX° septimo, mense decembri.

(Cartul., II, n° 57.)

CCCXIII

Mort, le 14 février vers 1268, d'Anne, abbesse de Porrois

(*Nécrologe de Port-Royal*, Suppl., p. 409.)

CCCXIV

Accord, devant les seigneurs de Galardon, entre l'abbaye de Saint-Père de Chartres et Hervé et Jean Le Breton.

(Mai 1268.)

A tous ceus qui verront présentes lettres, Robert de Galardon et Mahé de Malli, chevaliers, seigneurs de Galardon, saluz en nostre Seigneur. Sachent tuit que comme contens fust entre religieus homme l'abé et couvent de Saint Père de Chartres d'une part, et Hervé Le Breton d'Essarz et Jehan le fuiz celui Hervé, d'autre part. Sur ce que li devant dis abé et couvent disoient et proposoient en droit par devant nous contre lesdiz Hervé et Jehan que cil avoient extirpé par eux ou par leur force et nuisance les vignes que les diz religieus ont à Gouherville, et pour ce requéroient les diz religieus pour les dommages et dépens de l'estragement des vignes et pour le briseiz de leur justice doudit leu, cent mars d'argent leur estre renduz. Fussent encore contenz entre lesdites parties sur ce que cil religieus disoient que Ysabel, la femme feu Girart de Gouherville, jadis serjant au devant diz religieus avoit ateinz comme condampnez et convaincuz les diz Hervé et Jehan dou murtre cil Girart, son mari, douquel elle les avoit poursui par devans nos : sur les contez devant diz et suo tous autres contenz, quereles, actions et arrages les devant dites parties vindrent amiablement à cete par, de conseil de preudeshommes : que li devant diz Hervé et Jehan et leur fames, Edelin fame audit Hervé et Marguerite, fame audit Jehan, quiterent par devant nos ausdis abé et couvent toutes les terres arables que li et leurs fames avoient assises en la seigneurie de Saint Père de Chartres à Gouherville, et voudrent et otroierent que toutes les terres devant dictes saient propre seignourie et hérige au diz religieus a tous jours maz..... Ce fut fet en l'an nostre Segneur mil et sexante et VIII, ou mois de mai.

(CARTUL., II, n° 41, folio 22.)

Publié dans le *Cartulaire de Notre-Dame-de-la-Roche*, p. 436, d'après le *Petit-Porréal*, fol. 22.

CCCXV

Jean de Nanteuil approuve la donation de Jean de Lagny.

(28 juin 1268.)

A toz cels qui verront ces presentes letres, Je, Jahen de Nanteuil, salu en notre Seignor. Je fat a savoir a toz que, comme Jahen de Laigni, orfevre, borjois de Paris, ait donné en almosne a l'église et as nonnains de Porreis, de l'Ordre de Cistiax, du dyocese de Paris, un pressoer assis joste Meudon, qui est apelé « le pressoer le Conte, ou de Contignies » et V arpenz de vignes en une piece et LX sols de menu cens, et III droitures et demie, apartenant en partie au devant dit pressoer; les quex choses muerent en partie de mon fié; je, tant comme a moi apartient, veil et otroi que les devant dites nonnains de Porreis tiegnent les devant dites choses et poesient quitement et perdurablement en main morte, sanz nule reclamance de moi ne de mes hers desore en avant. En tesmoig de la quel chose, je e baillé as devant dites nonnains ces lettres scellées de mon scel. Cest fet en l'en de Grace MCCLXVIII, en la vegile des apostres Saint Pere et Saint Pol.

(CARTUL., II, n° 40.)

CCCXVI

Achat à Thomas de Chaumusson pour 120 livres de terres à Launay et à Germainville.

(Septembre 1268.)

Omnibus..... Officialis Curie Parisiensis..... Notum facimus quod dominus Thomas, dictus de Chamusson, miles, et nobilis domina Margareta, ejus uxor, recognoverunt in jure coram nobis se vendidisse abbatisse et conventui de Portu Regis, omnia que habebant apud Alnetum et apud Germainvillam in feodo domini Mathei de Marliaco, militis, videlicet prata, census, hostisias, droituras et unum herbegagium situm apud Alnetum. Que omnia onerata sunt in duodecim denariis parisiensibus qui debentur priori de Castroforti et in uno sextario sigilinis annui redditus qui debetur Domui-Dei de Caprosia; et quamdam peciam terre contiguam predicto herbegagio in censiva prioris de Caprosia..... oneratam in viginti denarios par. reddendos annuatim dicto priori in festo sancti Remigii ; pro sexies vigenti libris par. jam sibi solutis..... et per fidem promisit..... In cujus rei testimonium ad precem dictorum Thomas et Margareta, sigillum Parisiensis curie..... Datum anno Domini M° CC° sexagesimo octavo, mense septembri.

(Original en parchemin. Arch. nat., S., 4521, n° 3.)

CCCXVII

Jean de Montchevreuil dote sa fille Philippa à Porrois.

(Février 1268-1269.)

Ego Johannes, dominus de Monte Capreoli, miles, notum facio ommibus hec visuris quod cum dilecta filia mea, Philippa, sit recepta in ecclesia Beate Marie de Portu-Regis in sanctimonialem et sororem, de assensu Johanne, uxoris mee, dedi et concessi sanctimonialibus dicte ecclesie decem libras parisiensium annui redditus, quamdiu filia mea Philippa viveret, percipiendos super redditus meos de Logiis, in octabis Nativitatis Domini centum solidos, et centum solidos ad festum Sancti Remigii, etc..... Actum anno Domini millesimo ducentesimo sexagesimo octavo, mense februario.

(Cartul., II, n° 46.)

En juin 1228, Jean de Montchevreuil et son fils aîné, Gilles, donnent à l'abbaye des Vaux-de-Cernay, une rente de 30 sous sur leur dîme de Montherland (canton de Méru, Oise) (*Cartulaire des Vaux-de-Cernay*, I, 266).

CCCXVIII

Mathieu de Marly confirme la vente faite à Aunay par Thomas de Chaumusson à l'abbaye de Porrois.

(Mars 1268-1269.)

Universis..... Matheus, dominus Marliaci, salutem in D^{no}. Noveritis quod in presencia nostra constituti Thomas de Chaumusson, miles. Margareta, ejus uxor, recognoverunt se vendidisse abbatisse et conventui de Portu Regis, quidquid dicti Thomas de Margareta possidebant apud Alnetum at apud Germani Villam, videlicet prata, census, hostisias, redibensias seu droituras et unum hebergamentum apud Alnetum. Que omnia movere de feodo nostro dicebant predicti Th. et M. Que omnia vendiderant dictis abbatisse et conventui Portu Regis pro precio sexties viginti librarum parisiensium, eisdem jam solutarum. Renonciantes, etc..... Nihil juris proprietatis, etc..... retinendo..... Nos vero et Margareta, uxor nostra, de rebus predictis..... venditionem a dicto Thomas et ejus uxore factam laudamus, approbamus admortificamus, salvo tamen nobis et successoribus nostris jure omnimode justicie in locis predictis. Volumus et concedimus, etc..... Pro quibus venditione et quitatione..... admortificandis, confitemur nos recepisse a predictis abbatissa et conventus XX^{ti} libras parisiensium in pecunia numerata. In cujus rei testimonium presentes litteras dictis abbatisse et conventus et eorum monasterio, ad petitionem dictorum

Th. et M. dedimus sigillatas. Actum anno Domini millesimo ducentesimo sexagesimo octavo, mense martio.

(Cartul., II, n° 50; — Arch. nat., S., 4521, 3e dossier.)

L'original de la vente de Thomas de Chaumusson se trouve aux Arch. nat., S., 4521, 1er dossier, n° 3.

CCCXIX

Philippe de Guyencourt dote sa fille Isabelle d'une rente viagère.

(14 mai 1269.)

Universis..... Philippeus, dominus de Guidonis Curia, miles, et Agnes, uxor mea, salutem in Domino. Noveritis nos dedisse et concessive sorori Ysabelli, filie nostre, moniale de Portu Regis, decem libras turonensium annui redditus, quamdiu dicta Ysabellis vixerit et in habitu monialis permanserit, percipiendas annuatim apud Mardiliacum, etc..... Ita tamen quod dicte decem libre post decessum filie nostre ad nos vel heredes nostros, seu causam habentes a nobis, libere devolventur, etc..... Datum anno Domini M° CC° sexagesimo nono, die martis ante Pentecostem.

(Cartul., II, n° 48.)

Cet acte est cancellé dans le *Cartulaire*.
1. Mardilly, dans Seine-et-Marne.

CCCXX

*Guillaume de Boissière assure à sa sœur Jeanne,
religieuse de Porrois, une rente viagère de 100 sous.*

(Juin 1269.)

Universis..... ego Guillelmus de Boiseria, armiger, notum facio quod ego dedi et concedi abbatisse et conventui de Porrois centum solidos turonensis monete reddendos anno quolibet quoad vixerit soror mea Johanna, soror et monialis dicte abbatie apud Boiseriam, etc..... Actum anno Domini millesimo ducentesimo sexagesimo nono, mense junio.

(Cartul., II, n° 47.)

Cet acte a été cancellé dans le *Cartulaire*, comme n'offrant plus d'intérêt après la mort de la religieuse.

CCCXXI

Échange avec Amaury de Meudon.
(Février 1270-1271.)

Universis presentes litteras inspecturis Almarricus de Meuduno, miles, et Haoysis, ejus uxor, in Domino salutem. Noverint universi quod cum religiose, Eustachia, abbatissa humilis Portus-Regis[1], totusque ejusdem loci conventus, spontanea voluntate, non coacte, nobis et heredibus nostris partim vendiderint et partim permutaverint et nomine venditionis et permutationis in perpetuum nobis et heredibus nostris quittaverint unam granchiam cum fundo sicut se comportat, quam habebant, tenebant et possidebant in villa de Villaribus juxta Castrum-Forte, contiguam ex una parte domibus nostris ejusdem ville et ex altera domui Roberti dicti Blanchet, et Marie dicte La Chate, et tria quarteria terre arabilis vel circiter que habebant, tenebant et possidebant in territorio de Perfont, inter terras nostras, a nobis et heredibus nostris in perpetuum habenda et possidenda, pro quadraginta libris parisiensibus, jam sibi solutis a nobis in pecunia numerata et in utilitatem suam et monasterii sui jam conversis, ut dicebant; et pro quinque quarteriis terre arabilis vel circiter et sex quarteriis vel circiter que nos habebamus, tenebamus et possidebamus versus viam de Orsignies, que quondam fuerunt Johannis le Goz, contigua terris ipsarum abbatisse videlicet conventus, ab eisdem abbatissa et conventu sucessoribus suis et monasterio suo ex nunc in perpetuum in manu mortua habenda, tenenda et possidenda. Nos Almarricus predictus et Haoysis uxor nostra confitentes omnia esse vera et singula predicta promittimus bona fide sine fraude vel dolo quod nos, quam citius poterimus, dicta quinque quarteria terre arabilis et sexquaterios vel circiter per conventiones inter nos et ipsas in contractu hujusmodi factas et habitas eisdem abbatisse et conventui ac monasterio suo admortiemus seu in manu mortua ponemus nostris sumptibus propriis et expensis, et quod dicta quinque quarteria terre arabilis et sex quarterios vel circiter eisdem abbatisse et conventui et monasterio suo nos et heredes nostri garantizabimus, liberabimus et deffendemus ab ipsis et monasterio suo in perpetuum habenda et possidenda in manu mortua absque contradictione qualibet in juditio et extra quocienscumque opus fuerit ad usus et consuetudines patrie contra omnes. Quod si facere non pos-

semus aliquo modo nos vel heredes nostri tenebimur et
promittimus bona fide reddere et solvere eisdem abbatisse et
conventui pro dictis quinque quarteriis et sex quarteriis
terre arabilis vel circiter et in recompensationem ipsorum
octo libras parisienses infra annum postquam ab alienanda,
distr[a]henda, seu ponenda dicta quinque quarteria et sex
quarterios terre vel circiter extra manum suam a domino
fundi dictorum quinque quarteriorum et sex quarteriorum
vel circiter requisite fuerint vel compulse, et tunc dictis
octo libris par. a nobis eisdem solutis et ab heredibus nostris,
dicta quinque quarteria et sex quarteria terre arabilis vel
circiter ad nos et heredes nostros libere et pacifice revertentur a nobis et heredibus nostris ex tunc in perpetuum
tenenda et pacifice possidenda, et pro premissis omnibus [et]
singulis tenendis et fideliter adimplendis nos omnia bona
nostra mobilia et immobilia et heredum nostrorum predictis
abbatisse et conventui et ipsarum monasterio specialiter
obligamus et obligata relinquimus bona fide. Quod ut firmum
et stabile permaneat in futurum presentes litteras sigillorum
nostrorum munimine fecimus roborari. Datum anno Domini
M° CC° septuagesimo, mense februarii.

(Arch. Nat., S., 4526, n° 3, orig., double queue, traces de sceau.)

1. Eustachie, abbesse. succéda à Anne, qui vivait en 1262. Elle mourut le 16 avril, vers 1272 (Fisquet).

CCCXXII

Mathieu de Marly dote sa sœur Béatrix de 20 livres sur Meulan.

(Avril 1270-1271.)

A tous ceulx qui verront et oiront ces présentes lettres Mahy, sire de Marly, chevalier, salut en Nostre Seigneur. Sache tuit que nous avons donné et octroyé à l'abaesse et au couvent de Port-Rois et à l'église dudit lieu vingt livres de parisis de annuelle vente a tenir et poursuivre de l'abaesse du couvent dessus dit a pure et perpetuelle aumosne. Et sommes tenus et promettons a bonne foy a asseoir et amortir à l'abaesse, au couvent et à l'église dessus dits en notre terre. Voulons et octroyons que l'abaesse et les dessus dits ayent et recoivent chacun an vingt livres en nostre rente de Meurlenc par les termes qu'elle nous est due jusqu'a tant que nous aions assis à l'abaesse et au couvent les XX livres de rente illecques ou ailleurs en nostre terre en telle manière que Beatrix notre seur, nonnain du devant dit lieu, ait chaque année quatre livres des deniers dessus dis tant comme elle vivra pour querre ses robbes et ce que mestier lui sera. Pour laquelle chose faire et accomplir nous obligeons à l'observation ci-dessus, nous et nos hoirs, et tous et chacun de nos biens en quelque lieu qu'ils soient. En tesmoing et en garnissement de laquelle chose nous avons donné a l'abaesse et au couvent de l'église dessus dite ces présentes lettres scellées de nostre scel. Ce fut fait en l'an de l'Incarnation Nostre Seigneur mil deux cens soixante et dix, au mois d'avril.

(Arch. nat., K., 181, n° 211.)

CCCXXIV

*Mathieu de Marly assigne sur Meulan
la dote de sa sœur Béatrix.*

(Décembre 1271.)

Omnibus presentes litteras inspecturis Matheus, dominus Marliaci, cambellanus Francie, salutem in Domino. Cum pro quinta parte totius hereditatis carissime sororis nostre Beatricis, moniales de Portu Regis, teneamur assidere et etiam amortisare, quantum ad nobis est, abbatisse et conventui de Portu regis ac monasterio dicti loci in terra nostra viginti libras annui et perpetui redditus, notum facimus quod dictas viginti libras assignamus et assidimus in terra nostra de Mellento recipiendas in terminis qui secuntur : videlicet prima die decembris centum solidos parisiensium, prima die martis totidem, prima die junii totidem, prima die septembris totidem. Volumus insuper et concedimus quod predicte abbatissa et conventus predictas viginti libras recipiant, et eas tanquam primus dominus amortisamus et eas garantire promittimus bona fide, nos et heredes nostros quantum ad omnia supra specialiter obligantes. In cujus rei testimonium presentes litteras dedimus sigilli nostri caractere sigillatas. Actum anno Domini millesimo ducentesimo septuagesimo primo, mense decembri.

(Arch. nat., K., 181, n° 212 ; — Copie d'après un original scellé.)

CCCXXV

Don à Vaumurier de Simon de la Boissière.

(Janvier 1271-1272.)

Omnibus presentes litteras inspecturis, ego Symon de Buxeria, miles, salutem in Domino. Noverit universitas vestra quod ego Symon pro salute anime mee et patris mei et matris mee et antecessorum meorum, assensu et voluntate Johanne, uxoris mee, et Gaufridi primogeniti mei et heredum meorum, dedi et concessi intuitu pietatis et misericordie ecclesie Beate-Marie-Portus-Regii et sanctimonialibus ibidem Deo servientibus viginti sex sol. et novem denar. annui census sitos in territorio de Valmorel scilicet in feodo movente de villa Favereiis reddendos annuatim dictis monialibus dictos XX^a sex sol. et novem den. par. tribus terminis videlicet ad festum sancti Lamberti et ad festum sancti Remigii et ad festum sancti Dyonisii residuum et unam droituram sitam super masuram defuncti Ysembardi, tenenda omnia ista dictis monialibus in puram et perpetuam elemosinam, libere, pacifice et quiete absque reclamatione mei, Johanne, uxoris mee, et Gaufridi primogeniti mei et aliorum heredum meorum amodo. Hanc autem donationem et concessionem ego dictus Symon de Buxeria miles et Johanna uxor mea promittimus quantum in nobis est contra omnes garantire. Et ut hoc firmum et stabile permaneat, presentes litteras sigillorum nostrorum munimine dedimus sigillatos. Actum anno Domini M^o CC^o septuagesimo primo, mense januarii.

(Arch. nat., S., 4525, n° 3, original scellé sur doubles queues de deux sceaux enveloppés de toile.)

CCCXXVI

*Pétronille, veuve de Thibaut de..... amortit le don
fait à Vaumurier par Simon de la Boissière.*

(Février 1273.)

(Arch. nat., S., 4528, 1re liasse.)

CCCXXVII

24 mai 1274, mourut à Lyon, pendant le Concile général, Gui, cardinal de la sainte Église romaine, du titre de Saint-Laurent, auparavant abbé de Cîteaux, très célèbre pour sa science et sa piété et particulier ami de ce monastère, auquel il livra quatre-vingts livres parisis.

(*Nécrologe de Port-Royal*, p. 205.)

CCCXXVIII

*Confirmation royale du don fait à Porrois
par Arnoul de Montlhéry en 1249.*

(Arch. nat., S., 4518, n° 5.)

CCCXXIX

5 décembre 1275, mort de Peronnelle de Montfort, fille d'Amauri, comte de Montfort et de Béatrix de Viennois, petite-fille de Simon le Grand, abbesse de ce monastère, à qui sa famille a fait de grands biens. Ce même jour, nous faisons mémoire de Jean, comte de Montfort, son frère, et de sa sœur Alix, dame de Houdan.

(*Nécrologe de Port-Royal*, p. 454.)

CCCXXX

Alix de Chatenay cède une rente de 20 sous sur un pré à son frère Guiard.

(Décembre 1275.)

Universis presentes litteras inspecturis, soror Philippa[1] humilis abbatissa, et omnis conventus de Portu-Regio, cisterciensis ordinis, Parisiensis diocesis, salutem in Domino. Noverint universi quod soror Aulipdis de Cartaneto, ecclesie Beate Marie de Portu-Regio, religiosa monialis, assensu nostro spontaneo, Guiardo, fratri suo armigero quendam pratum, super quod predicta Aulipdis, religiosa monialis, totusque de Portu-Regio conventus viginti solidos parisienses, singulis annis annui redditus capiebat, liberavit in perpetuum ei quitavit, ita quod predictus Guiardus predictum pratum possit vendere et expendere sine impedimento aliquo, quotiescumque voluerit et sibi viderit expedire. Datum mense decembri, anno Domini millesimo ducentesimo septuagesimo quinto.

(*Cartulaire de Notre-Dame de Paris,* II, p. 152.)

1. Philippe de Lévis, fille de Gui, seigneur de Mirepoix, succéda comme abbesse à Pétronille de Montfort, mourut le 19 juillet 1280.

CCCXXXI

Testament de Gui de Lévis, fait à Mirepoix.

(10 août 1276.)

In nomine Domini..... Nos Guido de Levis, dominus Mirapiscis, sanus mente et corpore nostrum testamentum facimus in hunc modum. In primis apud abbatiam nostram de Roscha in Francia, quam progenitores nostri fundaverunt, cum eisdem eligimus sepeliri. *Suivent des dons à des églises du midi et aux hôpitaux, se montant à 200 livres de rentes annuelles, et à 360 livres tournois une fois payées. Les legs aux établissements religieux de France ne se montent qu'à 205 livres tournois.*

Item legamus in partibus Francie : abbatie de Nealfa X libras ; abbatie de Vallibus Sarnaii centum libras ; conventui de Clarafontana XX solidos ; conventui sancti Remigii de Landis XX solidos..... abbatie de Portu-Regis X libras turonenses.

Suivent des dons aux Frères Mineurs de Chartres, de Mantes, d'Étampes et d'Orléans, et à une trentaine d'hôpitaux et de maladreries à Meulan, Poissy, Villepreux, Neaufle, Trappes, Châteaufort, Rochefort, Auneau, Galardon, etc.

Il nomme pour ses exécuteurs testamentaires, dans la partie de la France, l'abbé de la Roche et ses parents Jean de Montchevreuil, Jean de Denisy et Jean du Tremblay.

Actum apud Mirapicem, IV idus Augusti, anno Domini MI°CC°LXX°VI°.

(Archives du château de Lévan.)

Publié par M. Moutié, *Cartulaire de Notre-Dame-de-la-Roche*, p. 454.

CCCXXXII

L'an de grâce MCCIIII^{xx}, le mardi après la St-Martin d'été (9 juillet), fut justifiée la fame Robert Coquerote, à Porreis, par Veson de l'héritage qu'elle tient à Germainville ; ce veant et sachant? Almari Piquete, par adonc prévost de Chevreuse. Témoins ce mestier est : Richard de Lestillier(?) clerc ; Jehannot de Menicourt, clerc ; Frère Pierre Biouvet, Ameville de Romeville ; Perrote, fame Perrot Noblet ; Oedeline, Labrosse, fame Jehannot Le Normand.

(Cartul., 1, fol. 130.)

CCCXXXIII

Le 19 juillet, vers l'an 1280, mourut dame Philippe de Levis, fille de Gui II, seigneur de Mirepoix, abbesse de ce monastère, auquel elle donna 5.000 livres parisis, qui servirent à bâtir notre réfectoire. Outre cela, elle fit présent d'une croix et d'une châsse d'argent avec une boîte d'or pour conserver la Sainte Eucharistie, et d'un calice pour le grand autel. Elle fut enterrée dans l'ancien chapitre, au milieu du cimetière de Sainte-Hombeline, dont on l'a transportée dans le cloître du côté de l'église.

> Hic jacet reverendissima et religiosima domina
> Philippa de Levis, quondam abbatissa Beate Marie
> Portus Regis, qui habuit cum ea tres sorores
> Religiosimas, que fuerunt filie domini Guidonis
> Domini de Mirapice, marescallis, de quibus
> Abbatia habuit multa bona. Cujus anima
> Per misericordiam Dei resquiescat in pace. Amen.
>
> (*Nécrologe de Port-Royal*, p. 177.)

1280 est probablement la date de la cessation de ses fonctions d'abbesse. Elle est désignée comme prieure en 1289 et ne mourut, selon Fisquet, que le 19 juillet 1292.

CCCXXXIV

Accord entre Porrois et Simon Bellepanne sur une terre au Petit Bourras.

(Février 1280-1281.)

Omnibus presentes litteras inspecturis Johannes, dictus de Sancto-Remigio, clericus, ballivus nobilissimi domoni Roberti comitis Drocorum et Montisfortis; et Theobaldus rector ecclesie de Pereto Carnotensis diocesis, salutem in Domino. Notum facimus quod cum contentio verteretur inter Symonem, Sediliam et Aalesiam quondam heredes defuncti Symonis, dicti de Bellepanne ex una parte et religiosas mulieres abbatissam et conventum de Portu Regis, cisterciensis ordinis, parisiensis diocesis, ex altera super quamdam peciam terre continentem novem arpenta aut circiter, sitam ante portam granchie de Aquilina dictarum religiosarum; quam peciam terre dicte religiose tenent libere et quam dicti Symon, Sedilia et Aalesia dicebant movere de herededitate patris sui; dicte religiose asserentes et contrario quod non tenebatur eadem terra de illis, cum eam permutassent cum dicto Symone de Belleplana aut ejus heredibus, pro unam peciam terre arabilis continentem circiter novem arpenta in capite? dictarum religiosarum, in loco qui dicitur Marchesium Pullente, in dominio et censiva Petri Comitis, quam tenent et possident dicti Symon, Sedilia et Aalesia. Tandem dicte partes bonorum gentium consilio, super hanc contentionem spontanei, non coacti, comparentes, dicti Symon, Sedilia et Aalisia coram nobis personaliter, et dicte religiose per procuratorem constitutum compromiserunt in nos, Johannem..... Dicimus in hunc modum quod religiose predicte dictam peciam sitam portam suam de Aquilina tenebant in futurum et dicti Symon, Sedilia et Aalesia, aliam peciam sitam in Marchesio Pullent tenebunt...... In cujus rei testimonium sigillum nostrum presentibus litteris duximus apponendam, anno Domini millesimo ducentesimo octogesimo, mense februarii.

(Arch. nat., S., 4519, dossier 1, n° 4. Parchemin avec débris de sceau.)

CCCXXXV

(8 novembre 1281.)

Compromis sur une dîme entre Marthe, abbesse de Port-Royal, et Guillaume, prieur de Châteaufort.

(Mention, Fisquet, II, p. 552.)

CCCXXXVI

Don de Clémence du Val à Vaumurier.

(Avril 1280-1281.)

A tous ceux qui ces lettres verront Jehan Bousset, prévôt de Châteaufort, salut. Nous faisons assavoir que par devant nous vint madame Clémence du Val, femme jadis feu Giles du Val, dit Palle, chevalier, et recognut qu'elle tenait plusieurs héritages au terroir d'Aumurier, c'est à savoir..... qu'elle avoit donné à l'abbesse et dames de l'abbaye de Porrois pour raison de Marguerite, sa fille, ja recue en ladite abbaye, etc...

(Arch. nat., S., 4525, liasse 1.)

TABLE DES NOMS DE LIEUX ET DE PERSONNES

Abbatia (Thomas de), 157.
Abbecourt, abbaye, 64, 248, 251.
Ablis, 55.
Acclin-de-Saint-Pierre, 273.
Aigues-Mortes, 238.
Albigeois (Biens en), 260.
Altovillare, 19.
Ambesis, 289.
Ambleville (Léproserie d'), 247.
Amicie, abbesse de Porrois, 271, 299.
Amis, léproserie, 247.
Andresy (Nicolas d'), 115, 116.
Angleterre (Aline d'), 25.
Anglais (Richard et Thomas l'), 246 ; Guillaume l', de Sèvres, 266.
Anne, abbesse de Porrois, 309.
Aquinte, 195.
Archer (Christian, Guillot et Jaquet l'), 268, 269.
Argalt (Gilot d'), 23.
Arnault, Angélique, IX, XVI, 2, 3.
Arronville (Léproserie d'), 246.
Asselin, Bertaud, 18.
Assidii (Simon de), 129.
Asson (M. Baudry d'), VIII.
Assignatus, 292.
Athis (Gilles d'), 56 ; Thomas d', 184.
Attichy, 25.
Aulnois (Clémence d'), dame de Chevreuse, 274, 278.
Aunay-lès-Bondy, 123.
Aunay, Alnetum, 18, 29, 78 ; Eremburge d', 263 ; Gaston d', 169, 223 ; Guillaume, 16, 18, 22, 263, 266 ; Jean, 169, 222, 200, 222, 224, 262, 263, 264 ; Milon, 19 ; Philippe, 18, 29 ; Pierre, 169, 223, 263, 264 ; Perrot, 263 ; Sibille, 273 ; Thomas, 263.
Auneau, léproserie, 323 ; Clémence, 53, 87 ; Gui, 53 ; Jean, 118, 119, 136, 137 ; Joscelin, 119, 137.
Autonne (Guill. d'), bailli de Beaucaire, et Marie, 251.
Auvergne (Pétronille d'), 18, 71.

Bachival (Mathilde de), 16 ; Robert, 237.
Bagneux, 251.
Bagot, Simon, 18, 292, 293.
Bailly, 111, 157.
Balemont, Basemont (Tiduin de).
Ballencourt (le chapelain de), 245, 246.
Ballenvilliers, 67 ; Thomas de, 246.
Bandeville (Raoul de), 19.
Barre (la), près Chevreuse, 123.
Barroux, Maurice, 11.
Barthélemy, évêque de Paris, 93.
Basemont (Cécile de), 19.
Basin, Simard, de Voisins, 21.
Basincourt (Agnès et Bouchard de), 298.
Baudry, Guillaume, 151.
Beaumont-sur-Oise, Hôtel-Dieu, 247 ; Agnès et Guillaume, 240, 253, 254.

22

Beaurain, 7.
Beauvais, église Saint-Pierre, 246.
Beauvoir, à Sèvres, 163; Hugues, 189, 190; Pierre, 200, 208.
Beccart, Gautier et Pierre, 164.
Becquencourt, 279.
Belhomer, prieuré, 50.
Bellepanne, Aales, Sédille (Simon de), 325.
Berchères-la-Maigot, 48.
Bernier, Jean, 314.
Beynes, 308; léproserie, 298; Briende de, 94, 262.
Bievre, 148.
Billet (Terre de), 22.
Blanche de Castille, 206, 247, 248.
Blanchet, Robert, 316.
Blouville, Vincent (maire de), 118, 119, 137.
Boinville, près Mantes, prieuré, 294, 295.
Bois (Ernaud du), 30.
Bois Notre-Dame, au Mesnil-Saint-Denis, 288.
Boissel, Raoul, 95; Boisseul, 282.
Boissière, Buxeria (la Dame de la), 20; Geofroy, 270, 320; Gui et Jeanne, 305; Simon, 270, 320, 321.
Boissy-sous-S.-Yon, 239.
Bordes (les), à Verneuil, 105; Fustachie, 105; Gui, 292, 293, 308; Hugues, 18; Simon, 5.
Boucher (le), Johannin, 21. — Cf. *Carnifex*.
Boucigny, 30.
Bouglainval, 48.
Boudrot, Hugues, 20.
Boulchard (Jeanne de), abbesse, 2.
Bour, prieur, 20.
Bourgueil, abbaye, 129, 133, 270.
Bousset, Jean, 27, 327.
Braiolet, 17.
Branche à Beccancourt, 271, 279.
Bray (Simon de), 63, 68.

Bretèche (la), 249.
Bretencourt, prieuré, 121; château, 91.
Breton des Essars (le), Hervé et Jean, 309.
Breton (le), Guillaume, 16.
Brévières (les), 8, 127; Nivelon des, 17.
Brie, maison d'Eremburge de Brie, à Paris, 303.
Brochart, Robert, 280.
Broissy, Brossia, 158, 233.
Brosse (la), 229.
Bruiant, élément, 22.
Buc (Guill. de), 235; Nivelon, 135.
Buisson, Guiburge, Rencia (Simon de), 40.
Buloyer (la chevée ou cavée de), 41, 44, 61, 200; Adam de, 186, 221, 229; Arduin, 21; Colin, 186; Gilette, 213; Gui, 40; Pierre, 186; Renaud, 246.
Burgein, Jean, 230.
Burrez (Terre à la), 21.
Busseiam, Buxeiam, 295, 296.

Carmes (Terre des), 23.
Carnifex, Arnulfus, de Montlhéry, 18.
Carrières-sous-Poissy, 15, 131, 204.
Celles (Prieuré de), 21, 54.
Cementarius, Robinus, 16.
Centignonville (Thomas de), 67.
Cercanceau, abbaye, 50.
Chagny, 12, 21, 88, 93, 125, 143, 179, 185, 208, 212, 234.
Chambellan, Roger, 30.
Chambly (Hôtel-Dieu de), 247.
Champagne (Église de), 246.
Chantilly (Alips de), 17, 231.
Champgarnier, 11, 22, 33, 69, 98, 174, 224, 270, 277.
Chapelle (la), près Paris, 26; Hugues de la, 16.

Chaponval (Guillaume de), 20, 208, 210.
Charlis, abbaye, 50.
Charonne, 113.
Charron, Gilles, 274.
Chars (Léproserie de), 247.
Chartres, 18; cathédrale, 246; Renaud de Mouzon (év. de), 30; Gautier, 92 ; Frères mineurs de, 323.
Chate (la), Marie, 316.
Châteaudun (Jeanne de), 236.
Châteaufort, 40, 78, 209, 284; Mesure de, 202; Hospice, 323; Prieuré, 133 ; Gui, doyen, 137; Gouke, prieur, 326 ; Salomon, doyen, 28, 31 ; Constance, 27 ; Emmeline, 40 ; Garin, 28; Guiburge, 40; Mabile, 38, 72, 79, 251; Mathilde, 38, 44, 61, 100, 103, 153, 179, 227, 250.
Chatenay, Alips et Guiard, 322.
Chateron (Guillaume de), 154.
Chatillon (Jean de), C. de Chartres, 151.
Chatres (Pierre de), 267.
Chauffour, 331, 332.
Chaumont (Jean de), 15; Jeanne, 102.
Chemin perré (le), 236.
Chevreuse, cens, 248; Prieuré, 21 ; Hôtel-Dieu, 311 ; Prévôté, 50 ; 259 ; Ameline, 277 ; Cécile ou Sédile d. de Plaisir, 50, 123, 255, 259; Gui, 7, 31, 32, 50, 69, 74, 82, 123, 135, 223 ; Hervé, 74; Milon, 74; Odeline, 288 ; Sibile, 273 ; Deux religieuses à Hautebruyères et à Hienes, 278.
Cierge perpétuel, 172.
Citeaux (Privilèges de), 85 ; l'Abbé de, 299.
Clacy (Guill. de), 63, 72; Thibault, 17, 42, 72.
Claencourt, Galet, Renaud et Robert, 140, 141.
Clagny (Alix et Odeline), 113, 114, 116;
Pierre, 21, 106, 107, 176; Robert, 213.
Clairefontaine, abbaye, 323.
Clamart (Geneviève de), 234.
Clauso (vinea de), à Sèvres, 20, 21, 81 ; Clos de l'abbaye, 22; Clos de la Haye, 215, 217, 259.
Clos (Pierre du), 55.
Coconière (la), Emmeline, 16.
Cocus, Robertus, 289.
Col-Rouge, Jean, 18.
Comes, Pierre, 326.
Conflans-sur-Seine, église, 244, 247.
Corbeil (Aveline de), d. de Chevreuse, 32, 33 ; Cartulaire de Saint-Spire, 10.
Corcelles (Moulin de), 20, 202; Philippe de, 202; Pierre, 20, 202.
Cormeilles-en-Texin (Léproserie de), 247; Pierre, 246.
Cottignies, pressoir à Meudon, 307, 310.
Couche (la), 24.
Coulomb (Abbaye de), 35.
Couperie (la), 20, 23, 229, 235, 303 ; Adam, 21 ; Agnès, 296, 303; Denise, 296; Jean Judas, 297, 303, 305 ; Marguerite, 296, 303; Peronelle, 303; Sedile, 296, 303.
Courpière, 241.
Couture (la), du milieu, 23.
Cressely, 22.
Crote ou Crypte (Vigne de la), à Marly, 81, 131.
Cuvel (Terre de), 242.

Darency, Drancy (Emmeline de), 63, 68; Adam et Guill., 68.
Decanus, Guibertus, 289.
Denisy (Jean de), 224.
Denjon (le), 24.
Denonville (Guill. de), 55.
Dourdan (Mesure de), 19.
Dreux (Béatrix de), VIII, 8.

Droiture, impôt, 19, 22.
Duvergier de Hauranne, abbé de Saint-Cyran, X, 4.

Eaubonne (Marguerite d'), 200.
Eremburge de Noisy, abbesse de Porrois, 97, 178, 208, 210.
Ernaud, archidiacre de Paris, 63.
Escrones, 125, 211, 212; Pierre Gautier d', 21, 93, 112, 143, 163, 212, 213.
Espinée (l'), 250.
Esquier (Jean), 141.
Essarts-le-Roi (Léproserie des), 237.
Essenville (Marguerite), 131; Robert, 101, 102, 104, 131.
Estouteville (Simon d'), 37.
Estricart, Jean, 147, 148.
Etampes (Sainte-Croix d'), 66; Frères mineurs, 323.
Etang (Milon de l'), 20, 176.
Etienne, bouteiller, 239.
Etienne, abbé de Savigny, 85, 143; archidiacre de Paris, 41, 45, 64, 67, 103.
Etienne, archidiacre de Chartres, 326.
Eustachie, abbesse de Porrois, 315, 317.

Favereux (Pierre de), 47, 51, 52; Cécile, 47.
Ferté-Alais (la), 18, 128.
Ferté-Famille (la), 1, 27.
Ficinivilla (*Thomas de*), 216.
Fin (Jeanne de la), abbesse de Porrois, VIII, IX, XVI.
Flora de Montlhéoy, 18.
Florcium, 106, 118.
Foinard (Gui de), 74.
Fontaine (Saint-Martin), 159; Jacques de la, 24; Moulin de la, à Galardon, 47.
Fontenay-le-Vicomte, près Corbeil, 167, 253, 254.

Fourches-de-Noisy, 208, 210.
Franconville, 123.
Fresnes (Eustache de), 116.
Froid bœuf (le), 143.

Gachonville (Jeanne de), 163.
Gagny, 229.
Galardon, 18; Moulins, 29, 152; Maladerie, 323; Maison de Renaud, 16; Adam, 18, 143; Belide, VIII; Amicie, 18, 291, 299; Hervé, 82, 93; Hugues, 16, 26; Robert, 309.
Galon (Pierre de), 194, 217.
Galopine (Emmeline la), 279.
Gambais (Gui Porcher de), 237.
Garin, abbé des Vaux-de-Cernay, 249, 274.
Garlande, fief à Paris, 240; Famille, 25, 26; Mathilde, 1, 25, 27, 28, 29, 30, 33, 77, 80, 84.
Gaseran (bois de), 262.
Germainville, Germeville, 1, 16, 311, 312, 314; Moulin de, 21, 31, 77, 223, 235, 264; Mathieu de, 16, 19.
Gibelot (Jean de Meudon), 252, 285.
Gif, 144; Simon de, 15.
Giraut (vigne de Simon), 291.
Giry (Nantier de), 285; Pétronille de, 21.
Gisors (Guill. de), 136.
Gobelet (Guill.), 22.
Goibo (la), veuve Le Breton, 16.
Gomerfontaine, abbaye, 247.
Gometz-le-Châtel, 15, 26, 96.
Gorge (Adam et Etienne), 24.
Gournay-sur-Marne, 26.
Gourville, 11, 30, 35, 309; Girard de, 309.
Goz (Jean le), 316.
Grange (la), du Beau-Bois, à Porrois, 22, 27, 215, 217, 224, 225, 259.
Grassoreille (M.), 11.
Grandchamp, 248.
Grégoire IX, pape, 120, 126.

TABLE DES MATIÈRES

Grès (Vigne des), à Sèvres, 21, 150.
Grignon (Vigne de), à Sèvres, 165.
Grosley, 17, 62, 72.
Gué de Bagnols (M. du), X.
Guérin, évêque de Senlis, 123.
Gui, cardinal, abbé de Cîteaux, 88, 321.
Guiard, Etienne, 24.
Guillaume de la Ferté, évêque de Chartres, 126.
Guillaume de Seignelay, évêque de Paris, 71, 107.
Guillerville (Garin de), 67, 70; Baudouin, Geoffroy, Guillaume, 70.
Guyencourt (Isabelle et Philippe de), 314.

Haie de Trappes (la), 306.
Hanches, 117; Dreux de, 116, 249.
Hautebruyères, 6, 50, 106, 248.
Hécart de Ledeville, 233.
Helissende, d. de Chevreuse, 185.
Herbert, curé de Saint-Nicaise de Meulon, 281 ; *Herbertus magister*, 144.
Herchenout, Archenont, moulin à Galardon, 29, 45, 58.
Hernaut, Ernaut, archidiacre de Paris, 45.
Hérouville, 252.
Hescelin, pré, 270.
Hippone, Hipporegius, 8.
Hodan, léproserie, 247.
Honorius III, pape, 851.
Houx (Jean et Thibaut de), 281.
Hubert (Vigne de), 21.
Hunière (Amaury de la), 188.
Hure, Guillaume, 16, 19.

Imbert, bouteiller, 239.
Ingorant et Odeline, 107.
Innocent III, pape, 39.
Isabelle, veuve d'Eudes Le Clerc, 284.

Isle-Adam (travers de l'), 245, 246 ; Ansel de, 19, 245, 235, 256.
Iveline, 237 ; grange de l', 256, 326.
Ivry, église, 246 ; léproserie, 244.

Jacob Pecorari, légat, 192 ; Jacques, abbé de Cîteaux, 301.
Jansénius (L.).
Jarrietis (Bois des, ou des Pilletois), 189, 190.
Jean, chambrier, 239.
Jerra (Etienne de), 138.
Jobard (les terres), 21, 23.
Jouy (Moulin de), 189 ; Hugues de, dit du Moulin, 95, 96, 187, 235 ; église, 244 ; Jouy-sur-Eure, 49, 56, 122.
Joyeuval, abbaye, 95.
Judas, Jean, de la Couperie, 20.
Juge (Simon le), 292.
Juiverie à Paris (la Vieille), 61.
Justice (Droit de) du baron, 223, 237.
Juxta viam, vinea, à Sèvres, 150.

Labrosse, Odeline, 324.
Lagny (Jean de), Agnès et Marie, 299, 302, 307, 310.
Langlois, Huet, 23.
Launay, 311. — Cf. Aunay.
Lay (Église de), 244.
Legrand-Mahaut, 24.
Lenormand, Geofroy, 24.
Lercy, Simard, 24.
Leschot, Hescelin, 270.
Lestendart, pré, à Beynes, 292, 308.
Lévis (R. Gui de), 323 ; Jeanne, 261 ; Marguerite, VIII ; Philippe, abbesse, 324, 325.
Ligny (Madeleine de), abbesse, VIII.
Limous (Fief de), 215 ; Robert de, 264.
Livry, abbaye, 26.
Loges-sous-Rochefort (les), 132, 312 ; Guillaume et Nicolas 132 ; Simon, 108, 110, 132, 290.

Longchêne (Alexandre de), 30.
Longus, *Johannes*, 22.
Longvilliers, 249.
Long-Witte (Vigne de), 20.
Louis VIII, 17, 94, 97.
Louvel, Adam, 20, 81.
Louveciennes, 54.
Louville, 57.
Luynes (Duc de), 10, 11.

Mafliers, Meynel, prieuré, 248.
Magny, paroisse. VII ; Châtellenie, 7, 215, 216, 259 ; curé, 22, 43, 216 ; Bouchard, VIII ; Mathieu, 251 ; Mathilde, 250 ; Thibault, 306, 316.
Maincourt, 273, 278.
Maintenon, prieuré, 10.
Maisons-en-Bauce (Pierre de), 16, 51, 62, 122.
Mantes (Frères mineurs de), 323.
Marchais, Arnoul, Guillaume, Robin, 191 ; Asceline, 57 ; Hugues, 15, 57, 191.
Marchais-Pullent, 326.
Marcheroux, abbaye, 247.
Mardilly (S.-et-M.), 314.
Mareil, église, 246 ; moulin, 20.
Mareil-sous-Marly, 249 ; Germond de, 122, 129, 138.
Marguerite, abbesse de Porrois, 112, 118, 121, 137, 146 ; femme d'Hugues de Bray, 96.
Marguilliers-comptables à Verneuil, 183.
Marly (dime de), 2, 3 ; Prieuré, 20 ; Maison du curé Adam, 9, 157, 159, 160, 164, 171 ; Maison de Porrois, 210 ; Fief de, à Galardon, 26.

Alphonse-Bouchard, 251 ; Agnès, 142, 253, 267 ; Bouchard, 1, 17, 18, 21, 28, 29, 36, 38, 40, 41, 42, 43, 46, 58, 61, 78, 81, 89, 91, 93, 96, 97, 100, 102, 103, 104, 115, 125,

136, 142, 147, 155, 163, 172, 173, 209, 210, 218, 234, 253, 264, 267 ; Béatrix, 254, 264, 318, 319 ; Isabelle, 254.

Marguerite de Narbonne, 15, 80, 81, 131, 204, 240.
Mathieu, 1, 8, 17, 28, 30, 42, 43, 44, 46, 59, 76, 77, 78, 79, 90, 91, 99, 100, 101, 105, 114, 116, 136, 141, 177, 183, 187, 195, 199, 214, 218, 228, 232, 303, 305, 309, 311, 313, 319.

Pierre, 83, 88, 92, 97, 100, 103, 140, 152, 171, 173, 209.

Richard, 254 ; Thibault, 254 ; Saint-Thibault, 8, 88, 92, 93, 100.

Marthe, abbesse de Porrois, 326.
Les Masures à Sèvres, 175, 235.
Maubuisson, abbaye, 3.
Maule, 18, 19, 111 ; Pierre de, 170.
Mauquartier à Beccancourt, 271.
Maurepas, 278 ; Guillaume de, 30.
Mauvières (Simon de), 278.
Mauvoisin, Gui, 248 ; Robert, 39, 50, 75, 123.
Menhendebourt, 73, 121 ; Guillaume de, 73.
Mengeisir, Pierre le, 257.
Menicourt (Jehannot de), 324.
Menouville (Ansel de), 248.
Méré, 237.
Mereville, 239.
Mers (Vigne de, à Verneuil), 214.
Mesnil-Saint-Denis (le), 288.
Meudon, 7, 19, 54, 76 ; Pressoir de Cottignies, 299, 307 ; Agnès de, 294, 298 ; Amaury, 28, 193, 282, 315 ; Étienne, 21, 60, 98, 132, 133, 134, 180, 227, 258, 282, 286 ; Guillaume, 7, 258, 283, 286, 287 ;

Jean Gibelot, 258, 285, 286 ; Mathieu, 60, 98 ; Mathilde, 19 ; Pierre, 294, 298.

Meulan, rentes sur Meulan, 25, 26 29, 84, 99, 103, 177, 217, 218, 318, 319 ; commune de, 84 ; fief de, 136 ; léproserie, 323 ; Saint-Nicaise, 240.

Méry, Eustache (Vicomte de), 295, 297, 298 ; Galeran, 115, 116, 183.

Mineria, 289.

Mirepoix, 323.

Molerets (Bois des), 38, 41, 44, 61.

Molear, les Molières, 16, 22.

Molin, Harduin. 58.

Monachus, Simon, 61.

Monceaux, 288 ; G. de, 133.

Mondeville, 264.

Monchevreuil. Gilles, Jean et Phil., 312 ; Jean, 324.

Montfaucon (Eudes de), VIII.

Montfort, Agnès et Alix, 260 ; Alix, dame de Houdan, 322 ; Amaury, III, 26 ; Amaury, V, 127, 130, 251, 322 ; Gui, 15, 73, 94, 260, 261 ; Jean, 236, 256, 257 ; Laure, 257 ; Marguerite, 256 ; Peronelle, IX ; Pétronille, 18, 322 ; Philippe, 18, 26, 94, 128, 130, 308 ; Simon IV, 34 ; Simon C. de Leicester, 260.

Montgry, 132 ; Guiot de, 23.

Montigny, 16, 109, 110, 215, 216, 217, 259 ; Alice et Jean, 289, 290 ; Jeanne, 16 ; Renaud, 109 ; curé de, 23.

Montlignon, Frédéric et Marie, 56 ; Guillaume, 53.

Montlhéry, *Arnulfus Carnifex* de, 18, 239, 248, 321.

Montmartin, Montreuil-Bonnin, 232, 233.

Montmorency (Mathieu de), S. de Marly, 1, 17, 25, 26, 28, 29, 84, 105 ; Thibault, moine du Val, 25 ;

Rouchard, 130 ; Mathieu connétable, 136.

Montmoyen, 284.

Montreuil (Pierre de), 300.

Morbois (Grange de), 261.

Morel, Eudes, 24.

Morbier, Élisabeth, Hélissende, Jean, Garnier, Guillaume, 49 ; Técla, 48, 49.

Morto, Mathilde et (Robert de), 189.

Moulin (Renaud du), à Orsigny, 210.

Moustier (Nicolas de), 108, 110 ; Mathilde, 119.

Moutié, M. Auge, 10.

Muzard, Renaud, 9.

Myville (la), 24.

Nanteuil (Jean de), 310.

Narbonne (Aimery de), 146, 147, 204, 280 ; Aimery, chan. de Chartres, 31, 204, 241 ; Alix, 13 ; Marguerite de Marly, 15, 78, 81, 146.

Navibus (Herric de), 274, 278.

Neauphle, Neaufle, léproserie, 323 ; Abbaye, 323 ; Simon de, 104, 110.

Néfliers, *Mespillis* (Vigne des), 174, 175.

Nemours (Pierre de), évêque de Paris, 43, 44, 46, 59, 61.

Neuilly (Foulques de), 1.

Neuville (Boves de), 246.

Nigelles (Eglise de), 246 ; léproserie, 247.

Noblet, Perrot, 324.

Nogent (Eglise de), 245, 246.

Noisy, 98, 208, 210, 229 ; Eremburge de, abbesse de Porrois, 97 ; Etienne, 157 ; Guillaume, 217, 218 ; Pierre, 21, 186, 188, 194, 195, 217, 218, 219, 220, 221, 225, 235.

Le Normand, Jean, 324.

Notre-Dame du Val, 50.

Notre-Dame de la Roche ou de la Rouche, 10, 153, 248, 273, 323, 324.

Nuisement à Jouy-sur-Eure, 37.

Obville, 62, 122.
Odeline et Denis, 289.
Orfin, 30.
Orge, rivière, 8.
Orléans (Frères mineurs d'), 323.
Orme de Saclay (l'), 182.
Ormoy, 17 ; Guillaume d', 135.
Ors (Philippe d'), 183.
Orsigny (chemin d'), 316 ; Béatrix, 180, 183 ; Bertaud, 242 ; Eremburg, 225, 227, 235, 350 ; Isabelle, 215, 259 ; Guiot, 242 ; Jean, 205, 211, 259 ; Jeanne, 124, 132 ; Marie, 211, 215 ; Renaud, 215, 217, 259 ; Roland, 124, 132.

Paale, Gilles, 327 ; Jean, 22, 194, 216.
Païeniere (la), 22, 23.
Paris : le Temple, dépôt des actes, 801 ; Jacobins, 246 ; Frères mineurs, 246 ; Cathédrale, 246, 273 ; Filles-Dieu, 247 ; Saint-Victor, 251 ; Collège Saint-Honoré, 247 ; Collège Saint-Thomas du Louvre, 247 ; Abbaye Saint-Antoine, 247 ; Hôtel-Dieu, 273 ; Saint-Merry, 280 ; Champeaux, 274 ; Boutique du Grand-Pont, 18, 71, 146.
Parou, Guillotus et Dionisius, 288.
Pastis (Cermond des), 16, 62, 73, 117, 122 ; Jean et Guillaume, 127.
Pattéris, 23.
Pature (Droit de), 31.
Penemere (la), 23.
Pelu-Barthélemy, 160, 164 ; Eudes, 111, 112.
Perfont, terroir à Villiers, 316.
Perray (le), 325 ; Adam (curé du), 157.
Le Perrier, vigne à Meudon, 156.
Petrarius, Hugo, 64.
Pétronille, abbesse de Porrois, 220.

Philippe-Auguste, 64.
Philippi, Geofroy, 67 ; Guillaume, 66.
Picta Petra (Guido de), 228, 225 ; Jeanne, 235 ; Renaud et Garin, 229.
Pilet, Hugues, 188 ; Jean, 188, 189.
Picauville, Petiteville, 232, 233.
Piletois (Bois des), ou des Jarriets, 189.
Pignete, Almary, 324.
Pion (vinea de), à Meudon, 24, 180.
Plainpré, 23.
Plaisir, Clémence et Milon, 15.
Plainchamps, à Marly, 200.
Planta de Baleto, vigne à Verneuil, 214.
Platet (Robert de), 75.
Pointe (Vigne de la), 106, 113.
Point l'Asne, fief, 113 ; Guillaume, 106, 107, 113.
Poirier (Vigne du), Piretum à Meudon, 135.
Poissy, 16 ; Maladerie de, 233 ; Gaston de, 27.
Polin, André, 17, 52, 53, 56.
Pologne, maison Godiarne de Pologne, à Paris, 303.
Pommeraie la, près Rambouillet, 128.
Pontoise, architecture, 214 ; abbaye Saint-Martin, 245 ; Frères mineurs, 246 ; Hôtel-Dieu, 247.
Porcher, Gui de Gambais, 237.
Porrois, Port-Royal (fief de), 1 ; mines XI ; gravures, XV, XVI ; cartulaire, 9 ; étang, 98 ; infirmerie, 123 ; consécration de l'église, 126 ; réfectoire, 324 ; cimetière Sainte-Mombaline, 325 ; maison à Paris, 274 ; sceau, 290.
Porte de Champagne, à Beynes, 292.
Poter, Pierre et Hugues, 47.
Pourras, aux Brévières, 8, 127, 236.
Pourrières, église, 246.

TABLE DES MATIÈRES

Praella (*Poscelinus* et *Robertus* de), 129.
Prévot (Guillaume le), 81.
Prouvellus, 16.
Prouville (Beaudoin de), 118, 137.
Pounay-sous-Ablis, 35.
Pounay (Vigne de), 42.
Puiset (Ebrard du), 27.
Punta (Vinea de), 21.
Puit, Puteo (Emmeline du), 234.
Pyrodios, Adam, Guillaume, Isabelle, 261.

Quarré, Colin, 16.
Quinée, 292.
Quinque fratrum nemus, 237.

Racine (Monument de), à Port-Royal, XIII.
Raimond, architecte de Paris, 182.
Rambouillet, 10; curé, 273; Jean-le-Roi de), 129.
Reans, 91.
Reculet, 247.
Renaud de Corbeil, évêque de Paris, 278; Renaud de Eure, 287.
Rennemoulin (Marie de), 193.
Renoville (Deffens de), 61.
Richart, terre, 250.
Richebourg (Pierre de), 32.
Richeville (Lucas de), 51, 54; Pierre de, 51, 143, 201, 212, 213.
Ridet, vigne de Renaud, à Sèvres, 180.
Rivo-Forchia, Rivo-Fucardo, vigne à Marly, 208, 254.
Rochefort, 31, maladerie, 223; Gui de, 26.
Rochia, près Porrois, 31.
Rogarita Thierry, 98.
Roisnville, 57.
Roissy, 178.
Rollart, à Verneuil, 115.
Romeville, 15.

Rondon, au Mesnil-Saint-Denis, 222.
Roquencourt (Garnier de), 26.
Rosiers (Garin de), 215.
Rossel, Roussel, *Rufus*, vigne d'Adam, 21, 127, 174, 175.
Rossigny, Roussigny (Simon de), 7, 30, 35.
Les Rotoirs, à Sainte-Escobille, 67, 70.
Le Rouillé, Barthélemy et Guillaume, 159, 160, 161.
Rouen (Cathédrale de), 246.
Roumenville (Lambelot de), 23.
Rufus (voir Rossel).

Saclay, 7, 95, 124, 147, 196, 197.
Sacrocella. — Cf. Cercanceau.
Saimantes (Guill. de), 19.
S.-Antoine, abbaye, 75.
S.-Arnoult (Maire de), 139.
S.-Denis, abbaye, 7, 288.
S.-Escobille, 7, 47, 51, 66, 79, 129, 138, 252; Brice de, 70; Marie, 229.
S. François de Salles, 4.
Sainte-Geneviève, abbaye, 17, 26, 46, 241, 280.
S.-Germain-des-Prés, 55, 133; St-Germain-en-Laye, 181.
S. Hilarion, 16; Hugues de, 121.
S. Jean-de-Jérusalem (Hospitaliers de), 273.
S. Julien (Guillaume de), 138, 139.
S. Lambert (Curé de), 22, 68, 262.
S.-Léger en Iveline, 168.
S.-Louis, roi de France, 181, 207, 232, 238, 251, 275, 287, 305.
S.-Médard (Simon de), 148.
S.-Nam, 248.
S.-Père de Chartres, 309.
S.-Rémy des Landes, abb., 323; fief de, 82, 104, 110; Ferry de, 20; Jean de, bailli de Montfort, 525.
S.-Thomas d'Epernon, 10.
Frères de la Ste-Trinité, 273.

Salomon, doyen de Châteaufort, 28.
Sandreville (Guill. de), 196, 216.
Sans-Avoir, Guill. et Simon, 170.
Savigny-en-Avranchin, 6, 97; Savigny, près Corbeil, 39, 75.
Senechal (Raoul le), 16; Robert, 292, 294.
Sens (Guill. de), 303.
Sequeval, 291.
Serqueuse (Hugues et Simon de), 30.
Sèvres, 7, 8, 21, 149; Clémence de, 149; Gervais, 101, 102, 108, 149, 150, 161, 235, 265, 291, 307 ; Guill. l'Anglais, 266; Hugues, 112, 149, 226 ; Ingonant, 107 ; Marguerite, 108; Odeline, 107, 161; Roger, 108, 149, 161 ; Simon, 108, 112, 149 ; Jordan (curé de), 150.

Simon, archidiacre de Paris, 41.
Soissons (Jean de), 256.
Soissy, 19.
Solaire (Guill. et Jeanne de), 233.
Sully (Eudes de), év. de Paris, 1, 25, 27, 29, 32.

Les Taillers, à S. Lambert, 262.
Tenel (Ile de), 41.
Terre au-dessus de l'étang de Porrois, 271.
Tessé (Philippe de), 292.
Theleville, 48.
Thibaut, curé du Perray, 325.
Thomas, abbé des Vaux-de-Cernay, 9, 68, 76.
Thorotte (Gaston de), 248.
Tiverval (Eudes de), 48, 49, 122 ; Gui, 292.
Torel, Henri, 21.
Tornenfuie, Tournenfuie, 18, 53, 56.
Tortellum, impat., 21.
Toschia magna, 10.
Tour Moulin à Chartres, 153.
Toussus, 135, 229.

Trappes, 306 ; bois de, 5, 7; maladerie, 323.
Torille (Vigne de la), à Sèvres, 150.
Le Trelet, 23.
Tremblay (Jean du), 325.
Le Trésor, abbaye, 18.
Tresses d'oignons, 16.
Trie (Agnès de), abbesse, 18.
Trous (Gui de), 91.
Trousses de foin, 210, 279.
Tyel, Pierre, 157.

Urcines (Pagen d'), 28.

Vacca bacata, 20.
Val de Meudon, 187; Val de Blonville, 295.
Val-Notre-Dame, abbaye, 244, 248, 247.
Val-S.-Germain (Germond et Guill.), 138 ; Jean, 139.
Val (Clémence du), 327 ; Gilles, 327 ; Jean, 273.
Valmondois, 171, 186 ; église et prieuré, 245.
Valengongard, léproserie, 247.
Vallevesel (Pierre de), 144.
Varzy (Guill. de), 20.
Vases sacrés et reliquaires, 324.
Vaucresson (Simon de), 221.
Vaugirard, 195.
Vauguyon, 16, 231.
Vaumurier, 19, 21, 226, 230, 231, 232, 277, 320, 327; Eremburge, 174; Philippe, 67, 82, 169; Robert, 16.
Vaux-de-Cernay, IX, 1, 5, 18, 26, 30, 46, 50, 55, 74, 97, 98, 132, 146, 188, 171, 178, 220, 248, 254, 269, 273, 323.
Le Veaultre, Gervais, 161, 196, 197, 201 ; Catherine, sa veuve, 201.
Velisy (Jean de), 21, 194.
Velly, Grégoire et Hue, 24.

TABLE DES MATIÈRES

Vemans, 17; Indulfe, Henri et Thomas, 184.
Verneuil-sur-Seine, 18, 19, 21, 214; S. Martin de, 133; Thomas (maire de), 104; Henri (maire de), 241, 249.
Vesgre (Bois de), 268.
Vetheuil, 178.
Viennois (Béatrix de), 322.
Vieux plant (Vigne de), à Sèvres, 150.
Vigne au Bougre, 24.
Ville-d'Avray, Roger, 127, 144, 145, 227; Jean, 134, 156; Simon, 144.
Villefavereux (Philippe de), 221.
Villefavières, 320.
Ville-l'Etang (Henri et Hugues de), 307.
Villeneuve, 184.
Villepreux, châtellenie, 7, 27; maladerie, 323; Pierre de, 1, 59, 163, 171.
Villeragen en Beauce, 52; Villeray, 7, 20.

Villeras, 22, 196, 197.
Villetain, 154; Gui de, 196.
Villever, à Saclay, 201.
Villers, abbaye, 145; Villiers, 251, 258, 282, 283, 284, 287, 316.
Villiers-sur-Oise, Adam et Ansel, 246.
Villiers-le-Bacle (Renaud de), 307.
Villiers-Launay, 229, 235.
Vin (Redevances de), 19, 105.
Voise, 118; Jean de, 17.
Voisins, 40.
Voisins-le-Cuit, Jean, 16; Guill., 162.
Voisins, Anstrude, 31; Guill., 19; Jean, 16, 21, 23; Milon, 1, 19, 27, 176; Pierre, 111; Renaud, 19, 176; Sibille, 111.
Volers, 235.

Ysaura, femme de Pierre de Chartres, 267.
Ysembard, 320.

Zamet, évêque de Langres, 40.

TOURS, IMPRIMERIE DESLIS FRÈRES, 6, RUE GAMBETTA, 6.

SCEAU DE SIMON DE MONTFORT, COMTE DE LEICESTER, 1259
Arch. nat., n° 10,162

Montfort 19 février 1906.

Monsieur

J'ai l'honneur de vous offrir comme au protecteur de ma
carrière d'érudition le volume du cartulaire de Porris
que devenu presqu'aveugle je publie sans espérance
de terminer cette entreprise un peu audacieuse

A. de Dion

www.ingramcontent.com/pod-product-compliance
Lightning Source LLC
Chambersburg PA
CBHW070855170426
43202CB00012B/2087